# 路面结构设计及数值分析软件应用

武汉市政工程设计研究院有限责任公司

赵彬强 著

扫码下载阅读书
中各项详细计算
数据、成果文件
及程序代码等。

中国电力出版社
CHINA ELECTRIC POWER PRESS

## 内 容 提 要

本书主要介绍路面结构设计及数值分析软件应用，包括路面结构设计方法、BISAR 软件与路面结构分析、EverStressFE 1.0 柔性路面计算软件与路面结构分析、EverFE 2.25 软件与路面结构分析、URPDS 软件与路面结构分析、ABAQUS 有限元软件与路面结构分析、Qrigin 8.0 软件与路面结构分析。书中从路面结构设计原理角度对我国现行《城镇道路路面设计规范》《公路水泥混凝土路面设计规范》等进行解读，利用相关软件进行路面结构计算及其参数、模型选择对比分析，提高道路工程相关专业人员的研究、分析及应用能力。

本书可作为道路工程相关专业科研、设计、施工人员及研究生学习参考用书。

**图书在版编目（CIP）数据**

路面结构设计及数值分析软件应用/赵彬强著. —北京：中国电力出版社，2017.12
ISBN 978-7-5198-1510-3

Ⅰ．①路… Ⅱ．①赵… Ⅲ．①路面－结构设计－应用－软件②路面－结构分析－应用软件 Ⅳ．①U416-39

中国版本图书馆 CIP 数据核字（2017）第 304580 号

出版发行：中国电力出版社
地　　址：北京市东城区北京站西街 19 号（邮政编码 100005）
网　　址：http://www.cepp.sgcc.com.cn
责任编辑：熊荣华（010-63412543）
责任校对：常燕昆
装帧设计：赵姗姗
责任印制：吴　迪

印　　刷：北京雁林吉兆印刷有限公司
版　　次：2017 年 12 月第一版
印　　次：2017 年 12 月北京第一次印刷
开　　本：787 毫米×1092 毫米　16 开本
印　　张：16.25
字　　数：394 千字
定　　价：60.00 元

# 前　言

　　路面结构主要由面层、基层、底基层、功能层（垫层）等多层结构组成。行驶在路面上的车辆，通过车轮把荷载传递给路面，再由路面传递给路基，使路基路面结构内部产生应力、应变及位移。早期的道路工程分析建立在观察和经验的基础上，经过长期的努力，逐渐由经验为主的方法演变为结构分析理论为主的方法。

　　随着沥青路面和水泥路面的大量使用，研究人员对沥青材料和水泥混凝土材料进行了较为系统地研究，形成了适用于沥青路面分析研究的柔性路面设计理论和方法、刚性路面设计理论和方法、半刚性路面设计技术等。我国现行规范，沥青路面设计方法主要采用双圆垂直均布荷载作用下的多层弹性体系理论；水泥混凝土路面设计方法主要采用单轴双轮组 100kN 标准轴载作用下的弹性半空间地基有限大矩形薄板理论有限元解为理论基础。目前常用软件均是以这两种理论基础为依据，结合我国实际情况进行运用的。

　　随着大型土木工程和现代工业的发展，很多先进的材料、路面结构在道路工程中得到了应用。为了更加周全地考虑这些因素的影响，需要更加合理地分析，这就对我们的设计研究人员提出了更为严峻的挑战，不仅要会使用相关软件，同时也要合理选择参数，建立模型。

　　本书主要介绍路面结构设计及数值分析软件应用，包括路面结构设计方法、BISAR 软件与路面结构分析、EverStressFE 1.0 柔性路面计算软件与路面结构分析、EverFE 2.25 软件与路面结构分析、URPDS 软件与路面结构分析、ABAQUS 有限元软件与路面结构分析、Qrigin 8.0 软件与路面结构分析等。

　　本书正文中提到的附件内容已作为数字资源提供下载，下载请扫描下面微信二维码。

　　本书由武汉市政工程设计研究院有限责任公司赵彬强撰写完成。由于路面结构设计及计算方法还处于发展完善阶段，我们的研究是基于当前的理论及计算方法开展的，限于作者的认识水平和分析能力，书中内容若有不确切和不足之处，恳请读者提出宝贵意见。

作　者

2017 年 12 月

扫描下载阅读书中各项详细计算数据、
成果文件及程序代码等。

# 目 录

# 绪　论

　　路面结构设计理论系统探索是从 20 世纪 20 年代开始的，之前的路面结构基本凭经验设计，路面结构形式和厚度大都未考虑环境和地质条件的影响。随着科学领域的发展，针对路面结构力学问题和物理问题，人们已经得到了它们应遵循的基本方程（常微分方程或偏微分方程）和相应的定解条件，但能用解析法求解精确解的只是少数方程性质简单的问题，而路面结构分析中若考虑温度、荷载等非线性问题时，则不能得到精确解。随着计算机技术的发展，数值方法已成为求解科学技术问题的主要工具。

　　（1）有限元分析方法。

　　有限元法是数值分析方法的一种，其基本思想是将连续的求解区域离散为一组有限个且按一定方式相互连接在一起的单元组合体。由于单元能按不同的连接方式进行组合，且单元本身又可以有不同形状，因此可以模拟几何形状复杂的求解域。有限单元法作为数值分析方法的另一个重要特点是，利用在每一个单元内假设的近似函数来分片地表示全求解域上待求的未知场函数。单元内的近似函数通常由未知场函数或其导数在单元的各个结点的数值和其插值函数来表达。这样一来，在一个问题的有限元分析中，未知场函数或其导数在各个结点上的数值就成为新的未知量（也即自由度），从而使一个连续的无限自由度问题变成离散的有限自由度问题。求解出这些未知量，就可以通过插值函数计算出各个单元场函数的近似值，从而得到整个求解域上的近似解。显然，随着单元数目的增加，也即单元尺寸的缩小，或者随着单元自由度的增加及插值函数精度的提高，不断改进解的近似程度。如果单元是满足收敛要求的，近似解最后将收敛于精确解。

　　有限元法已广泛应用于机械工程、土木工程、微电子、电磁场、生物力学等领域，以其强大的功能成为解决工程问题的强有力工具。在道路工程领域中，采用有限元分析方法可以大大简化试验流程，减少人力、物力的消耗。目前市面上路面结构有限元分析软件比较多，如 BISAR、EverStressFE 1.0、EverFE 2.25、EVERCALC、ABAQUS 等。

　　随着计算机技术和有限元方法的发展，作为一个具有稳固理论基础和广泛应用的数值分析工具，有限元法将在国民经济建设和路面科学技术发展中发挥更大的作用。

　　（2）路面结构与有限元分析方法。

　　路面结构主要由面层、基层、底基层、功能层（垫层）等多层结构组成。行驶在路面上的车辆，通过车轮把荷载传递给路面，由路面传递给路基，在路基路面结构内部产生应力、应变及位移。早期的道路工程分析建立在观察和经验的基础上，经过长期的努力，逐渐由经验为主的方法演变为结构分析理论为主的方法。

　　随着沥青路面和水泥路面的大量使用，研究人员对沥青材料和水泥混凝土材料进行了较为系统的研究，形成了适用于沥青路面分析研究的柔性路面设计理论和方法、刚性路面设计理论和方法、半刚性路面设计技术等。

　　我国现行规范，沥青路面设计方法主要采用双圆垂直均布荷载作用下的多层弹性体系理论；水泥混凝土路面设计方法主要采用单轴双轮组 100kN 标准轴载作用下的弹性半空间地基有限大矩形薄板理论有限元解为理论基础。目前常用软件均是以这两种理论基础为依据，结合我国实际情况进行运用的。

随着大型土木工程和现代工业的发展，很多先进的材料、路面结构在道路工程中得到了应用。为了更加周全地考虑这些因素的影响，需要更加合理地分析，这就对设计研究人员提出了更为严峻的挑战，不仅要会使用相关软件，同时也要合理选择参数，建立模型。

（3）本书主要内容。

本书从路面结构设计原理方面对我国现行《城镇道路路面设计规范》（CJJ 169—2012）、《公路水泥混凝土路面设计规范》（JTG D40—2011）进行解读，并利用 BISAR、EverStressFE 1.0、EverFE 2.25、URPDS、ABAQUS 等软件进行路面结构计算和对比分析，为相关技术人员对路面结构计算中参数、模型选择提供深层次认识。时温等效原理应用、科研数据分析处理是道路工程专业学习的重难点，本书结合 Origin 软件对上述内容进行实例应用，以提高道路工程专业人员对时温等效原理、科研数据分析的应用能力。

目前我国相关规范对路面结构设计流程、计算规则进行了详细介绍，相关单位也开发了路面结构计算相关软件。但规范以及相关软件对模型建立、参数选择并未做详细解读和介绍，仅仅按照提示要求输入相关参数即得出计算结果，可能会出现由于参数、模型选择不对出现错误的结论，最终影响我们的路面结构设计。而市面上缺少内容全面，条理清晰，讲解通俗易懂，将路面结构设计理论知识、软件应用相结合的著作。本书将路面结构设计理论与实践相结合，通过大量案例剖析，重点讲解不同路面结构计算时的软件选择、模型建立、参数选取，同时讲解了科研数据分析软件 Origin 在道路工程中的应用。

# 1

# 路面结构设计方法

路面结构是道路工程的一个重要分支，回顾历史，路面结构的研究和设计经历了一个漫长而又艰辛的探索和积累的过程。行驶在路面上的车辆，通过车轮把荷载传递给路面，再由路面传递给路基，在路基路面结构内部产生应力、应变及位移。早期的道路工程分析建立在观察和经验的基础上，经过长期的努力，已逐渐由经验为主的方法演变为结构分析理论为主的方法。

随着沥青路面和水泥路面的大量使用，研究学者对沥青材料和水泥混凝土材料进行了较为系统的研究，形成了适用于沥青路面分析研究的柔性路面设计理论和方法、刚性路面设计理论和方法、半刚性路面设计技术等。

## 1.1 路面结构设计方法简介

### 1.1.1 设计方法类型

由于设计思想和材料特性不同，柔性路面和刚性路面设计方法经历了不同的发展阶段，柔性路面设计先后经历了经验法、剪力指标法、弯沉指标法、基于回归分析的设计方法和力学经验法五个发展阶段；刚性路面中水泥混凝土路板应用最为广泛，关于水泥混凝土板，其应力指标一直是路面损坏的主要控制因素，因此刚性路面设计也始终以板内应力计算为核心，主要有解析法和数值法两种计算方法。

（1）柔性路面

1）经验法：Hogentogler（1929）提出经验设计法 PR（Public Road），将路基土分为均质土 A1～A8 和非均质土 B1～B3，后由 HRB（Highway Research Board，1945）对土质分类进行了修订，Steele（1945）据此提出了路面厚度的估算方法。1929 年，以加州承载比试验 CBR（California Bearing Ration）为标准的设计法得到美国工程兵团的青睐，并在后来的二战中广为应用，在战后传播甚广。德国等欧洲国家也大多采用经验法，其设计指南提供了不同地质条件下的多种结构选择，经过两阶段综合评价后最终确定路面结构设计方案。经验法的缺点在于外延性受到限制，仅适用于给定的环境、材料和荷载条件，当这些参数发生变化时，需要重新进行试验和回归分析确定路面结构方案。

2）剪力指标法：以控制路基土的剪切损坏为标准。Barber（1946）、Mcleod（1953）都提出过基于路面材料黏聚力 $C$ 和内摩阻角 $\varphi$ 的设计方法，力图控制路基顶面的剪切变形。但随着交通量和荷载水平的增长，路面逐渐变厚，这种损坏类型在路基上已经不再出现，因此在 20 世纪 60 年代后已经极少应用。

3）弯沉指标法：依据弯沉指标来确定路面的厚度，以保证载荷作用下路面弯沉不超过容许弯沉值。1947 年，德克萨斯州依据 Boussinesq 方程（1885）进行了变换，并限定路基容许弯沉值为 254（0.01mm）；1953 年美国海军采用 Burmister（1943）两层弹性体系理论，限定路表容许弯沉值为 635（0.01mm）。这种方法的优点在于弯沉指标简单、直观、易测，但是弯沉与路面损坏并没有直接的关系，作为设计指标并不理想。

4）基于回归分析的设计方法：AASHTO 设计法就是一个典型的例子，它基于试验路数据建立了大量的回归方程，并基于此提出了路面设计方法。这种设计方法的缺点在于它的回归方程仅适用于与试验路相同条件，当把这些方程外延应用于不同条件时，要进行大量的设计修正。此外，即便是条件相似，但由于实际工程的材料和施工都不能像试验路那样精确控制，往往与设计初衷存在很大偏差。

5）力学经验法：通常以材料对荷载的力学响应为指标，利用室内和野外数据来预测和评价路面损坏的可能性。Kerkhoven（1953）首先提出采用路基顶面的压应变指标来控制路面的永久变形。Saal（1960）建议采用沥青层底的水平拉应变来控制疲劳裂缝。

（2）刚性路面

1）解析解：维斯特卡德（Westergaard）于 1926～1948 年间解算了温克勒（Winkler）地基上温度翘曲或荷载作用下板中、板角和板边的应力和弯沉，随后 Arlington 对试验路进行了验证。通过对比分析，Pickett 发现维斯特卡德的板角应力计算过于乐观，地基与板角完全接触的假设导致了计算应力远小于路面实际水平，应当充分考虑板角脱空的影响，因此他对原来的公式进行修正，提出了一个半经验公式，并随后被纳入了波特兰水泥协会（PCA，1951）的设计方法。1966 年这个设计方法又将设计指标从板角应力改为接缝应力，后来这个方法进一步补充了冲刷模型、板边荷载模型和板边荷载疲劳模型（PCA，1984）。

温克勒地基也称为稠密液体地基，它假设地基和水泥板之间的接触应力只与该点的变形成比例，而且孤立于其他相邻诸点，所以与实际路面状况存在很大差异。于是 Pickett（1951）提出了弹性半无限体（固体）地基假设，通过一系列复杂的数学计算分析了水泥板内应力应变状况，但复杂的计算过程阻碍了这一方法的推广应用。

2）数值计算法：工程实践中采用的混凝土路面板基本上都属于有限尺寸的矩形板，并非无限大。对于弹性半空间体地基上有限尺寸矩形板的板中、板边和板角作用车轮荷载时，求解相应位置的挠度和弯矩（属非轴对称），在数学上有很大困难，至今尚未得出解析表达式。

有限元方法是结构和连续介质应力分析中一种较新而且有效的计算方法。利用有限元法研究学者可进行较为复杂工况和条件下的路面结构分析，目前常用的有限元软件有 ABAQUS、EverFE 2.25 等。

### 1.1.2 路面设计要素

#### 1.1.2.1 交通分析

交通是路面设计的重要参数，而汽车又是路基路面的服务对象，车辆将荷载传递给面层，并通过基层扩散到路基，从而保证车辆快速、安全平稳地通过。因此路面设计时有必要对汽车荷载进行分析。

（1）标准轴载

我国路面结构设计以双轮组单轴 100kN 为标准轴载，用 *BZZ*-100 表示。标准轴载计算参数应符合表 1-1-1 的规定。

表 1-1-1                                                         标 准 轴 载 计 算 参 数

| 标 准 轴 载 | BZZ-100 |
|---|---|
| 标准轴载 $P$（kN） | 100 |
| 轮胎接地压强 $p$（MPa） | 0.70 |
| 单轮传压面当量直径 $d$（cm） | 21.30 |
| 两轮中心距（cm） | $1.5d$ |

（2）沥青路面轴载换算

1）沥青路面以设计弯沉值、沥青层剪应力和沥青层层底拉应变为设计指标时，各种轴载换算成标准轴载 $P$ 的当量轴次 $N_a$ 应按下式计算：

$$N_a = \sum_{i=1}^{K} C_1 C_2 n_i \left( \frac{P_i}{P} \right)^{4.35} \qquad (1-1-1)$$

式中　$N_a$——以设计弯沉值、沥青层剪应力和沥青层层底拉应变为设计指标时的当量轴次
　　　　　（次/d）；
　　　$n_i$——被换算车型的各级轴载作用次数（次/d）；
　　　$P$——标准轴载（kN）；
　　　$P_i$——被换算车型的各级轴载（kN）；
　　　$C_1$——被换算车型的轴数系数；
　　　$C_2$——被换算车型的轮组系数，单轮组为 6.4，双轮组为 1.0，四轮组为 0.38；
　　　$K$——被换算车型的轴载级别。

当轴间距大于或等于 3m 时，应按一个单独的轴载计算；当轴间距小于 3m 时，双轴或多轴的轴数系数应按下式计算：

$$C_1 = 1 + 1.2(m-1) \qquad (1-1-2)$$

式中　$m$——轴数。

2）当沥青路面以半刚性基层层底拉应力为设计指标时，各种轴载换算成标准轴载 $P$ 的当量轴次 $N_s$ 应按下式计算：

$$N_s = \sum_{i=1}^{K} C_1' C_2' n_i \left( \frac{P_i}{P} \right)^{8} \qquad (1-1-3)$$

式中　$N_s$——以半刚性基层层底拉应力为设计指标时的当量轴次（次/d）；
　　　$C_1'$——被换算车型的轴数系数；
　　　$C_2'$——被换算车型的轮组系数，单轮组为 18.5，双轮组为 1.0，四轮组为 0.09。

以拉应力为设计指标时，双轴或多轴的轴数系数应按下式计算：

$$C_1' = 1 + 2(m-1) \qquad (1-1-4)$$

沥青路面设计基准期内一个车道上的累计当量轴次应按下式计算：

$$N_e = \frac{[(1+\gamma)^t - 1] \times 365}{\gamma} N_1 \eta \qquad (1-1-5)$$

式中　$N_e$——设计基准期内一个车道上的累计当量轴次（次/车道）；
　　　$t$——设计基准期（年），按表 1-1-2 选取；

$N_1$——路面营运一年单向日平均当量轴次（次/d）；

$\gamma$——设计基准期内交通量的年平均年增长率（%）；

$\eta$——设计车道分布系数，按表 1-1-3 选用。

表 1-1-2                                    路面设计基准期

| 道路等级 | 路 面 类 型 | | |
|---|---|---|---|
| | 沥青路面 | 水泥路面 | 砌块路面 |
| 快速路 | 15 年 | 30 年 | — |
| 主干路 | 15 年 | 30 年 | — |
| 次干路 | 15 年 | 20 年 | 10 年（20 年） |
| 支路 | 10 年 | 20 年 | |

表 1-1-3                                    设计车道分布系数

| 车 道 特 征 | 车 道 分 布 系 数 |
|---|---|
| 单向单车道 | 1 |
| 单向两车道 | 0.65～0.95 |
| 单向三车道 | 0.5～0.8 |
| 单向四车道 | 0.4～0.7 |

（3）水泥路面轴载换算

不同轴—轮型和轴载的作用次数换算为标准轴载的当量轴次应按下列公式计算：

$$N_c = \sum_{i=1}^{n} \delta_i N_i \left(\frac{P'_i}{100}\right)^{16} \tag{1-1-6}$$

$$\delta_i = 2.22 \times 10^3 P_i^{-0.43} \tag{1-1-7}$$

或
$$\delta_i = 1.07 \times 10^{-5} P_i^{-0.22} \tag{1-1-8}$$

或
$$\delta_i = 2.24 \times 10^{-8} P_i^{-0.22} \tag{1-1-9}$$

式中　$N_c$——标准轴载的当量轴次；

$P'_i$——单轴—单轮、单轴—双轮组或三轴—双轮组轴型 $i$ 级轴载的总重（kN）；

$n$——轴型和轴载级位数；

$N_i$——各类轴型 $i$ 级轴载的作用次数；

$\delta_i$——轴—轮型系数，单轴—双轮组时，$\delta_i = 1$；单轴—单轮时，按式（1-1-7）计算；

双轴—双轮组时，按式（1-1-8）计算；三轴—双轮组时，按式（1-1-9）计算。

设计基准期内水泥混凝土面层临界荷位所承受的累计当量轴次应按下式计算：

$$N'_e = \frac{N'_1 \times [(1+\gamma)^t - 1] \times 365}{\gamma} \eta_s \tag{1-1-10}$$

式中　$N'_e$——水泥混凝土路面设计基准期内临界荷位所承受的累计当量轴次（次）；

$N'_1$——水泥混凝土路面设计车道使用初期的当量轴载日作用次数（次/d）；

$\eta_s$——水泥混凝土路面临界荷位处的车辆轮迹横向分布系数，按表 1-1-4 选用。

表 1-1-4                                    车辆轮迹横向分布系数

| 道 路 等 级 | | 纵缝边缘处 |
|---|---|---|
| 快速路、主干路 | | 0.17～0.22 |
| 次干路及以下道路 | 车行道宽＞7m | 0.34～0.39 |
| | 车行道宽≤7m | 0.54～0.62 |

注　行车道较宽或交通量较大时，取高值；反之，取低值。

（4）交通等级划分

交通等级可根据累计轴次按表 1-1-5 规定划分为 4 个等级。

表 1-1-5                                    交 通 等 级

| 交通等级 | 沥 青 路 面 | 水 泥 路 面 |
|---|---|---|
| | 累计当量轴次 $N_e$（万次/车道） | 累计当量轴次 $N'_e$（万次） |
| 轻 | ＜400 | ＜3 |
| 中 | 400～1200 | 3～100 |
| 重 | 1200～2500 | 100～2000 |
| 特重 | ＞2500 | ＞2000 |

交通年平均增长率应在项目可行性研究报告等资料基础上，经研究调查分析或与类似道路比较后确定，一般取值 4%～6%。也可分不同时段进行平均增长率的评定。

**1.1.2.2　环境分析**

路面结构直接承受着行车荷载，同时受到雨水、温度、湿度等自然因素的耦合作用，对路面产生一定的影响。因此，在路面结构设计、施工及后期管理养护中都应十分重视环境因素的影响。

（1）湿度变化对路面结构的影响

路基干湿状态对路面结构强度、刚度和稳定性有直接影响。在道路运营过程中，地区自然环境、季节、气温、降雨量、蒸发状态以及道路排水设计等直接影响到路基干湿状态。

路基土在最佳含水量下压实可达到最大密实度，达到较高的力学强度。当含水量过高时，路基土趋于潮湿或过湿状态，路基上部土层处于地下水或地表积水毛细影响，其力学强度将大大降低；当含水量过低，土颗粒之间由于缺少黏结作用，颗粒松散，压实较为困难。

沥青面层在受到降雨影响时，可能会出现由于沥青混合料水稳定性不足而引发水损坏，已有研究表明，诱发水损坏的外因是降水和车辆荷载，内因是路面材料的水稳定性不足，最终路面表现为翻浆、坑洞和内部松散，如图 1-1-1 所示。

水对水泥混凝土面层影响不大，但是对其下土基、垫层、基层影响较为明显。水泥混凝土路面接缝和裂缝处容易出现啃边现象，导致填缝失效，如图 1-1-2 所示。降雨顺着接缝和裂缝进入基层，车辆行驶过程中产生动水压力，最终引起基层细集料的剥落和迁移，最终路面表现为翻浆，如图 1-1-3 所示。

（a）　　　　　　　　　（b）　　　　　　　　　（c）

图 1-1-1　沥青路面水损害

（a）翻浆；（b）坑洞；（c）内部松散

图 1-1-2　接缝料失效　　　　　　　　　图 1-1-3　翻浆

（2）温度变化对路面结构的影响

　　大气温度在一天内及四季内发生着周期性的变化，受大气直接影响路面结构内部温度也发生着周期性变化。图 1-1-4 分别显示了夏季晴天高温气温昼夜变化观测结果，图 1-1-5 显示了对应气温下沥青面层 6cm 深度处温度变化规律，可见路面结构内温度变化与气温呈现相同的变化规律。

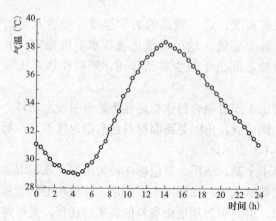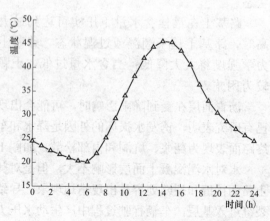

图 1-1-4　日气温比变化曲线　　　　　　图 1-1-5　沥青面层 6cm 处温度变化曲线

因此在沥青混凝土路面结构设计中应考虑温度变化对面层的影响。

（3）路面设计环境要素规定

1）水泥混凝土面层的最大温度梯度标准值（$T_g$），根据道路所在地的道路自然区划，按表 1-1-6 确定。

表 1-1-6　　　　　　　　　　　最大温度梯度标准值（$T_g$）

| 道路自然区划 | II、V | III | IV、VI | VII |
|---|---|---|---|---|
| 最大温度梯度（℃/m） | 83～88 | 90～95 | 86～92 | 93～98 |

注　海拔高时，取高值；湿度大时取低值。

我国公路自然区划分为三个层次，即一级区划、二级区划和三级区划。一级区划以两条均温等值线（全年均温–2℃等值线和一月份均温 0℃等值线）和两条等高线（1000m 和 3000m）作为分界线，将全国分为 7 个一级自然区。其中，I 区为北部多年冻土区；II 区为东部温润季节区；III 区为黄土高原干湿过渡；IV 区为东南湿热；V 区为西南潮暖区；VI 区为西北干旱区；VII 区为青藏高寒区。

二级区划是在每一个区级内，在以潮湿系数为依据，分为 6 个等级。潮湿系数 K 为年降雨量 R 与年蒸发量 Z 之比，见表 1-1-7，即

$$K=R/Z \tag{1-1-11}$$

表 1-1-7　　　　　　　　　　　潮湿系数 K 值的分段

| 潮湿系数 | 过湿 | 中湿 | 湿润 | 润干 | 中干 | 过干 |
|---|---|---|---|---|---|---|
| K | >2 | 2～1.5 | 1.5～1 | 1～0.5 | 0.5～0.25 | <0.25 |

三级区划是二级区划的进一步细分，由各地根据当地的地貌、水文和土质类型等具体情况进行划分。

2）湿度

地下水位应至少保持在路表下 1m 以外，而季节性冰冻区的地下水文应采用更加严格的标准，至少保持在路表下 1.5～2m 以外，以避免路基过湿而出现承载力不足或冻胀病害。虽然我国按照路床表面下 80cm 深度内土的平均稠度将路基湿度状况分为干燥、中湿、潮湿和过湿四种状态，但是由于路线长度覆盖区域范围广泛，地下水分布变化大等原因，路基的湿度实际上很难准确估计，设计时应尽量采用保守考虑。

3）气候分区

"八五"国家科技攻关项目"道路沥青及沥青混合料使用性能气候区划的研究"，根据我国不同地区与不同气候条件对沥青质量及沥青混合料性质提出不同的要求，提出沥青混合料使用性能气候区划分标准。按不同的气候要求，使路面具有较强的高温抗车辙能力、低温抗裂性能和水稳定性，并延长路面的使用寿命，是路面设计的重要问题。路面设计应选择与温度变化相适应的材料并按照最高或最低温度进行沥青混合料高温稳定性和低温稳定性设计。

我国现行《城镇道路路面设计规范》（CJJ 169）对沥青面层使用性能气候分区进行详细规定，主要分为三种区划分类。

①设计高温分区

按照设计高温分区指标，一级区划分为 3 个区，应符合表 1-1-8 的划分。

表 1-1-8                    按 照 设 计 高 温 分 区

| 高温气候区 | 1 | 2 | 3 |
|---|---|---|---|
| 气候区名称 | 夏炎热区 | 夏热区 | 夏凉区 |
| 最热月平均最高气温（℃） | >30 | 20～30 | <20 |

②设计低温分区

按照设计低温分区指标，二级区划分为 4 个区，应符合表 1-1-9 的划分。

表 1-1-9                     按 照 设 计 低 温 分 区

| 低温气候区 | 1 | 2 | 3 | 4 |
|---|---|---|---|---|
| 气候区名称 | 冬严寒区 | 冬寒区 | 冬冷区 | 冬温区 |
| 极端最低气温（℃） | <−37 | −37～−21.5 | −21.5～−9 | >−9 |

③设计雨量分区

按照设计雨量分区指标，三级区划分为 4 个区，应符合表 1-1-10 的划分。

表 1-1-10                    按 照 设 计 雨 量 分 区

| 雨量气候区 | 1 | 2 | 3 | 4 |
|---|---|---|---|---|
| 气候区名称 | 潮湿区 | 湿润区 | 半干区 | 干旱区 |
| 年降雨量（mm） | >1000 | 1000～500 | 500～250 | <250 |

沥青路面温度分区由高温和低温组合而成，最终气候分区由温度和雨量组成，应符合表 1-1-11 的划分。

表 1-1-11                    沥青及沥青混合料气候分区指标

| 气候分区 | 温度（℃） | | 雨量（mm） | 气候分区 | 温度（℃） | | 雨量（mm） |
|---|---|---|---|---|---|---|---|
| | 最热月平均最高气温 | 年极端最低气温 | 年降雨量 | | 最热月平均最高气温 | 年极端最低气温 | 年降雨量 |
| 1-1-4 夏炎热冬严寒干旱 | >30 | <−37 | <250 | 1-3-4 夏炎热冬冷干旱 | >30 | −21.5～−9 | <250 |
| 1-2-2 夏炎热冬寒湿润 | >30 | −37～−21.5 | 500～1000 | 1-4-1 夏炎热冬温潮湿 | >30 | >−9 | >1000 |
| 1-2-3 夏炎热冬寒半干 | >30 | −37～−21.5 | 250～500 | 1-4-2 夏炎热冬温湿润 | >30 | >−9 | 500～1000 |
| 1-2-4 夏炎热冬寒干旱 | >30 | −37～−21.5 | <250 | 2-1-2 夏热冬严寒湿润 | 20～30 | <−37 | 500～1000 |
| 1-3-1 夏炎热冬冷潮湿 | >30 | −21.5～−9 | >1000 | 2-1-3 夏热冬严寒半干 | 20～30 | <−37 | 250～500 |
| 1-3-2 夏炎热冬冷湿润 | >30 | −21.5～−9 | 500～1000 | 2-1-4 夏热冬严寒干旱 | 20～30 | <−37 | <250 |
| 1-3-3 夏炎热冬冷半干 | >30 | −21.5～−9 | 250～500 | 2-2-1 夏热冬寒潮湿 | 20～30 | −37～−21.5 | >1000 |

续表

| 气候分区 | | 温度（℃） | | 雨量（mm） | 气候分区 | | 温度（℃） | | 雨量（mm） |
|---|---|---|---|---|---|---|---|---|---|
| | | 最热月平均最高气温 | 年极端最低气温 | 年降雨量 | | | 最热月平均最高气温 | 年极端最低气温 | 年降雨量 |
| 2-2-2 | 夏热冬寒湿润 | 20～30 | −37～−21.5 | 500～1000 | 2-3-4 | 夏热冬冷干旱 | 20～30 | −21.5～−9 | <250 |
| 2-2-3 | 夏热冬寒半干 | 20～30 | −37～−21.5 | 250～500 | 2-4-1 | 夏热冬温潮湿 | 20～30 | >−9 | >1000 |
| 2-2-4 | 夏热冬寒干旱 | 20～30 | −37～−21.5 | <250 | 2-4-2 | 夏热冬温湿润 | 20～30 | >−9 | 500～1000 |
| 2-3-1 | 夏热冬冷潮湿 | 20～30 | −21.5～−9 | >1000 | 2-4-3 | 夏热冬温半干 | 20～30 | >−9 | 250～500 |
| 2-3-2 | 夏热冬冷湿润 | 20～30 | −21.5～−9 | 500～1000 | 3-2-1 | 夏凉冬寒潮湿 | <20 | −37～−21.5 | >1000 |
| 2-3-3 | 夏热冬冷半干 | 20～30 | −21.5～−9 | 250～500 | 3-2-2 | 夏凉冬寒湿润 | <20 | −37～−21.5 | 500～1000 |

4）冰冻分区

寒冷低温对路面影响的另一个重要参数是冰冻深度，即冬季自地平面以下冻结的深度，是在地表平坦、裸露、城市之外的空旷地中，不少于 10 年实测最大冰冻深度的平均值。在北方寒冷地区，冰冻深度参数是路面总厚度设计的主要参考指标。当根据交通量设计的路面厚度小于冰冻深度时，为了保证路基免遭冻胀破坏，可加厚路面结构中廉价的功能层（如介于基层与路基之间的垫层），直至路面厚度大于冰冻深度，从而使路基处于地表以下的冰冻范围之外，处于常年不冻状态。

我国现行《城镇道路路面设计规范》（CJJ 169）规定在冰冻地区的中湿、潮湿路段，路面设计应进行防冻厚度验算。防冻厚度与路基潮湿类型、路基土类、道路冻深以及路面结构层材料的热物性有关。沥青路面总厚度不应小于表 1-1-12 规定的最小防冻厚度；水泥路面总厚度不应小于表 1-1-13 规定的最小防冻厚度。

**表 1-1-12**　　　　　　　　　　　**沥青路面最小防冻厚度**　　　　　　　　　　cm

| 路基类型 | 道路冻深 | 黏性土、细亚砂土路床 | | | 粉性土路床 | | |
|---|---|---|---|---|---|---|---|
| | | 砂石类 | 稳定土类 | 工业废料类 | 砂石类 | 稳定土类 | 工业废料类 |
| 中湿 | 50～100 | 40～45 | 35～40 | 30～35 | 45～50 | 40～45 | 30～40 |
| | 100～150 | 45～50 | 40～45 | 35～40 | 50～60 | 45～50 | 40～45 |
| | 150～200 | 50～60 | 45～55 | 40～50 | 60～70 | 50～60 | 45～50 |
| | >200 | 60～70 | 55～65 | 50～55 | 70～75 | 60～70 | 50～65 |
| 潮湿 | 60～100 | 45～55 | 40～50 | 35～45 | 50～60 | 45～55 | 40～50 |
| | 100～150 | 55～60 | 50～55 | 45～50 | 60～70 | 55～65 | 50～60 |
| | 150～200 | 60～70 | 55～65 | 50～55 | 70～80 | 65～70 | 60～65 |
| | >200 | 70～80 | 65～75 | 55～70 | 80～100 | 70～90 | 65～80 |

注　a. 对潮湿系数小于 0.5 的地区，Ⅱ、Ⅲ、Ⅳ等干旱地区防冻厚度应比表中值减少 15%～20%；

　　b. 对Ⅱ区砂性土路基防冻厚度应相应减少 5%～10%。

表 1-1-13 水泥路面最小防冻厚度

| 路基类型 | 路 基 土 质 | 当地量大冰冻深度（m） | | | |
|---|---|---|---|---|---|
| | | 0.5～1 | 1.01～1.5 | 1.51～2 | >2 |
| 中湿 | 低、中、高液限黏土 | 0.3～0.5 | 0.4～0.6 | 0.5～0.7 | 0.6～0.95 |
| | 粉土、粉质低、中液限黏土 | 0.4～0.6 | 0.5～0.7 | 0.6～0.85 | 0.7～1.1 |
| 潮湿 | 低、中、高液限黏土 | 0.4～0.6 | 0.5～0.7 | 0.6～0.9 | 0.75～1.2 |
| | 粉土、粉质低、中液限黏土 | 0.45～0.7 | 0.55～0.8 | 0.7～1.0 | 0.8～1.3 |

注　a. 冻深小或填方路段，或者基层、垫层为隔湿性能良好的材料，可采用低值；冻深大或挖方及地下水位高的路段，或者基层、垫层为隔湿性能较差的材料，应采用高值。

　　b. 冻深<0.5m 的地区，可不考虑结构层防冻厚度。

### 1.1.2.3 可靠度设计标准

结构可靠度为在规定的时间内，在规定的条件下，结构能完成预定功能的概率。并规定以"可靠度指标"来具体度量结构可靠度。

目标可靠度和可靠度指标的确定需要综合考虑工程安全度与工程经济性方面的因素。目标可靠度值高，结构安全度相应提高，但结构造价相应增大；反之，目标可靠度越低，结构破坏的危险性增大，工程费用则低。路面结构的目标可靠度是在满足各等级道路路面不同安全度要求（限制路面的破坏概率）的前提下，主要考虑路面初建费用、结合考虑养护费用与用户费用对目标可靠度的影响确定的。

（1）城镇道路沥青路面结构可靠度设计

沥青路面结构可靠度设计可定义为：在正常设计、正常施工和正常使用的条件下，在累计当量轴次表示的设计基准期内，沥青路面的表面弯沉值、半刚性基层层底拉应力、沥青层层底拉应变和沥青层剪应力分别不超过其容许值（设计值）的概率，也就是路面不发生破坏的概率。

沥青路面结构设计时，可依据各设计参数变异系数值在各变异水平等级变化范围内的情况选择可靠度系数，见表 1-1-14。

表 1-1-14 沥青路面可靠度系数 $\gamma_a$

| 变异水平等级 | 目标可靠度（%） | | |
|---|---|---|---|
| | 95 | 90 | 85 |
| 低 | 1.05～1.10 | 1.03～1.06 | 1.00～1.03 |
| 中 | — | 1.06～1.10 | 1.03～1.06 |
| 高 | — | — | 1.06～1.10 |

（2）城镇道路水泥混凝土路面可靠度设计

水泥混凝土结构厚度设计方法，仅考虑满足路面的结构性能要求，并以设计基准期内行车荷载和温度梯度综合作用产生的面层板疲劳断裂作为设计标准。

材料性能和面层厚度的变异水平可分为低、中、高三级。各变异水平等级主要设计参数的变异系数变化范围应符合表 1-1-15 的规定。水泥混凝土路面设计时，可依据各设计参数变异系数在各变异水平等级变化范围内的情况选择可靠度系数，见表 1-1-16。

表 1-1-15 变异系数（$C_v$ 的变化范围）

| 变异水平等级 | 低级 | 中级 | 高级 |
|---|---|---|---|
| 水泥混凝土弯拉强度、弯拉弹性模量 | $C_v \leq 0.1$ | $0.1 < C_v \leq 0.15$ | $0.15 < C_v \leq 0.2$ |
| 基层顶面当量回弹模量 | $C_v \leq 0.25$ | $0.25 < C_v \leq 0.35$ | $0.35 < C_v \leq 0.55$ |
| 水泥混凝土面层厚度 | $C_v \leq 0.04$ | $0.04 < C_v \leq 0.06$ | $0.06 < C_v \leq 0.08$ |

表 1-1-16 水泥混凝土路面可靠度系数

| 变异水平等级 | 目标可靠度（%） | | |
|---|---|---|---|
| | 95 | 90 | 85 |
| 低 | 1.20～1.33 | 1.09～1.16 | 1.04～1.08 |
| 中 | 1.33～1.50 | 1.16～1.23 | 1.08～1.13 |
| 高 | — | 1.23～1.33 | 1.13～1.18 |

#### 1.1.2.4 路基回弹模量

路基是路面结构的基础。路基要求稳定、密实、均质，具有足够的强度、稳定性、抗变形能力和耐久性，才能为路面结构提供较为稳定的基础。

路基回弹模量反映路基在局部荷载作用下荷载—回弹弯沉关系。可在路基顶面利用承载板或车轮加载试验实测得到，如图 1-1-6 所示。无条件时，可利用查表法估计。

（1）承载板测定

在路基顶面，用直径 30cm 的刚性承载板，通过逐级加载、卸载，测定相应于各级荷载的回弹模量值，按下述弹性半空间体公式计算路基静回弹模量值：

$$E_0 = \frac{\pi D (1 - \mu_0^2) \Sigma P_i}{4 \Sigma l_i} \tag{1-1-12}$$

式中    $D$——承载板直径（30cm）；

       $\mu_0$——路基土泊松比，可近似取为 0.4；

       $P_i$——回弹值小于 0.5mm（土基软弱时为 1mm）时的各级荷载（MPa）；

       $l_i$——相应于各级加载的回弹弯沉值（cm）。

图 1-1-6 承载板测定路基回弹模量

（2）弯沉测定

在路基顶面，应用弯沉仪测定双轮荷载作用下轮隙中心处的表面回弹弯沉值，如图 1-1-7 所示，按下述弹性半空间体公式计算路基的静回弹模量值：

$$E_0 = \frac{2p\delta(1-\mu_0^2)}{l_0}\alpha \qquad (1-1-13)$$

式中　$\delta$——测定车单轮轮胎当量圆的半径（cm）；

　　　$l_0$——轮隙中心处的回弹弯沉值（cm）；

　　　$\alpha$——弹性半空间体表面双轮荷载作用下表面弯沉系数，可近似取为 0.712。

图 1-1-7　弯沉测定计算静回弹模量

（3）查表法

路基回弹模量值是土的类型、含水量和压实度（干密度）的函数。根据全国不同地区路基回弹模量值的大量调查和试验结果，可统计分析得到不同自然区划、不同土类和不同稠度的路基回弹模量参考值。

在无条件（如新建道路）时，可按照道路所在自然区划、路基土的类型、路基的干湿类型（即平均稠度），查表估计路基的回弹模量。

（4）利用相邻工程数据

弯沉测定值与由承载板测定得到的回弹模量之间，可以通过大量实测数据的收集和统计分析，建立经验回归关系式，如下式所示：

$$E_0 = 243l_0^{-0.7} \qquad (1-1-14)$$

因此可利用相邻工程竣工验收对应的土路床顶面弯沉值推算得到回弹模量值，用于相邻新建道路路面结构计算参考。

### 1.1.3　沥青路面设计方法

目前我国《城镇道路路面设计规范》（CJJ 169）中沥青路面设计采用双圆垂直均布荷载作用下的弹性层状连续体系理论进行计算。以路表回弹弯沉值、柔性基层沥青层层底拉应变、半刚性材料基层层底拉应力和沥青层剪应力作为沥青路面结构设计指标。

#### 1.1.3.1　路面结构设计指标与要求

路面结构设计在经过了结构组合设计的周密考虑安排之后，应用力学系统来设计验算结构的厚度分布,设计控制标准是根据路面结构的损坏过程和损坏机理,从力学响应提出的控制指标。路面结构设计中结构厚度分布若满足了控制指标的极限标准,就能保证路面结构在设计使用期内正常工作,不致出现破坏的极限状态。

路面结构的破坏状态和机理是极其复杂的,至今还没有全部为人们所认识。即使有一些破坏状况已为人们所认识,但是要从力学机理的角度,从理论上作准确的分析,并且将它列入设计系统中成为一项控制指标也需要漫长的研究过程。

我国《城镇道路路面设计规范》(CJJ 169)规定沥青路面结构设计时,设计指标按表 1-1-17 选用。

表 1-1-17 不同等级道路路面设计指标

| 道 路 等 级 | 基层类型 | 设 计 指 标 |
|---|---|---|
| 快速路、主干路、次干路 | 半刚性基层 | 路表弯沉值、基层层底拉应力、沥青层剪应力 |
| | 柔性基层 | 路表弯沉值、沥青层剪应力、基层沥青层层底拉应变 |
| 支路 | 半刚性基层 | 路表弯沉值 |
| | 柔性基层 | 路表弯沉值 |

注 若支路交叉口较多或布置有公交站点,需进行沥青层剪应力指标验算。

(1)沥青路面结构设计中要求轮隙中心处路表弯沉值应小于或等于路表的设计弯沉值,应满足下式要求:

$$\gamma_a l_s \leq l_d \tag{1-1-15}$$

式中  $l_s$ ——轮隙中心处路表计算的弯沉值(0.01mm);

$l_d$ ——路表的设计弯沉值(0.01mm)。

(2)半刚性材料基层层底计算的最大拉应力应小于或等于材料的容许抗拉强度,应满足下式要求:

$$\gamma_a \sigma_m \leq [\sigma_R] \tag{1-1-16}$$

式中  $\sigma_m$ ——半刚性材料基层层底计算的最大拉应力(MPa);

$[\sigma_R]$ ——沥青面层的容许抗剪强度(MPa)。

(3)柔性基层沥青层层底计算的最大拉应变应小于或等于材料的容许拉应变,应满足下式要求:

$$\gamma_a \varepsilon_t \leq [\varepsilon_R] \tag{1-1-17}$$

式中  $\varepsilon_t$ ——柔性基层沥青层层底计算的最大拉应变;

$[\varepsilon_R]$ ——沥青层材料的容许拉应变。

(4)沥青面层计算的最大剪应力应小于或等于材料的容许抗剪强度,应满足下式要求:

$$\gamma_a \tau_m \leq [\tau_R] \tag{1-1-18}$$

式中  $\tau_m$ ——沥青面层计算的最大剪应力(MPa);

$[\tau_R]$ ——沥青面层的容许抗剪强度(MPa)。

**1.1.3.2  路面结构计算**

新建沥青路面结构设计应采用双圆垂直均布荷载作用下的弹性层状体系理论进行计算。路面荷载与计算点如图 1-1-8 所示。

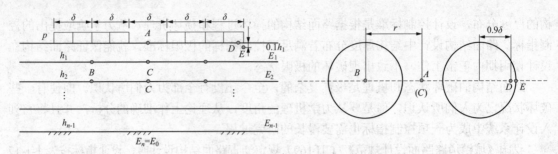

图 1-1-8　路面荷载与计算点示意图

（1）路表弯沉值

1）设计弯沉值

实践表明，回弹弯沉值大的路面，在经受了荷载不太多次数的重复作用之后，将呈现出某种形态的破坏；而回弹弯沉值小的路面，能经受轴载较多次重复作用之后，才能达到这种形态的破坏。也就是，在达到相同程度的破坏时，回弹弯沉值的大小与该路面的设计寿命，即轮载累计重复作用次数成反比关系。路面损坏的过程是随着累计轴载数的增加逐步发展的。通常可以通过长期观测，建立起累计轴载数 $N$ 与路面损坏阶段的统计数学模型。不同等级所容许出现的破坏阶段特征是不一样的，如快速路、主干路，当路面表面特性（如平整度、抗滑性能、车辙深度等）超出规定的极限，影响行车安全或行车质量，即使路面表面破坏尚未达到严重程度，即认为路面已达到极限状态，因此路面设计使用期内能够承受的与极限状态所对应的路表弯沉值与通过的累计轴载次数在该极限破坏阶段达到了平衡。对于等级略低的道路，通常不以路面使用品质作为设计使用期末的极限状态，而是以某一种路面结构性破坏作为极限状态，所对应的路表弯沉就可以大一些。由此可确定路面结构在经受设计使用期累计通行标准轴载次数后，路面状况优于各级道路极限状态标准时，所必须具有的路表回弹弯沉值，称为设计弯沉值 $l_\mathrm{d}$。

沥青路面路表设计弯沉值 $l_\mathrm{d}$ 应根据道路等级、设计基准期内累计当量轴次、面层和基层类型按下式计算确定：

$$l_\mathrm{d} = 600 N_\mathrm{e}^{-0.2} A_\mathrm{c} A_\mathrm{s} A_\mathrm{b} \tag{1-1-19}$$

式中　$A_\mathrm{c}$——道路等级系数，快速路、主干路为 1.0，次干路为 1.1，支路为 1.2。

　　　$A_\mathrm{s}$——面层类型系数，沥青混合料为 1.0，热拌、温拌或冷拌沥青碎石、沥青贯入式和沥青表面处治为 1.1。

　　　$A_\mathrm{b}$——基层类型系数，无极结合料类（半刚性）基层为 1.0，沥青类基层和粒料基层为 1.6。

2）计算弯沉值

弹性层状理论是在一定假设条件下（半无限空间体、材料各向同性、均质体且不计自重）经过复杂的力学、数学推演的理论体系，假设条件与路面实际条件不完全相符，这是导致理论与实际不一致的原因之一。我国《城镇道路路面设计规范》（CJJ 169）中通过试验路的铺筑测试，资料分析仍然引入公路沥青路面规范中给出的弯沉综合修正系数 $F$，将理论弯沉值进行修正，使计算弯沉值与实测弯沉值趋于接近实际。

路表弯沉值计算点位置应为双轮轮隙中心点 $A$，计算弯沉值应按下列公式计算：

$$l_s = 1000 \frac{2p\delta}{E_1} \alpha_w \cdot F \tag{1-1-20}$$

$$\alpha_w = f\left(\frac{h_1}{\delta}, \frac{h_2}{\delta}, \cdots, \frac{h_{n-1}}{\delta}, \frac{E_2}{E_1}, \frac{E_3}{E_2}, \cdots, \frac{E_0}{E_{n-1}}\right) \tag{1-1-21}$$

$$F = 1.63 \left(\frac{l_s}{2000\delta}\right)^{0.38} \left(\frac{E_0}{p}\right)^{0.36} \tag{1-1-22}$$

式中　　$\alpha_w$——理论弯沉系数；

$E_0$——路基抗压回弹模量值（MPa）；

$E_1, E_2, \cdots, E_{n-1}$——各层材料抗压回弹模量值（MPa）；

$h_1, h_2, \cdots, h_{n-1}$——各结构层设计厚度（cm）；

$F$——弯沉综合修正系数。

（2）半刚性基层层底弯拉应力

路面运营过程中，车辆荷载反复作用下（不考虑超载影响），沥青层层底产生拉应变或拉应力，最终导致路面疲劳开裂，对于半刚性基层路面结构，沥青层主要是压应力或很小的拉应力，而半刚性基层、底基层其主要控制作用。

1）半刚性材料容许拉应力

半刚性材料的容许抗拉强度$[\sigma_R]$应按下式计算：

$$[\sigma_R] = \frac{\sigma_s}{K_s} \tag{1-1-23}$$

式中　　$\sigma_s$——对于水泥稳定类材料，为90d龄期的劈裂强度；对于二灰稳定类和石灰稳定类材料，为180d龄期的劈裂强度；对于水泥粉煤灰稳定材料，为龄期120d龄期的劈裂强度（MPa）。

$K_s$——抗拉强度结构系数，应依据结构层的混合料类型按下列要求计算。

①无机结合料稳定集料类的抗拉强度结构系数应按下式计算：

$$K_{sr} = 0.35 N_e^{0.11} / A_c \tag{1-1-24}$$

式中　　$A_c$——道路等级系数，快速路、主干路为1.0，次干路为1.1，支路为1.2。

②无机结合料稳定细粒土类的抗拉强度结构系数应按下式计算：

$$K_{st} = 0.45 N_e^{0.11} / A_c \tag{1-1-25}$$

但当考虑超载影响时，对于半刚性基层沥青路面，基层上的沥青层无论层间连续还是滑动，可能会处于压应力和拉应变状态，在重载作用下拉应变会放大，最终出现沥青层疲劳开裂情况，因此当进行重载交通半刚性基层沥青路面结构设计时，需要考虑沥青层层底的弯拉应变指标。

2）半刚性基层层底拉应力计算

半刚性材料基层层底拉应力的计算点应为半刚性基层层底单圆荷载中心处$B$或双圆轮隙中心$C$，并取较大值作为层底拉应力。层底最大拉应力应按下列公式计算：

$$\sigma_m = p \bar{\sigma}_m \tag{1-1-26}$$

$$\bar{\sigma}_m = f\left(\frac{h_1}{\delta}, \frac{h_2}{\delta}, \cdots, \frac{h_{n-1}}{\delta}, \frac{E_2}{E_1}, \frac{E_3}{E_2}, \cdots, \frac{E_0}{E_{n-1}}\right) \tag{1-1-27}$$

式中　　　$\bar{\sigma}_m$——理论最大拉应力系数；

$E_1, E_2, \cdots, E_{n-1}$——各层材料抗压回弹模量值（MPa）。

（3）柔性基层沥青层层底拉应变

柔性基层沥青路面结构中沥青层受气候、日温差或季节性变化，使得沥青层与粒料层之间模量比发生变化，一般模量比越大，沥青层的拉应变也越大。参考国外的相关技术规范，也多以弯拉应变指标来控制沥青层底的疲劳破坏，为保证柔性基层沥青路面在设计基准期内不发生沥青疲劳开裂，新版的《城镇道路路面设计规范》（CJJ 169）中增加了沥青层层底弯拉应变控制指标。

1）沥青层容许拉应变

沥青路面材料的容许拉应变应按下列公式计算确定：

$$[\varepsilon_R] = 0.15 E_m^{-1/3} 10^{M/4} N_e^{-1/4} \qquad (1\text{-}1\text{-}28)$$

$$M = 4.84\left(\frac{V_b}{V_b + V_a - 0.69}\right) \qquad (1\text{-}1\text{-}29)$$

式中　$M$——沥青混合料空隙率与有效沥青含量的函数；

$E_m$——沥青混合料20℃动态回弹模量（MPa）；

$V_b$——有效沥青含量，以体积比计（%）；

$V_a$——空隙率（%）。

2）沥青层拉应变计算

柔性基层沥青层层底拉应变的计算点位置应为沥青层底面单圆中心点 $B$ 或双圆轮隙中心 $C$，并取较大值作为层底拉应变。柔性基层沥青层层底最大拉应变应按下列公式计算：

$$\varepsilon_t = \frac{p}{E_m}\bar{\varepsilon}_t \qquad (1\text{-}1\text{-}30)$$

$$\bar{\varepsilon}_t = \left(\frac{h_1}{\delta}, \frac{h_2}{\delta}, \cdots, \frac{h_{n-1}}{\delta}, \frac{E_{m2}}{E_{m1}}, \frac{E_{m3}}{E_{m2}}, \cdots, \frac{E_{m0}}{E_{m,n-1}}\right) \qquad (1\text{-}1\text{-}31)$$

式中　　　$\bar{\varepsilon}_t$——理论最大拉应变系数；

$E_{m1}, E_{m2}, \cdots, E_{m,n-1}$——各层材料动态抗压回弹模量值（MPa）；

$E_{m0}$——路基动态抗压回弹模量值。

（4）沥青面层剪应力

随着社会经济的发展，重载车不断增多，超载越来越严重。城市道路在夏季持续高条件下交叉口进口道、公交车停靠站、弯道、匝道等路段容易发生车辙。剪切指标与沥青混合料的热稳定性密切相关，高温时沥青混合料的黏结力和内摩阻力有明显变化。根据我国气候环境考虑最不利温度情况，选择路面60℃的剪应力指标进行路表剪应力计算。

1）容许抗剪强度 $[\tau_R]$

$$[\tau_R] = \frac{\tau_s}{K_r} \qquad (1\text{-}1\text{-}32)$$

式中　$\tau_s$——沥青面层材料的60℃抗剪强度（MPa），可按《城镇道路路面设计规范》（CJJ 169）附录D试验确定。

$K_r$——抗剪强度结构系数，对一般行驶路段 $K_r=1.2/A_c$；对交叉口和公交车停车站缓慢

制动路段 $K_r = 0.39 N_P^{0.15} / A_c$。

$N_P$——公交车停车站或交叉口设计基准期内同一位置停车的累计当量轴次。

路面的剪切破坏往往是在多次承受车辆启动、制动的状况下产生的，所以要计入轴载重复作用的影响。$K_r$ 即为考虑轴载重复作用影响的抗剪强度结构系数，它与行车荷载状况有关。经调查在公交站、交叉口车辆都是有准备的缓慢制动停车，$K_r$ 与该处公交站或交叉口在设计基准期内停车的当量轴载累计数及道路等级有关；而对于一般路段的偶然紧急制动时，虽然水平系数较大，但却不会出现在同一个点，故 $K_r$ 计算时不考虑累计轴载的作用。

公交站在设计基准期内的累计当量轴次 $N_P$ 可按该公交站点经过的公交车班次，每班公交车每天的发车次数、该站点每年增加的班次来综合考虑。一般情况下，同一停车站处每年不会增加太多班次，可按该公交站点最多可容纳的班车次来考虑即可。统计分析设计站点所经过的公交车班次 $i$ 以及每班车的每日发车班次 $n_i$，按照 $N_a = \sum_{i=1}^{K} C_1 C_2 n_i (P_i / P)^{4.35}$ 换算为当量轴次 $N_a$，则设计基准期内该停车站累计当量轴次 $N_P = N_a \times 365 \times$ 设计基准期（次）。

交叉口范围内在设计基准期内的累计当量轴次 $N_P$，可根据交叉口的红绿灯间隔时间，以停车次数最多车道的日平均当量轴次来考虑。如某城市道路交叉口信号周期时长为 $t_s$（s），某一行车道在交叉口同一位置处平均每分钟停车一次，每天按 18h（6：00～24：00）考虑，统计分析不同车型日均作用次数，并根据 $N_a = \sum_{i=1}^{K} C_1 C_2 n_i (P_i / P)^{4.35}$ 计算得到同一位置停车的单日平均当量轴次 $N_{PD}$。则设计基准期内的累计当量轴次为

$$N_P = 365 t N_{PD} \tag{1-1-33}$$

式中　$N_P$——交叉口设计基准期内同一位置停车的累计当量轴次（次）；

　　　　$t$——设计基准期（年）；

　　　$N_{PD}$——交叉口同一位置停车的单日平均当量轴次（次/d）。

该预估公式是对交叉口设计基准期内同一位置停车处的累计当量轴次的统计和预估，推荐使用实际调查数据，则更为准确、可靠。

2）计算最大剪应力计算

为防止路面面层出现车辙、波浪、推移和自上而下开裂等破坏，应控制沥青层的最大剪应力小于面层材料的容许剪应力。

沥青面层剪应力最大值计算点位置应取荷载外侧边缘路表距单圆荷载中心点 $0.9\delta$ 的点 $D$ 或离路表 $0.1h_1$ 距单圆荷载中心点 $\delta$ 的点 $E$，并取较大值作为面层剪应力，应按下列公式计算：

$$\tau_m = p \bar{\tau}_m \tag{1-1-34}$$

$$\bar{\tau}_m = f\left(f_h, \frac{h_1}{\delta}, \frac{h_2}{\delta}, \cdots, \frac{h_{n-1}}{\delta}, \frac{E_2}{E_1}, \frac{E_3}{E_2}, \cdots, \frac{E_0}{E_{n-1}}\right) \tag{1-1-35}$$

式中　　　　$\bar{\tau}_m$——理论最大剪应力系数；

　　　　　　$S_m$——沥青表面层材料 60℃ 抗压回弹模量值（MPa）；

$E_2$，$E_3$，$\cdots$，$E_{n-1}$——各层材料抗压回弹模量（MPa）；

　　　　　　$f_h$——水平力系数，对于一般行驶段为 0.5；对于公交车停靠站、交叉口等缓慢制动路段为 0.2。

### 1.1.3.3 设计参数确定

我国现行规范中路面结构设计采用多项设计指标控制，不同的设计指标分别采用不同的设计参数。在弹性层状体系理论中，路基土和路面各层材料的弹性模量、泊松比是进行计算求解的必要参数，这两个参数和各结构层厚度共同决定了弹性层状体系的力学响应特征。因此在路面结构计算中，需要充分考虑这些参数的影响和取值，并通过这些参数的变化反映各种环境因素的影响。

目前路面结构层材料弹性模量确定方法有以下三种：通过室内试验实测确定；利用已有经验关系式确定；参照典型数值确定。

（1）通过室内试验实测确定

1）计算路表弯沉值时，沥青层模量取 20℃的抗压回弹模量。计算路表弯沉值时，抗压回弹模量设计值 $E$ 应按下式计算：

$$E = \overline{E} - Z_\alpha S \tag{1-1-36}$$

式中　$\overline{E}$——各试件模量的平均值（MPa）；

　　$S$——各试件模量的标准差；

　　$Z_\alpha$——保证率系数，取 2.0。

2）计算柔性基层沥青层层底拉应变时，沥青层模量采用 20℃抗压回弹模量，松散粒料与路基模量采用下式计算确定：

$$E_{m0} = 17.63(CBR)^{0.64} \tag{1-1-37}$$

式中　$E_{m0}$——松散粒料与路基回弹模量（MPa）；

　　$CBR$——加州承载比（%）。

3）计算半刚性基层层底拉应力时，沥青层模量取 15℃时的抗压回弹模量；半刚性材料应在规定的龄期下测试抗压回弹模量，水泥稳定类材料的龄期为 90d、二灰稳定类和石灰稳定类材料的龄期为 180d、水泥粉煤灰稳定材料的龄期为 120d。

计算层底拉应力时应考虑模量的最不利组合，计算层以下各层的模量采用式（1-1-37）计算其模量设计值；计算层及以上各层模量采用式（1-1-38）计算其模量设计值：

$$E = \overline{E} + Z_\alpha S \tag{1-1-38}$$

4）计算沥青层剪应力时，设计参数采用抗压回弹模量，沥青上面层取 60℃的抗压回弹模量，模量设计值采用式（1-1-36）计算，中下沥青面层取 20℃的抗压回弹模量，模量设计值采用式（1-1-38）计算。

（2）利用已有经验关系式确定

同一地区，相同等级道路条件下可借鉴本地区已有的试验资料或工程经验确定。

（3）参照典型数值确定

我国《城镇道路路面设计规范》（CJJ 169）附录 C 给出了沥青路面设计参数参考值表，见表 1-1-18～表 1-1-20。

**表 1-1-18　　　　　　　　　沥青混合料设计参数**

| 材料名称 | | 抗压模量（MPa） | | | 15℃劈裂强度（MPa） | 60℃剪切强度（MPa） | 备注 |
|---|---|---|---|---|---|---|---|
| | | 20℃ | 15℃ | 60℃ | | | |
| 细粒式沥青混凝土 | 密级配 | 1200～1600 | 1800～2200 | 240～320 | 1.2～1.6 | 0.4～0.8① | AC-10，AC-13 |
| | 开级配 | 700～1000 | 1000～1400 | 140～200 | 0.6～1.0 | 0.3～0.5 | OGFC |

续表

| 材料名称 | | 抗压模量（MPa） | | | 15℃劈裂强度（MPa） | 60℃剪切强度（MPa） | 备注 |
|---|---|---|---|---|---|---|---|
| | | 20℃ | 15℃ | 60℃ | | | |
| 沥青玛琋脂碎石 | | 1200～1600 | 1600～2000 | 240～320 | 1.4～1.9 | 0.8～1.1 | SMA |
| 中粒式沥青混凝土 | | 1000～1400 | 1600～2000 | — | 0.8～1.2 | | AC-16，AC-20 |
| 密级配粗粒式沥青混凝土 | | 800～1200 | 1000～1400 | — | 0.6～1.0 | | AC-25 |
| 沥青碎石基层 | 密级配 | 1000～1400 | 1200～1600 | — | 0.6～1.0 | | ATB-25，ATB-35 |
| | 半开级配 | 600～800 | — | — | — | | AM-25，AM-40 |
| 沥青贯入式 | | 400～800 | | | | | |

表 1-1-19　　　　　　　　　　基层和垫层材料设计参数（部分）

| 材料名称 | 配合比或规格要求 | 抗压回弹模量 $E$（MPa）弯沉计算用 | 抗压模量 $E$（MPa）拉应力、剪应力计算用 | 劈裂强度 |
|---|---|---|---|---|
| 水泥碎石 | 4%～6% | 1300～1700 | 3000～4200 | 0.4～0.6 |
| 级配碎石 | 基层连续级配型 | 300～350 | — | — |
| | 基层骨架密实型 | 300～500 | — | — |
| | 下基层、功能层 | 200～250 | — | — |

表 1-1-20　　　　　　　　　　柔性基层沥青路面材料设计参数

| 材 料 名 称 | 20℃动态回弹模量（MPa）柔性基层沥青层层底弯拉应变计算用 | 备 注 |
|---|---|---|
| 密级配细粒式沥青混凝土 | 4500～6000 | AC-10，AC-13 |
| 中粒式沥青混凝土 | 4000～5500 | AC-16，AC-20 |
| 密级配粗粒式沥青混凝土 | 3500～5000 | AC-25 |
| 沥青玛琋脂碎石 | 4000～6000 | SMA |
| 密级配沥青碎石基层 | 3200～4500 | ATB-25 |
| 贫混凝土 | 10000～17000 | — |
| 水泥稳定碎石 | 5000～10000 | — |
| 水泥稳定土 | 1000～3000 | — |
| 石灰、水泥与粉煤灰综合稳定类 | 3500～14000 | — |
| 石灰稳定土 | 600～2000 | — |

**1.1.3.4** 新建沥青路面结构设计流程

沥青路面设计的任务是以最低的寿命周期费用提供一种沥青路面结构，它在设计基准期内按目标可靠度满足预定的使用性能要求，包括基本要求和与道路等级相适应的功能要求。首先设计的各级沥青路面应满足相应交通荷载作用下的所需承载能力，其次路面要保证安全、畅通、舒适、耐久、低噪和低污染。

沥青路面结构设计宜按下列主要流程进行，如图 1-1-9 所示。

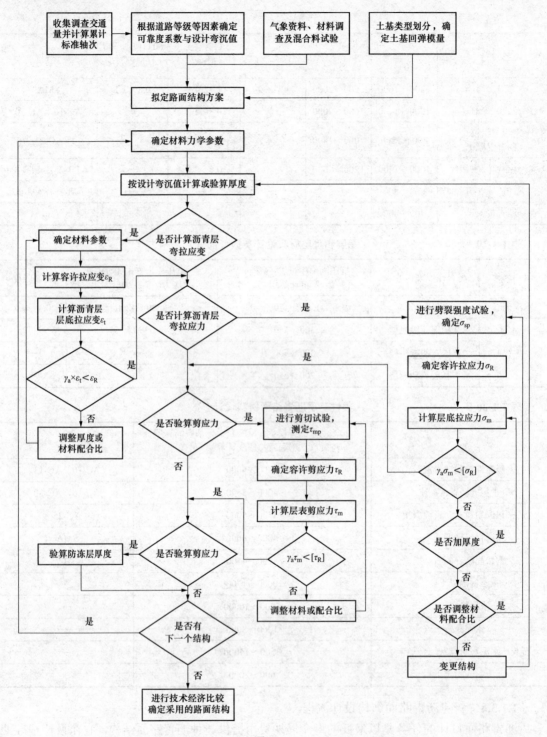

图 1-1-9

1）根据道路等级、使用要求、交通条件、投资水平、材料供应与施工技术等确定路面等级、面层类型，初拟路面结构类型；

2）根据土质、水文状况、工程地质条件与施工条件等，将路基分段，确定路基回弹模量；

3）收集调查交通量，计算设计基准期内一个方向上设计车道的累计当量轴次；

4）进行路面结构组合设计，确定各层材料设计参数；

5）根据道路等级和基层类型确定设计指标（设计弯沉、容许抗拉强度、容许抗剪强度、容许拉应变），根据面层类型、道路等级和变异水平等级确定可靠度系数；

6）进行路面结构厚度设计，路面结构设计应满足各设计指标要求；

7）对于季节性冰冻地区应验算防冻厚度；

8）按全寿命周期费用分析的理念进行技术经济对比，确定最终路面结构方案。

**1.1.3.5 路基回弹模量的影响分析**

（1）我国规范要求

我国《城镇道路路面设计规范》（CJJ 169）规定：在不利季节，路基顶面设计回弹模量值，对快速路和主干路不应小于 30MPa；对于次干路和支路不应小于 20MPa。当不能满足上述要求时，应采取措施提高路基的回弹模量。

我国规范对路基顶面设计回弹弯沉值强调了不利季节的取值，但是通常我们路基回弹模量值不一定在非不利季节进行，另外弹性层状体系理论中计算结果也要求是设计路段路基处于中湿状态，为此我们需要讨论路基回弹模量对弯沉计算结果，为路基回弹模量赋值提供一定参考。

（2）路基回弹模量对弯沉影响

新建主干路所在城市属夏炎热冬温湿润地区，道路所处沿线地质为中液限黏性土，填方路基，属中湿状态；年降雨量在 900mm 左右，年平均气温在 16℃ 左右。主干路为双向 6 车道，拟采用沥青路面结构。设计路段路基处于中湿状态，土基回弹模量设计值为 30MPa。

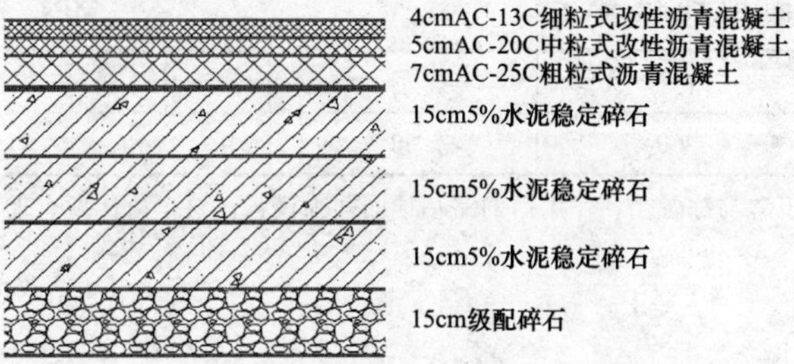

依据本地区路用材料，结合已有工程经验与典型结构，拟定路面结构组合方案如图 1-1-10 所示。主干路沥青路面设计基准期为 15 年，以设计弯沉值为设计指标时等效换算的累计当量轴次为 980 万次，预测该主干路交通量年增长率为 5%。

各路面结构层材料参数见表 1-1-21。

4cmAC-13C细粒式改性沥青混凝土
5cmAC-20C中粒式改性沥青混凝土
7cmAC-25C粗粒式沥青混凝土
15cm5%水泥稳定碎石
15cm5%水泥稳定碎石
15cm5%水泥稳定碎石
15cm级配碎石

图 1-1-10 主干路路面结构方案

表 1-1-21 路面结构参数选取

| 序号 | 路面结构 | 厚度（mm） | 回弹模量（MPa） |
|---|---|---|---|
| 1 | 细粒式沥青混凝土 | 40 | 1200 |
| 2 | 中粒式沥青混凝土 | 50 | 1000 |
| 3 | 粗粒式沥青混凝土 | 70 | 800 |
| 4 | 水泥稳定碎石 | 150 | 1500 |
| 5 | 水泥稳定碎石 | 150 | 1500 |
| 6 | 水泥稳定碎石 | 150 | 1500 |
| 7 | 级配碎石 | 150 | 300 |
| 8 | 新建路基 | — | 30 |

利用 URPDS 软件计算弯沉值结果见表 1-1-22。

**表 1-1-22** 弯 沉 计 算 结 果

| 计算弯沉值 $l_s$ | 设计弯沉值 $l_d$ |
|---|---|
| 21.8（0.01mm） | 23.98（0.01mm） |

不同路基回弹模量下弯沉计算结果见表 1-1-23。

**表 1-1-23** 参 数 敏 感 性 分 析

| $E_0$ | 计算弯沉值 $l_s$ | 设计弯沉值 $l_d$ | 对应交通等级 |
|---|---|---|---|
| 30 | 21.8 | 23.98 | 中 |
| 35 | 20.5 | 22.55 | 重 |
| 40 | 19.5 | 21.45 | 重 |
| 45 | 18.6 | 20.46 | 重 |
| 50 | 17.9 | 19.69 | 特重 |

从表中可以看出，路基回弹模量对弯沉值影响显著，在设计中应慎重路基回弹模量的选择。

我国《公路沥青路面设计规范》（JTG D50—2017）依据近年来的研究成果和工程实践，对路基顶面回弹模量进行重新调整，见表 1-1-24。

**表 1-1-24** 路 基 顶 面 回 弹 模 量 MPa

| 交通荷载等级 | 极重 | 特重 | 重 | 中、轻 |
|---|---|---|---|---|
| 回弹模量，不小于 | 70 | 60 | 50 | 40 |

**注** 路基顶面回弹模量是指平衡湿度状态下并考虑干湿与冻融循环作用后的路基顶面回弹模量。这个值比现有采用的 25MPa～40MPa 大了许多。

（3）路基回弹模量的调整

由于设计中采用的路基回弹模量计算值是针对不利季节的，而施工中的弯沉值以及检验往往是在非不利季节进行的，且弹性层状体系理论中采用的回弹模量也应该是有一定保证率系数的（非不利季节），因此，需先将土基回弹模量计算值 $E_0$ 按式（1-1-39）调整到相当于非不利季节的值 $E_0'$：

$$E_0' = K_1 E_0 \tag{1-1-39}$$

式中 $K_1$——季节影响系数，不同地区取值范围为 1.2～1.4，各地可根据经验确定。

如取 $E_0=30\text{MPa}$，$K_1=1.4$；计算 $E_0'$ 为 42MPa。

**1.1.3.6 路面竣工验收指标的计算**

路面竣工验收时，验收弯沉值 $l_a$ 是工程验收的重要指标，它是以不利季节 BZZ-100 标准轴载作用下，轮隙中心处实测路表弯沉代表值 $l_r$ 进行评定的。即

$$l_r \leqslant l_a \tag{1-1-40}$$

式中 $l_r$——实测每公里路面的代表弯沉值（0.01mm）；

$l_a$——路面竣工验收弯沉值。

（1）路面竣工验收弯沉值 $l_a$ 确定

路面竣工验收弯沉值 $l_a$ 的取值分为两种情况决定：

1）以设计弯沉值作为控制指标

当以设计弯沉值作为控制指标设计路面时，路面设计弯沉值即为路面竣工验收弯沉值。

2）以弯拉应力为控制指标

当以弯拉应力为控制指标设计路面时，以最后确定的路面结构层位，厚度和材料模量计算得到的弯沉值作为路面竣工验收弯沉值。

（2）实测路表弯沉代表值

路面代表弯沉值检测通常在竣工后第一年不利季节，用标准轴载 *BZZ*-100 实测轮隙中心处路表弯沉值，实测弯沉代表值应按下式计算：

$$l_0 = (\overline{l_0} + Z_a S) K_1 K_3 \tag{1-1-41}$$

式中　$l_0$ ——路段内实测路表弯沉代表值（0.01mm）；

　　　$\overline{l_0}$ ——路段内实测路表弯沉平均值（0.01mm）；

　　　$S$ ——路段内实测路表弯沉标准差（0.01mm）；

　　　$Z_a$ ——与保证率有关的系数，快速路、主干路 $Z_a$=1.645，其他等级道路沥青路面 $Z_a$=1.5；

　　　$K_3$ ——温度修正系数，可按当地经验确定。

### 1.1.4　水泥混凝土路面设计方法

我国《城镇道路路面设计规范》（CJJ 169）中水泥混凝土路面设计采用单轴双轮组 100kN 标准轴载作用下的弹性半空间地基有限大矩形薄板理论有限元解为理论基础，以路面板纵缝边缘荷载与温度综合疲劳弯拉应力为设计指标进行路面板厚度设计。

#### 1.1.4.1　路面结构设计指标与要求

水泥混凝土路面结构层的组合设计，应根据该路的交通量预测、结合当地环境条件和材料供应情况。选择安排混凝土路面的结构层层次，包括路基、功能层（垫层）、基层和面层的结构层位，各层的路面结构类型、弹性模量和厚度。技术先进、工程经济合理的路面结构组合设计方案，应能保证混凝土面板在设计使用期内能承受预期交通的作用，提供良好的路用品质，其设计过程与柔性路面结构设计组合相仿。同时有关基层、功能层的设置和抗冻的要求均应符合现行有关规范规定。

我国《城镇道路路面设计规范》（CJJ 169）规定，水泥混凝土路面结构设计以行车荷载和温度梯度综合作用产生的疲劳断裂作为设计的极限状态，应满足下式要求：

$$\gamma_c (\sigma_{pr} + \sigma_{tr}) \leqslant f_r \tag{1-1-42}$$

式中　$\gamma_c$ ——水泥混凝土路面可靠度系数，根据所选目标可靠度及变异水平等级按表 1-1-16 确定；

　　　$\sigma_{pr}$ ——行车荷载疲劳应力（MPa）；

　　　$\sigma_{tr}$ ——温度梯度疲劳应力（MPa）；

　　　$f_r$ ——28d 龄期水泥混凝土弯拉强度标准值（MPa）。

材料性能和面层厚度的变异水平可分为低、中和高三级。各变异水平等级主要设计参数的变异系数变化范围应符合表 1-1-15 的规定。

水泥混凝土的强度应以 28d 龄期的弯拉强度控制。水泥混凝土弯拉强度标准值不得低于

表 1-1-25 的规定。

**表 1-1-25** 水泥混凝土弯拉强度标准值

| 交通等级 | 特重、重 | 中 | 轻 |
|---|---|---|---|
| 水泥混凝土的弯拉强度标准值（MPa） | 5.0 | 4.5 | 4.5 |
| 钢纤维混凝土的弯拉强度标准值（MPa） | 6.0 | 5.5 | 5 |

#### 1.1.4.2 行车荷载疲劳应力计算

（1）单层混凝土板荷载应力分析应按下列步骤进行：

1）选取混凝土板的纵向边缘中部作为产生最大荷载和温度梯度综合疲劳损坏的临界荷位。

2）标准轴载在临界荷位处产生的荷载疲劳应力应按下式计算：

$$\sigma_{pr} = k_r k_f k_c \sigma_{ps} \qquad (1-1-43)$$

式中 $\sigma_{pr}$——标准轴载临界荷位处产生的荷载疲劳应力（MPa）。

$\sigma_{ps}$——标准轴载在四边自由板的临界荷位处产生的荷载应力（MPa）。

$k_r$——考虑接缝传荷能力的应力折减系数，纵缝为设拉杆的平缝时，$k_r$=0.87~0.92（刚性和半刚性基层取低值，柔性基层取高值）；纵缝为不设拉杆的平缝或自由边时，$k_r$=1.0；纵缝为设拉杆的企口缝时，$k_r$=0.76~0.84。

$k_f$——考虑设计基准期内荷载应力累计疲劳作用的疲劳应力系数，按式（1-1-46）计算。

$k_c$——考虑偏载和动载等因素对路面疲劳损坏影响的综合系数，按表（1-1-26）确定。

**表 1-1-26** 综 合 系 数 $k_c$

| 道路等级 | 快速路 | 主干路 | 次干路 | 支路 |
|---|---|---|---|---|
| $k_c$ | 1.30 | 1.25 | 1.20 | 1.10 |

3）标准轴载在四边自由板临界荷位处产生的荷载应力应按下式计算：

$$\sigma_{ps} = 0.077 \times r^{0.60} \times h^{-2} \qquad (1-1-44)$$

$$r = 0.537h \left( \frac{E_c}{E_t} \right)^{1/3} \qquad (1-1-45)$$

式中 $r$——单层混凝土板的相对刚度半径（m）；

$h$——混凝土板的厚度（m）；

$E_c$——水泥混凝土的弯拉弹性模量（MPa）；

$E_t$——基层顶面的当量回弹模量（MPa）。

4）设计基准期内的荷载疲劳应力系数应按下式计算：

$$k_f = N_e^{'v} \qquad (1-1-46)$$

$$v = 0.053 - 0.017 \rho_r \frac{l_f}{d_f} \qquad (1-1-47)$$

式中 $v$——与混合料性质有关的指数，普通混凝土、钢筋混凝土、连续配筋混凝土，$v$=0.057；碾压混凝土和贫混凝土，$v$=0.065；钢纤维混凝土，$v$按式（1-1-47）计算确定。

$\rho_r$——钢纤维的提及率（%）。

$l_f$——钢纤维的长度（mm）。

$d_f$——钢纤维的直径（mm）。

5）新建道路的基层顶面当量回弹模量可按下式计算：

$$E_t = ah_x^b E_0 \left(\frac{E_x}{E_0}\right)^{1/3} \tag{1-1-48}$$

$$E_x = \frac{h_1^2 E_1 + h_2^2 E_2}{h_1^2 + h_2^2} \tag{1-1-49}$$

$$D_x = \frac{E_1 h_1^3 + E_2 h_2^3}{12} + \frac{(h_1 + h_2)^2}{4}\left(\frac{1}{E_1 h_1} + \frac{1}{E_2 h_2}\right)^{-1} \tag{1-1-50}$$

$$a = 6.22\left[1 - 1.51\left(\frac{E_x}{E_0}\right)^{-0.45}\right] \tag{1-1-51}$$

$$b = 1 - 1.44\left(\frac{E_x}{E_0}\right)^{-0.55} \tag{1-1-52}$$

6）在旧柔性路面上铺筑水泥混凝土面层时，旧柔性路面顶面的当量回弹模量可按式（1-1-53）计算：

$$E_t = 13739 w_0^{-1.04} \tag{1-1-53}$$

式中 $w_0$——以后轴载 100kN 的车辆进行弯沉测定，经统计整理后得到的旧路面计算回弹弯沉值（0.01mm）。

（2）双层混凝土板荷载应力分析应按下列步骤进行：

1）双层混凝土板的临界荷位为板的纵向边缘中部。标准轴载在临界荷位处产生的上层和下层混凝土板的荷载疲劳应力 $\sigma_{pr1}$ 和 $\sigma_{pr2}$。其中，应力折减系数、荷载疲劳应力系数和综合系数的确定方法，与单层混凝土板相同。

2）标准轴载在临界荷位处产生的分离式双层板上层和下层的荷载应力或者结合式双层板下层的荷载应力，应按下式计算：

$$\sigma_{pr1} = 0.077 r_g^{0.60} \frac{E_{c1} h_{01}}{12 D_g} \tag{1-1-54}$$

$$\sigma_{pr2} = 0.077 r_g^{0.60} \frac{E_{c2}(0.5 h_{02} + h_x k_u)}{6 D_g} \tag{1-1-55}$$

式中 $\sigma_{pr1}$、$\sigma_{pr2}$——双层混凝土板上层和下层的荷载应力（MPa）。

$E_{c1}$、$E_{c2}$——双层混凝土板上层和下层的弯拉弹性模量（MPa）。

$h_{01}$、$h_{02}$——双层混凝土板上层和下层的厚度（m）。

$h_x$——下层板中面至结合式双层板中性面的距离（m）。

$k_u$——层间结合系数，分离式时，$k_u = 0$；结合式时，$k_u = 1$。

$D_g$——双层混凝土板的截面总刚度（MN·m）。

$r_g$——双层混凝土板的相对刚度半径（m）。

3）下层板中面至结合式双层板中性面的距离可按下式计算：

$$h_x = \frac{E_{c1}h_{01}(h_{01}+h_{02})}{2(E_{c1}h_{01}+E_{c2}h_{02})}$$ （1-1-56）

4）双层混凝土板的截面总刚度为上层板和下层板对各自中面的弯曲刚度以及由截面轴向力所构成的弯曲刚度三者之和，按下式计算：

$$D_g = \frac{E_{c1}h_{01}^3}{12} + \frac{E_{c2}h_{02}^3}{12} + \frac{E_{c1}h_{01}E_{c2}h_{02}(h_{01}+h_{02})^2}{4(E_{c1}h_{01}+E_{c2}h_{02})}k_u$$ （1-1-57）

5）双层混凝土板的相对刚度半径应按下式计算：

$$r_g = 1.23\left(\frac{D_g}{E_t}\right)^{1/3}$$ （1-1-58）

#### 1.1.4.3 温度疲劳应力计算

（1）单层混凝土板温度应力分析按下列步骤进行：

1）在临界荷位处的温度疲劳应力按下式计算：

$$\sigma_{tr} = k_t \sigma_{tm}$$ （1-1-59）

式中 $\sigma_{tr}$——临界荷位处的温度疲劳应力（MPa）；

$\sigma_{tm}$——最大温度梯度时混凝土板的温度翘曲应力（MPa）；

$k_t$——考虑温度应力累计疲劳作用的疲劳应力系数。

2）最大温度梯度时混凝土板的温度翘曲应力按下式计算：

$$\sigma_{tm} = \frac{\alpha_c E_c h T_g}{2} B_x$$ （1-1-60）

$$B_x = 1.77e^{-4.48h}C_x - 0.131(1-C_x)$$ （1-1-61）

$$C_x = 1 - \frac{\sinh t \cos t + \cosh t \sin t}{\cos t \sin t + \sinh t \cosh t}$$ （1-1-62）

$$t=l/3r$$

式中 $\alpha_c$——混凝土的线膨胀系数（1/℃），可取 $1\times10^{-5}$/℃；

$T_g$——最大温度梯度，查表 1-1-6 取用；

$h$——面层板的厚度（m）；

$B_x$——综合温度翘曲应力和内应力作用的温度应力系数，按式（1-1-61）计算确定；

$C_x$——混凝土面层板的温度翘曲应力系数，按式（1-1-62）所示；

$t$——与面层板尺寸有关的参数；

$r$——面层板的相对刚度半径（m）；

$l$——板长，即横缝间距（m）。

3）温度疲劳应力系数可按下式计算：

$$k_t = \frac{f_r}{\sigma_{tm}}\left[a\left(\frac{\sigma_{tm}}{f_r}\right)^c - b\right]$$ （1-1-63）

式中 $a$、$b$、$c$——回归系数，按所在地区的道路自然区划查表 1-1-27 确定。

28

表 1-1-27                                    回归系数 $a$、$b$ 和 $c$

| 系数 | 道路自然区划 | | | | | |
|---|---|---|---|---|---|---|
| | II | III | IV | V | VI | VII |
| $a$ | 0.828 | 0.855 | 0.841 | 0.871 | 0.837 | 0.834 |
| $b$ | 0.041 | 0.041 | 0.058 | 0.071 | 0.038 | 0.052 |
| $c$ | 1.323 | 1.355 | 1.323 | 1.287 | 1.382 | 1.270 |

（2）双层混凝土板上层和下层的温度疲劳应力按下列步骤进行：

1）双层混凝土板上层和下层的温度疲劳应力 $\sigma_{tr1}$ 和 $\sigma_{tr2}$ 分别按式（1-1-59）计算确定，但分离式双层板仅需计算上层板的温度疲劳应力（ $\sigma_{tr1}$ ），结合式双层板仅需计算下层板的温度疲劳应力（ $\sigma_{tr2}$ ）。其中，温度疲劳应力系数的确定方法与单层混凝土板相同。

2）分离式双层混凝土板上层的最大温度翘曲应力应按下列公式计算：

$$\sigma_{tm1} = \frac{\alpha_c E_{c1} h_{01}^2 T_g}{2} B_x \qquad (1\text{-}1\text{-}64)$$

$$B_x = 1.77 e^{-4.48 h_{01}} C_x - 0.131(1 - C_x) \qquad (1\text{-}1\text{-}65)$$

$$C_x = 1 - \left(\frac{1}{1+\xi}\right)\frac{\sinh t \cos t + \cosh t \sin t}{\cos t \sin t + \sinh t \cosh t} \qquad (1\text{-}1\text{-}66)$$

$$t = l/3r_g \qquad (1\text{-}1\text{-}67)$$

$$\xi = -\frac{(k_n r_g^4 - D_{01})r_\beta^3}{(k_n r_\beta^4 - D_{02})r_g^3} \qquad (1\text{-}1\text{-}68)$$

$$r_\beta = \left[\frac{D_{01} D_{02}}{(D_{01} + D_{02})\ k_n}\right]^{1/4} \qquad (1\text{-}1\text{-}69)$$

$$k_n = \frac{1}{2}\left(\frac{h_{01}}{E_{c1}} + \frac{h_{02}}{E_{c2}}\right)^{-1} \qquad (1\text{-}1\text{-}70)$$

$$D_{01} = \frac{E_{c1} h_{01}^3}{12(1 - v_{c1}^2)} \qquad (1\text{-}1\text{-}71)$$

$$D_{02} = \frac{E_{c2} h_{02}^3}{12(1 - v_{c2}^2)} \qquad (1\text{-}1\text{-}72)$$

式中    $\sigma_{tm1}$ ——分离式双层混凝土板上层的最大温度翘曲应力（MPa）；

$B_x$ ——上层混凝土板的温度应力系数；

$C_x$ ——混凝土板的温度翘曲应力系数；

$t$ ——与面层板有关的系数；

$\xi$ ——与双层板结构有关的参数；

$r_\beta$ ——层间接触状况参数；

$k_n$ ——面层与基层之间竖向接触刚度，上下层之间不设沥青混凝土夹层或隔离层时按式（1-1-70）计算，设沥青混凝土夹层或隔离层时，$k_n$ 取 3000MPa/m；

$D_{01}$、$D_{02}$——上层板、下层板的截面弯曲刚度（MN·m）；

$v_{c1}$、$v_{c2}$——上层板、下层板的泊松比。

3）结合式双层混凝土板下层的最大温度翘曲应力应按下式计算：

$$\sigma_{tm2} = \frac{\alpha_c E_{c2}(h_{01} + h_{02})T_g}{2}\xi_2 B_x \qquad (1\text{-}1\text{-}73)$$

$$\xi_2 = 1.77 - 0.27\ln\left(\frac{h_{01}E_{c1}}{h_{02}E_{c2}} + 18\frac{E_{c1}}{E_{c2}} - 2\frac{h_{01}}{h_{02}}\right) \qquad (1\text{-}1\text{-}74)$$

$$B_x = 1.77e^{-4.48(h_{01}+h_{02})}C_x - 0.131(1 - C_x) \qquad (1\text{-}1\text{-}75)$$

式中　$\sigma_{tm2}$——结合式双层混凝土板下层的最大温度翘曲应力（MPa）；

　　　$\xi_2$——结合式双层混凝土板的最大温度应力修正系数；

　　　$B_x$——混凝土板的温度应力系数；

　　　$C_x$——混凝土板的温度翘曲应力系数。

#### 1.1.4.4　新建水泥混凝土路面结构设计流程

水泥混凝土路面结构设计应按下列步骤进行，设计流程如图 1-1-11 所示。

1）应依据所设计的道路等级，确定路面结构的设计安全等级及相应的设计基准期、目标可靠度和变异水平等级。

2）调查采集交通资料，应包括初始年日交通量、日货车交通量、方向和车道分配系数、各类货车的轴载谱、设计基准期内交通量年平均增长率等。

3）应将各级轴载作用次数换算为标准轴载的作用次数，并计算设计车道的初始年日标准轴载作用次数；应依据道路等级和车道宽度，选定车辆轮迹横向分布系数；应根据设计基准期内设计车道上的标准轴载累计作用次数，确定设计车道的交通等级。

4）应依据施工技术、管理和质量控制的预期水平，选定路面材料性能和结构尺寸变异水平等级，并依据所要求的目标可靠度，确定可靠度系数。

5）应根据道路等级和交通等级，并按设计道路所在地的路基土质、温度和湿度状况，路面材料供应条件和材料性质以及当地已有路面使用经验，进行结构层组合设计，初选各结构层的材料类型和厚度。

6）应根据交通等级，选取水泥混凝土的最大抗弯拉强度标准值，确定混合料试配弯拉强度的均值，进行混凝土混合料组成设计；并应通过试验或经验数值确定相应的混凝土弹性模量。

7）应对所选基层和功能层（基层与路基之间垫层）材料类型，进行混合料配合比设计，通过试验或经验数值确定各类混合料的回弹模量标准值。

8）新建道路应依据土质类型和道路所在地的自然区划按经验值确定路床顶面的回弹模量标准值。将路床顶面以上和基层顶面以下的各结构层转化成单层后，计算确定基层顶面的当量回弹模量值。

9）按道路等级选定综合系数，按纵缝类型和基层情况选取应力折减系数，应按设计基准期内标准轴载累计作用次数计算荷载疲劳应力系数，计算标准轴载产生的荷载应力。

10）应按道路所在地的自然区划确定最大温度梯度，确定温度应力系数，计算最大温度应力，计算温度疲劳应力系数，确定温度疲劳应力值。

11）当荷载疲劳应力及温度疲劳应力之和与可靠度系数乘积小于且接近混凝土弯拉强度标准值时，则初选厚度可作为混凝土面层的计算厚度。否则，应改选面层厚度，重新计算，直到满足要求为止。面层设计厚度应为计算厚度按 10mm 向上取整。

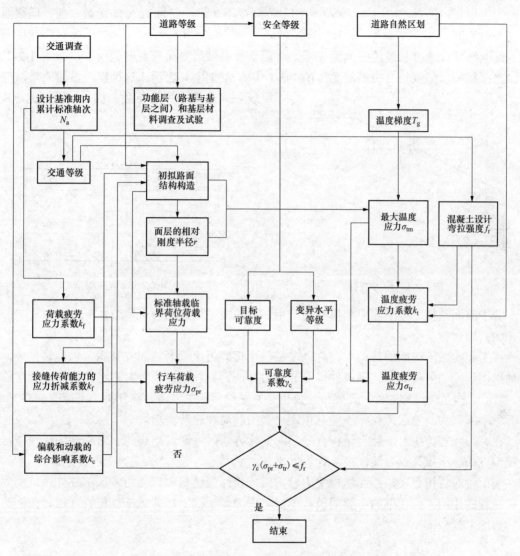

图 1-1-11　水泥混凝土路面结构设计流程图

## 1.2　路面结构力学模型

对路面结构进行应力分析时，可采用有限元法将路面结构简化为各种力学模型，经过一系列简化假定和复杂的数学推演，建立越来越完善的力学模型，从而得到更接近于实际理论的解答。可采用不同方法将路面结构模型化。

（1）平面应变模型

几何特征：一个方向的尺寸比另两个方向的尺寸大很多，且沿长度方向几何形状和尺寸不变化。

受力特征：外力（体力、面力）平行于横截面作用，且沿长度 $z$ 方向不变化；约束沿长度 $z$ 方向不变化。

应力特征：如图 1-2-1 所示建立坐标系，以任意横截面为 $xy$ 面，任一纵线为 $z$ 轴。设 $z$ 方向为无限长，则 $\sigma_x$，$\cdots\varepsilon_x$，$\cdots u$，$\cdots$沿 $z$ 方向都不变化，仅为 $x$，$y$ 的函数。任一横截面均可视为对称面。

路面结构以单位长度的横剖面表示，有限软件中可用平面应变模型模拟，如图 1-2-2 所示。路面结构以单位长度的横剖面（图 1-2-1 中的 $xy$ 剖面）表示，这种模型虽较简单，但它无法考虑多个作用荷载、板长等因素的影响。

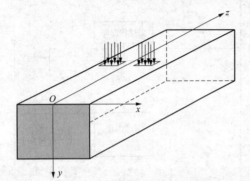
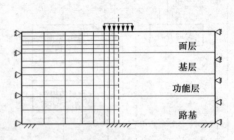

面层

基层

功能层

路基

图 1-2-1　应力特征　　　　　　　　图 1-2-2　应变模型

关于路面结构二维平面应变模型的应用详见路面结构计算分析章节。

（2）轴对称模型

在工程实践所应用的结构中，有许多结构可理解为由一个截面绕某固定轴旋转生成，若这种结构所受的外载荷和边界条件也沿此轴对称，则称此结构为轴对称结构。对于轴对称结构，除了结构是轴对称的外，载荷和约束也必须是轴对称的。轴对称分析中不能有周向变形，因而也不能有周向的载荷。即不能有扭矩之类的载荷和扭转变形。

在有限元理论中对于此类结构有专门的简化方法，可通过结构的轴对称性简化模型，减少模型规模、缩短计算时间，提高计算效率。

利用轴对称模型模拟路面结构受力分析时，将路面结构理想化为多层圆柱体系统受到轴对称荷载的作用。此模型的主要局限是不能考虑面层板接缝和荷载施加位置（边、角）的影响，如图 1-2-3 所示。

（3）三维模型

最理想的模型是三维模型，三维模型可考虑路面结构的实际几何形状、接缝和荷载作用位置，并分析板横截面上的应力分布，如图 1-2-4 所示。

目前传统的路面结构厚度较大，在车轮行车荷载作用下路面结构中产生的黏-塑性变形量很小，可以视为线弹性体，其在分析及设计采用的分析模型都是基于弹性多层理论体系。

但对于刚性基层沥青路面、刚性路面在结构分析中需考虑应力沿板厚的分布、混凝土板下的多层基础体系等，因此基于温克勒地基上弹性薄板理论 2D 模型具有一定局限性，三维有限元模型可考虑接缝传荷因素、板块尺寸、加载形式、板底接触及支承条件，是更符合实际道路路面结构的有限元分析模型。

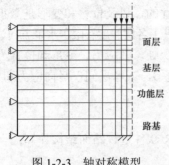

图 1-2-3　轴对称模型

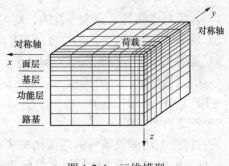

图 1-2-4　三维模型

## 1.3　路面结构设计计算软件

行驶在路面上的车辆，通过车轮把荷载传递给路面，由路面传递给路基，在路基路面结构内部产生应力、应变及位移。早期的路面结构完全凭经验设计，未考虑环境和地质条件的影响，随着经验的不断积累，相关研究人员的不懈努力，现代路面设计成为了一门工程技术，形成了经验和结构分析理论结合的路面设计方法。

研究人员对沥青材料和水泥混凝土材料进行了较为系统的研究，形成了适用于沥青路面分析研究的柔性路面设计理论和方法、刚性路面设计理论和方法、半刚性路面设计技术等。但随着大型土木工程和现代工业的发展，很多先进的材料、路面结构在道路工程中得到应用，为了更加周全的考虑这些因素的影响，这就需要更加合理的分析，以便控制整个道路工程的设计、施工过程，对于新技术的推广应用也可以提出指导性意见。近年来道路工程得到快速发展，其工作环境也相对复杂，各种因素综合作用下分析路面结构分析成为路面结构设计的重点和难点。

早期路面结构分析往往通过半经验-半理论分析方法，分析中对许多条件进行简化，计算结果也与实际情况存在一定差别，并且在对实际工程进行分析时不大可能采用解析解完成分析，这就需要借助试验和有限元方法理论。试验研究可以提供大量宝贵的研究资料，虽然试验研究需要花费大量的人力、物力和财力，试验周期也往往相当长，而且得到的试验成果也具有一定局限性，需要进行大量的试验总结得到的数据才能用于宏观力学计算的参数，这也是有限元分析的前提。采用有限元分析方法可以大大简化试验流程，减少人力、物力的消耗。

目前市面上有限元分析软件比较多，如 BISAR、EverStressFE 1.0、EverFE 2.25、EVERCALC、ABAQUS 等。

BISAR 软件、EverStressFE 1.0 软件等可用于柔性基层、半刚性基层路面结构计算分析；EverFE 2.25 软件等可用于分析水泥混凝土路面板的受力行为；URPDS 软件等结合我国规范开发的用于路面结构计算软件；ABAQUS 等有限元软件功能强大，可用于分析多种因素耦合复杂条件下路面结构计算。

（1）BISAR 软件

BISAR 软件可解决弹性层状体系理论计算，可分析作用于单圆或多圆荷载影响的结构顶部，应力均匀分布在荷载影响范围内，路面结构内竖向及水平作用力（即表面剪切力），可通过表面剪切弹性柔量的分析层间（部分）滑移的影响。

利用 BISAR 软件进行路面结构分析和计算需要考虑以下假设：

1）各层是连续的、完全弹性的、均匀的、各向同性的，以及位移和变形是微小的；

2）最下一层在水平方向和垂直向下方向为无限大，其上各层厚度有限，水平方向为无限大；

3）各层在水平方向无限远处即最下一层向下无限深处，其应力、变形和位移为零；

4）层间接触情况，或者位移完全连续（称连续体系），或者层间仅竖向应力和位移连续而无摩阻力（称滑动体系）；

5）不计自重。

只有符合上述假设条件的路面结构才可使用 BISAR 软件进行路面结构计算。

运行 BISAR 3.0 所需计算机最低配置见表 1-3-1。

表 1-3-1 系统需求

| 硬　件 | 类　型 |
|---|---|
| 计算机 | IBM（或者其他兼容机）486DX2-50 兆赫兹或者更好的处理器 |
| 操作系统 | Windows XP |
| 驱动 | 光驱驱动 |
| 硬盘 | 6MB 可用空间 |

（2）EverStressFE 1.0 软件

EverStressFE 1.0 软件是一款集高效三维有限元求解器、高度图形化的界面特征、多种路面结构分析结果可视化为一体的路面结构专业分析软件，可有效解决柔性基层沥青路面结构分析计算问题。同时这个软件最大优势是可研究非均布轮载作用下沥青路面结构的力学行为。与 BISAR 软件相比，EverStressFE 1.0 可考虑各结构层间界面结合状况，更加符合实际情况。其专业性强、建模简便、运算耗时短、可靠度高等特点，非常利于科研和设计人员进行柔性路面仿真计算及力学分析。

（3）EverFE 2.25 软件

EverFE 2.25 软件由美国华盛顿大学于 1998 年开发应用，用于模拟有接缝的水泥混凝土路面在轮载及温度作用下的力学响应，最多可计算 3×3 共 9 块面板以及三层基层在荷载作用下的力学响应。与其他大型商用有限元软件相比，EverFE 2.25 软件建模简单，只需要对应输入相关参数即可，并且能及时通过视图直观显示，以便随时调整，计算简洁方便。

（4）URPDS 软件

URPDS2012 由东南大学毛世怀和王凯教授依据现行《城镇道路路面设计规范》（CJJ 169—2012）的有关内容编制而成。

根据现行《城镇道路路面设计规范》（CJJ 169），该程序共包括以下 7 个子程序：

1）改建路段旧路面当量回弹模量计算程序 UOC（适用于沥青路面设计）

2）沥青路面及新建路基交通验收弯沉值计算程序（UMPC）

3）城镇道路沥青路面设计程序（URAPDS）

4）改建路段旧路面当量回弹模量计算程序 UOC1（适用于水泥混凝土路面设计）

5）新建单层水泥混凝土路面设计程序（UCPD1）

6）旧混凝土路面上加铺层设计程序（UCPD3）

7）基（垫）层或加铺层及新建路基交工验收弯沉值计算程序 UCPC

用户在数据输入过程中，点击数据输入框前文字，即可详细了解此项数据输入的主要内容，以及取值详细情况，用户可根据这些内容返回《城镇道路路面设计规范》（CJJ 169）中详细了解。针对用户输入的数据，系统会自动识别错误并提出警告，提高数据输入及计算准确性。

（5）ABAQUS 有限元软件

有限元软件的出现为路面的力学分析提供了一个强有力的工具，它避免了复杂的解析推导，可以很方便地模拟道路材料的各种非线性，考虑有限尺寸的路面结构，考虑任意的轮载形式，可以预见这些大型通用有限元程序在未来路面计算仿真中起到不可估量的作用，其分析计算结果将会更好地指导路面结构设计。

ABAQUS 软件公司创建于 1978 年，目前已成为国际上最先进的大型通用非线性固体力学研究团体，其可以解决从线性分析到非常复杂的非线性分析问题，软件内置了丰富的可模拟任意形状的单元库和与之相对应的各种类型材料模型库，可以模拟大多数典型工程材料的性能，包括金属、橡胶、高分子材料、复合材料、钢筋混凝土、可压缩高弹性泡沫材料以及类似于土和岩石等地质材料。

ABAQUS 有限元软件作为一款通用有限元软件具有很强的适用性，包含了一个全面支持求解器的前后处理模块——ABAQUS/CAE，同时还包括 ABAQUS/Standard 和 ABAQUS/Explicit 两个核心求解器模块，这两个模块是相互补充、集成的分析模块。

1）ABAQUS/CAE

ABAQUS/CAE（Complete ABAQUS Environment）广泛支持 ABAQUS 分析功能，并且为用户提供了一个人机交互式的使用环境，可以将建模、分析、作业管理和结果评估无缝集成，为可用的 ABAQUS 求解器提供最完整的界面。用户可以通过简单操作完成模型构建、材料特性、分析步、荷载、接触等定义，并且可以通过后处理即可视化功能完成结果分析。

2）ABAQUS/Viewer

ABAQUS/Viewer 作为 ABAQUS/CAE 的子模块，主要用于 Visualization 模块的后处理。

3）ABAQUS/Standard

ABAQUS/Standard 是一个通用分析模块，它能够求解广泛领域的线形和非线性问题，包括静态分析、动态分析，以及复杂的非线性耦合物理场分析，在每一个求解增量步中，ABAQUS/Standard 隐式地求解方程组。

4）ABAQUS/Explicit

ABAQUS/Explicit 可以进行显式动态分析，它适用于求解复杂非线性动力学问题和准静态问题，特别是模拟短暂、瞬时的动态事件，如冲击、爆炸问题。此外，它对处理接触条件变化的高度非线性问题也非常有效，如模拟成型问题。

# 2

# BISAR 软件与路面结构分析

## 2.1 BISAR 软件总体介绍

20 世纪 70 年代,壳牌公司研发了 BISAR 计算机程序,主要用于为壳牌沥青路面设计方法绘制设计图表,这种路面设计方法发布于 1978 年。随着计算机的普及,壳牌公司发布了 BISAR 1.0 版本,考虑到个人计算机硬件限制和程序较为复杂,当时发布的版本不能实现壳牌公司 BISAR 软件全部功能,仅能辅助路面设计中大量烦琐的计算工作。在计算机技术逐渐普及的背景下,为了提高软件的适用性,1995 年壳牌公司发布了 BISAR 2.0 版本,这个版本也是在 DOS 系统下运行,也实现了主程序的所有功能。

随着 Windows 系统的普及,壳牌公司发布了 BISAR 3.0 软件,取代了 DOS 环境下的 BISAR 2.0,软件初始程序都能在 Windows 系统环境下实现。除了计算路面结构内部应力应变响应外,BISAR 还能对挠度及层间的水平力和滑动进行计算,可计算不同荷载作用下的路面结构应力和应变响应。BISAR 3.0 软件完善了 SPDM 3.0 的设计方法,可进行弹性层状体系理论下的路面结构计算和分析。

为了改进 SPDM 的算法,BISAR 3.0 提供了可视化的操作界面,方便用户更加轻松的处理各种轮轴结构作用下的路面结构设计,也为用户提供了更加便捷的数据提取功能。

BISAR3.0 提供了两种输出类型:①详细报告:包括与原始 BISAR 程序所得的相同的信息;②整体报告:提供了主要结果的概述。

## 2.2 BISAR 软件模块及功能

### 2.2.1 主菜单

(1) 主菜单 1

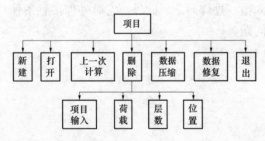

图 2-2-1  主菜单"项目"内容

安装完 BISAR 3.0 后,双击 图标开始程序,主程序菜单栏只有"项目""帮助"两类。主菜单"项目"及其二级菜单如图 2-2-1 所示。

新建:新建一个路面结构及进行下一步运算;

打开:打开电脑中已保存的计算数据;

上一次计算:打开最近一次计算项目;

删除:删除电脑中已保存的数据,删除二级菜单中存在"项目输入""荷载""层数""位置"四个三级菜单;

输入和输出报告都存在 BISAR 的内部数据库中，通过文件管理或 Windows 资源管理器进行数据输入和输出，程序允许不同的数据部分使用叙述性描述。

内部数据结构如下：

①项目输入：通过项目输入进入已储存的项目内部，实现项目数据删除；

②荷载：通过项目输入进入已储存的项目内部，实现项目荷载删除；

③层数：通过项目输入进行已储存的项目内部，实现项目层数删除；

④位置：进入项目输入进行已储存的项目内部，实现项目位置删除。

数据压缩、数据恢复：用于 BISAR 内部数据维护；

退出：退出程序。

（2）主菜单 2

当新建一个项目或打开一个已有项目，BISAR 主菜单变为如图 2-2-2 所示。

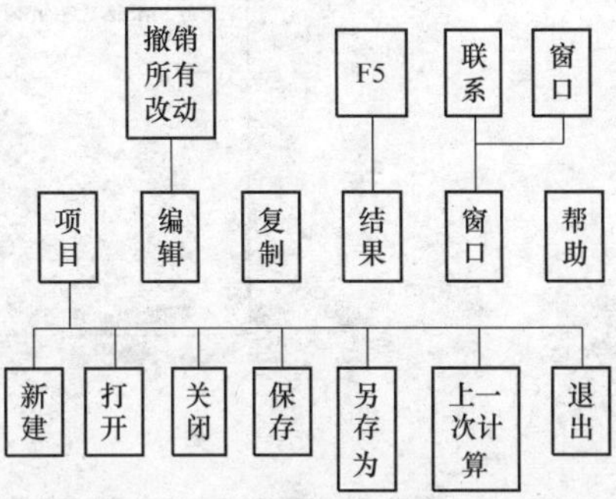

图 2-2-2　主菜单"项目"内容

编辑：用于对项目进行编辑；

复制：把数据从一个体系中拷贝到另一个体系中；

结果：按 F5 即可运算设置完成的路面结构；

窗口：用于选择安排不同的窗口；

帮助：提供 Windows 一般都有的选项。

### 2.2.2　打开及编辑数据

在 BISAR 主菜单中点击"项目"，新建一个项目，并输入数据，如图 2-2-3 所示。

图 2-2-3　新建项目

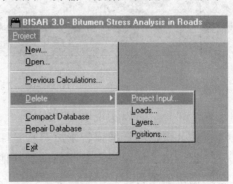

图 2-2-4　主菜单"删除"

### 2.2.3　删除数据

进入主菜单"选项"→"删除"，如图 2-2-4 所示。

 **提　示**

只有当所有的项目都关闭的时候，这个选项才能生效。

当选择"项目输入""荷载""层"或"位置"，就会出现如图 2-2-5 窗口，用于删除部分荷载、层、输出位置等数据。

### 2.2.4　读取和删除现有数据

点击主菜单"项目"→"上一次计算"，即可打开上一次计算对话框，如图 2-2-6 所示。

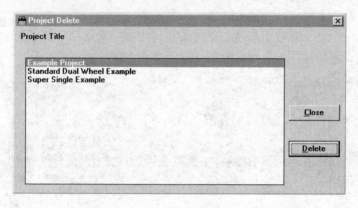

图 2-2-5　数据删除

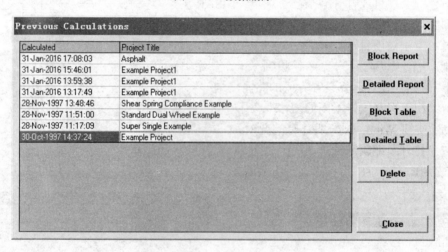

图 2-2-6　读取删除现有数据

通过这个菜单，可以实现以下功能：

①选择整体报告和详细报告来浏览和打印；

②选择整体报表详细报表复制数据到其他程序；

③删除指定的项目。

### 2.2.5　数据维护

当发生电脑崩溃、计算过程中断电等突发情况，BISAR 的数据库可能会崩溃。当出现上述情况，再次重启 BISAR 软件或打开储存项目时，将弹出图 2-2-7 对话框。

当项目和结果在 BISAR 中被删除的时候，它们曾占据的储存空间不会自动恢复，那么数据压缩选项就会把这些空间收回来。但需要注意，如果这项功能使用的过于频繁，压缩过程可能会持续 1～2 分钟。

### 2.2.6　保存项目和运算

项目在数据输入的任何时候可以实现数据保存，数据保存包括项目保存、荷载保存、各路面结构层数据保存、输出位置保存。各中数据保存均在对应的选项卡中点击 Save 按钮即可。

当所有数据输入完成后，按 F5，实现路面结构计算。

（1）项目保存

项目数据输入过程中，点击主菜单"项目"→"保存"，保存项目。

若项目数据输入过程中，始终未保存数据，当所有数据输入完成，并提交分析前，系统将提示"Savepro- jectbeforecalculating?"，如图 2-2-8 所示，点击"是（Y）"按钮可保存项目。

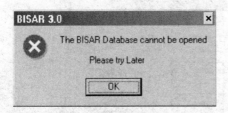

图 2-2-7　数据维护

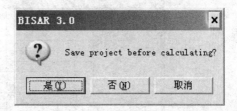

图 2-2-8　项目提交计算前的初次保存

（2）荷载保存

进入 Loads 选项卡，点击 Save 按钮，可保存荷载数据，如图 2-2-9 所示。

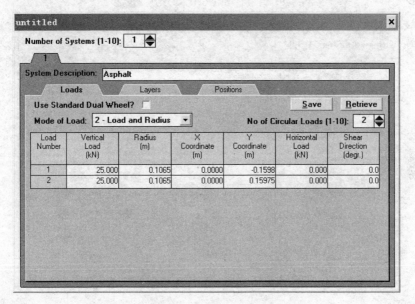

图 2-2-9　荷载形式保存

（3）路面结构层数据保存

进入 Layers 选项卡，点击 Save 按钮，可保存各路面结构层数据，如图 2-2-10 所示。

（4）输出位置信息保存

进入 Positions 选项卡，点击 Save 按钮，即保存输出位置信息，如图 2-2-11 所示。

图中显示窗口中（X，Y，Z）输出为表面顶端坐标原点、上面层内部、上面层和下面层间界面、下面层内部、面层与基层间界面位置。由于层间界面处易产生不连续现象，路面结构定义需合理选择结构层数。若不连续将出现以下情况：

当界面两侧的模量不同的时候，产生垂直的应变和水平的应力；

当层间发生滑动时，产生水平应变。

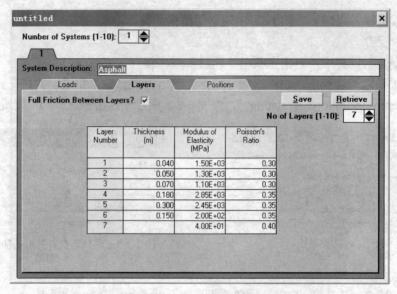

图 2-2-10　路面结构层数据保存

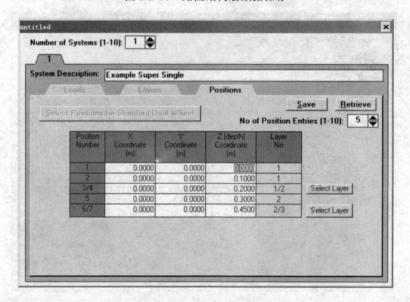

图 2-2-11　输出位置信息保存

## 2.3　新建城市道路路面结构计算分析

本节利用 BISAR 软件进行沥青路面结构计算，并结合规范进行路面结构设计，利用 URPDS2012 软件对 BISAR 软件计算结果进行验证。

### 2.3.1　以路表弯沉为设计指标沥青路面结构计算

#### 2.3.1.1　基本资料

1）自然地理条件

新建道路所在城市处于 1-4-1 区，属于夏季炎热冬温湿润地区，道路所处沿线地质为中液限黏性土，填方路基，属于中湿状态；年降雨量在 1100mm 左右，年平均气温在 20℃左右。

道路为双向六车道，拟采用沥青路面结构。

2）土基回弹模量的确定

设计路段路基处于中湿状态，道路路基回弹模量设计值为 40MPa。

3）设计轴载

道路沥青路面设计基准期 15 年，以设计弯沉值为设计指标时等效换算的累计当量轴次为 1800 万次。

**2.3.1.2　初拟路面结构**

根据本地区的路用材料，结合已有的工程经验与典型结构，初拟路面结构组合方案。根据结构层的最小施工厚度、材料、水文、交通量等因素，初拟路面结构组合和各层厚度见表 2-3-1。

表 2-3-1　　　　　　　　　　路 面 结 构 方 案

| 路 面 结 构 | 厚度（cm） |
|---|---|
| SMA-13（SBS 改性沥青） | 4 |
| 中粒式沥青混凝土（AC-20） | 5 |
| 粗粒式沥青混凝土（AC-25） | 7 |
| 水泥稳定碎石 | 18 |
| 水泥稳定碎石（计算层） | ? |
| 级配碎石 | 15 |
| 路基 | — |

**2.3.1.3　材料参数确定**

各种材料的设计参数见表 2-3-2～表 2-3-3。

表 2-3-2　　　　　　　　主干路沥青层材料设计参数

| 材料名称 | 20℃抗压模量（MPa） | | 泊松比 $\nu$ |
|---|---|---|---|
| | 均值 $E_p$ | 标准差 $\sigma$ | |
| SMA-13 | 1500 | 100 | 0.3 |
| AC-20 | 1300 | 100 | 0.3 |
| AC-25 | 1100 | 20 | 0.3 |

表 2-3-3　　　　　　　主干路半刚性基层及其他材料设计参数

| 材料名称 | 抗压回弹模量（MPa） | | 泊松比 $\nu$ |
|---|---|---|---|
| | 均值 $E_p$ | 标准差 $\sigma$ | |
| 水泥稳定碎石 | 2850 | 675 | 0.35 |
| 水泥稳定碎石 | 2450 | 575 | 0.35 |
| 级配碎石 | 200 | 0 | 0.35 |
| 路基 | 40 | 0 | 0.4 |

**2.3.1.4　BISAR 软件路面结构计算分析**

初拟路面结构厚度见表 2-3-4。

表 2-3-4                                         初 拟 路 面 结 构

| 路 面 结 构 层 | 厚度（cm） |
|---|---|
| SMA-13（SBS 改性沥青） | 4 |
| 中粒式沥青混凝土（AC-20） | 5 |
| 粗粒式沥青混凝土（AC-25） | 7 |
| 水泥稳定碎石 | 18 |
| 水泥稳定碎石 | 30 |
| 级配碎石 | 15 |
| 路基 | — |

（1）路表设计弯沉值 $l_d$ 计算

根据表 2-3-2 和表 2-3-3，确定该主干路路面结构设计满足目标可靠度 90%的可靠度系数 $\gamma_a$ 按 1.10 考虑。

主干路路面结构为半刚性基层，采用式（1-1-19）计算设计弯沉，主干路 $A_c$ 取 1.0，沥青混凝土面层 $A_s$ 取 1.0，半刚性基层沥青路面 $A_b$ 取 1.0，因此

$$l_d=600N_e^{-0.2}A_cA_sA_b=600\times(1.8\times10^7)^{-0.2}\times1.0\times1.0\times1.0=21.24(0.01\text{mm})$$

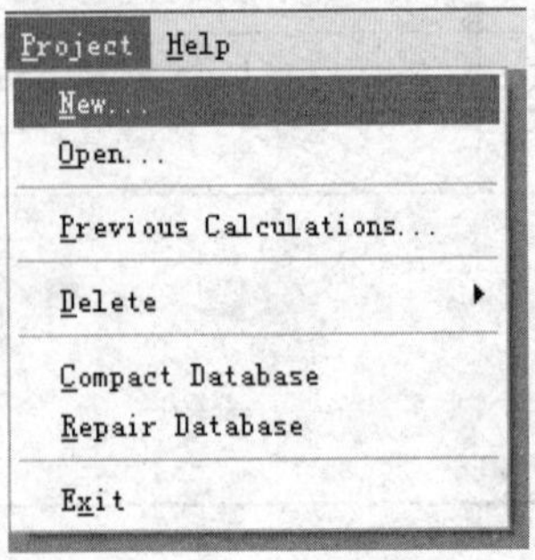

（2）新建项目

双击 BISAR 3.0，进入程序主菜单中点击"项目"，新建一个项目，如图 2-3-1 所示。

弹出 Untitled 对话框，在 System Description 中输入 Asphalt。

（3）数据输入

1）定义坐标系及荷载

进入 Loads 选项卡。取消 UseStandard Dual Wheel 后复选框，Mode ofLoad 选择为 2-Load and Radius，并按图 2-3-2 输入以下数据。

图 2-3-1　新建项目

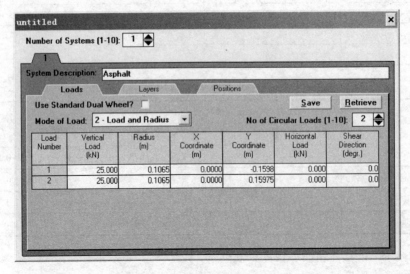

图 2-3-2　双圆荷载及荷载半径输入

新建项目并未命名，系统默认层荷载数量从 1 到 10，每个系统版面都要求输入荷载、层数、输出位置。需要注意，针对我国路面结构计算采用双圆荷载，"荷载"版面的数据是一致的。

---

**提 示**

a. UseStandard Dual Wheel 为单轴双轮标准，轴载为 80kN，为国外标准，不适用于我国，因此此处不能选择。

b. 荷载输入模式共有三种：轮胎接触压力+轴载；轴载+双圆荷载当量圆半径；轮胎接触压力+双圆荷载当量圆半径。从三种输入模式可以看出，仅需知道两个参量即可推导出第三个参量。依据《路基路面工程》，上述参量之间存在以下关系：$\delta = \sqrt{P/\pi p}$，$d = \sqrt{4P/\pi p}$。

c. Vertical Load 代表标准轴载中的轮载，我国现行路面结构设计规范中规定标准轴载为双轮组车轴双圆荷载（*BZZ*-100），因此轮载 P=100/4=25kN。

d. Radius 代表当量圆半径，轮胎接触压力 p=0.7MPa，依据上面公式，可以计算得到双圆荷载当量圆直径为 d=0.213m，因此当量圆半径为 δ=0.1065m。

e. X Coordinate 与 Y Coordinate 为双圆荷载两侧圆在局部圆柱坐标系中的位置，依据图 1-1-10 路面结构层坐标系确定，可以得到左侧当量圆中心坐标为（0，−1.5δ，0），右侧当量圆中心坐标为（0，1.5δ，0）。

---

2）输入各路面结构层参数

进入 Layers 选项卡。勾选"Full Friction BetweenLayers?"，No of Layers［1-10］：选择为 7，并按照表 2-3-1、表 2-3-2、表 2-3-3 中数据输入各路面结构层厚度、模量及泊松比，设置完成后如图 2-3-2 所示。

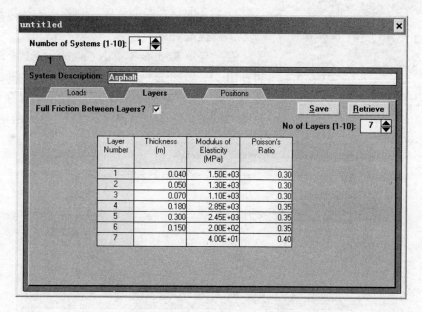

图 2-3-3　各路面结构层参数输入

路面结构层数量可从 1 到 10，层间布满摩擦力的复选框在默认状态下是激活的，我国规范中路面结构计算假定层间是变形连续的。当进行层间剪切影响分析时，需取消复选框，BISAR 通过所谓的剪切弹性柔量使用对结构中某些层之间的全部滑动或者部分滑动产生的影响进行研究，这部分将在 2.5 节进行介绍。

3）定义输出位置

进入 Positions 选项卡。设置 No of Position Entries：[1-10] 为 1，仅输出路表 A 处弯沉（图 1-1-10 路面结构层坐标系中 A 点），A 点坐标为（0，0，0），在下方表格输入数据，如图 2-3-4 所示。

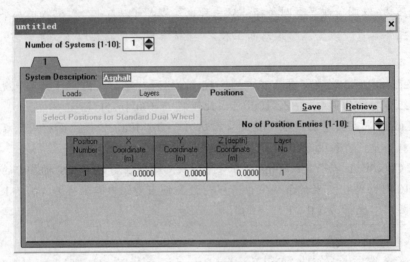

图 2-3-4　定义输出位置

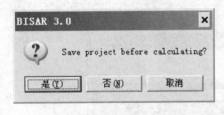

图 2-3-5　保存提示对话框

在 Positions 选项卡中定义需要输出变量的位置，待计算结束，即可在对应位置找到相应的计算结果。

（4）提交计算

在主菜单 Results 中点击 Calculate F5 或直接按 F5，将弹出"Saveprojectbeforecalculating?"，如图 2-3-5 所示，点击"是（Y）"，弹出 Save As 对话框，保存为 Asphalt，点击 OK 按钮完成项目保存，如图 2-3-6 所示。

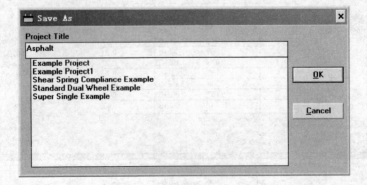

图 2-3-6　文件保存对话框

（5）结果提取

计算完成后弹出 Calculated Date 对话框，如图 2-3-7 所示，BISAR 共提供了四种数据输出报告：整体报告、详细报告、整体表、详细表，均能找到的 $A$ 点的弯沉输出，图 2-3-8 给出了详细表中数据输出。

从图中可以看出，在路面结构底基层水泥稳定碎石厚度取为 30cm 时，路表弯沉（$A$ 点）为 32.62（0.01mm）。

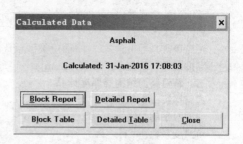

图 2-3-7 结果输出

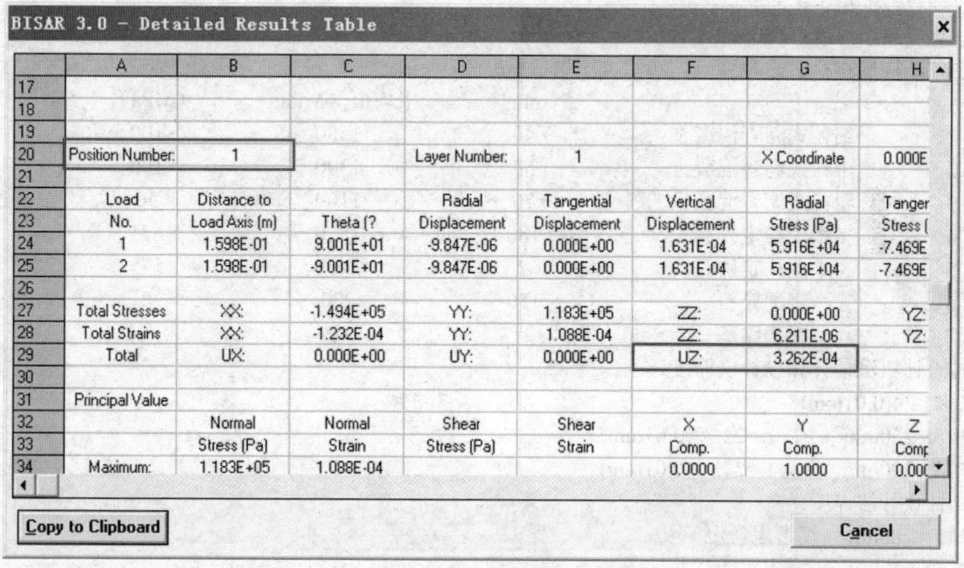

图 2-3-8 $A$ 点弯沉输出

依据《城镇道路路面设计规范》（CJJ 169）可得弯沉综合修正系数 $F$：

$$F=1.63[l_s/(2000\delta)]^{0.38}(E_0/p)^{0.36}=1.63[32.62/(2000\times10.65)]^{0.38}(40/0.7)^{0.36}=0.59$$

因此

$$\gamma_a l_s=1.1\times32.62\times0.59=21.17(0.01mm)$$

21.17＜21.24。

因此，路面结构底基层水泥稳定碎石厚度取为 30cm 时，路表弯沉（$A$ 点）$\gamma_a l_s ＜ l_d$，满足设计要求。

**2.3.1.5** URPDS 2012 软件校核计算

利用 URPDS 2012 设计程序计算出满足设计弯沉指标要求的水泥稳定碎石下基层厚度，计算结果如下。

```
*********************************
*城镇道路新建路面设计成果文件汇总*
*********************************
```

**一、设计弯沉值计算**
当以设计弯沉值为设计指标时：
设计基准期内一个车道上的累计当量轴次：1.8E+07
属重交通等级

45

路面设计交通等级为重交通等级

道路等级主干路

道路等级系数　1　　　　面层类型系数　1　　　　基层类型系数　1

路面设计弯沉值：21.24(0.01mm)

**二、新建路面结构层厚度计算**

道路等级：主干路

变异水平的等级：中级

可靠度系数：1.1

新建路面的层数：6

路面设计弯沉值：21.24(0.01mm)

路面设计层层位：5

设计层最小厚度：150(mm)

| 层位 | 结构层材料名称 | 厚度（mm） | 20℃抗压模量 平均值（MPa） | 标准差（MPa） |
|---|---|---|---|---|
| 1 | 细粒式沥青混凝土 | 40 | 1500 | 100 |
| 2 | 中粒式沥青混凝土 | 50 | 1300 | 100 |
| 3 | 粗粒式沥青混凝土 | 70 | 1100 | 50 |
| 4 | 水泥稳定碎石 | 180 | 2850 | 675 |
| 5 | 水泥稳定碎石 | ？ | 2450 | 575 |
| 6 | 级配碎石 | 150 | 200 | 0 |
| 7 | 新建路基 | | 40 | |

按设计弯沉值计算设计层厚度：

$l_d$=21.24(0.01mm)

$H(5)$=250mm　　$l_S$=22.72(0.01mm)

$H(5)$=300mm　　$l_S$=20.62(0.01mm)

路面设计层厚度：

$H(5)$=285mm（仅考虑弯沉）

经计算满足设计弯沉指标要求的水泥稳定碎石下基层厚度为 28.5cm，为保证施工方便，设计下基层厚度选择为 30cm。

**2.3.1.6　两组计算结果对比**

（1）依据 2.3.1.5 节可以得出：

当 $H(5)$=250mm 时，$l_s$=22.72(0.01mm)

当 $H(5)$=300mm 时，$l_s$=20.62(0.01mm)

按插值法，可得路面结构设计层厚度 $H(5)$=285mm。

（2）依据 2.3.1.4 节可以得出：

当 $H(5)$=300 时，$l_s$=21.17(0.01mm)

由此可见，利用 URPDS2012 设计的路面结构与 BISAR 软件设计得到的路面结构基本吻合。

**2.3.2　以半刚性基层层底拉应力为设计指标沥青路面结构计算**

**2.3.2.1　基本资料**

1）基本资料

新建主干路所在城市地处 1-4-1 区，属于夏季炎热冬温湿润地区，道路所处沿线地质为中液限黏性土，填方路基，属于中湿状态；年降雨量在 1100mm 左右，年平均气温在 20℃ 左右。主干路为双向六车道，拟采用沥青路面结构。

2）土基回弹模量的确定

设计路段路基处于中湿状态，主干路路基土回弹模量设计值为 40MPa。

3）设计轴载

主干路沥青路面设计基准期 15 年，以半刚性基层层底拉应力为设计指标时等效换算的累积的当量轴次为 2200 万次。

#### 2.3.2.2 初拟路面结构

根据本地区的路用材料，结合已有的工程经验与典型结构，初拟路面结构组合方案。根据结构层的最小施工厚度、材料、水文、交通量等因素，初拟路面结构组合和各层厚度见表 2-3-5。

表 2-3-5 路 面 结 构 方 案

| 路面结构 | 厚度（cm） |
|---|---|
| SMA-13（SBS 改性沥青） | 4 |
| 中粒式沥青混凝土（AC-20） | 5 |
| 粗粒式沥青混凝土（AC-25） | 7 |
| 水泥稳定碎石 | 18 |
| 水泥稳定碎石（计算层） | ? |
| 级配碎石 | 15 |
| 路基 | — |

#### 2.3.2.3 材料参数确定

各种材料的设计参数见表 2-3-6 和表 2-3-7 所示。

表 2-3-6 主干路沥青层材料设计参数

| 材料名称 | 20℃抗压模量（MPa） | | 15℃抗压模量（MPa） | | 泊松比 |
|---|---|---|---|---|---|
| | 均值 $E_p$ | 标准差 | 均值 $E_p$ | 标准差 | 0.3 |
| SMA-13 | 1500 | 100 | 1800 | 100 | 0.3 |
| AC-20 | 1300 | 100 | 1600 | 100 | 0.3 |
| AC-25 | 1100 | 50 | 1200 | 100 | 0.3 |

表 2-3-7 主干路半刚性材料及其他设计参数

| 材 料 名 称 | 抗压回弹模量（MPa） | 标 准 差 | 泊 松 比 |
|---|---|---|---|
| | 均值 $E_p$ | | |
| 水泥稳定碎石 | 2850 | 675 | 0.35 |
| 水泥稳定碎石 | 2450 | 575 | 0.35 |
| 级配碎石 | 200 | 0 | 0.35 |
| 路基 | 40 | — | 0.4 |

#### 2.3.2.4 BISAR 软件路面结构计算分析

（1）计算流程

依据 2.3.1 节，已计算出以弯沉设计指标下路面结构下基层厚度。本节以半刚性基层层底拉应力为设计指标对选择的路面结构厚度进行验算。

依据《城镇道路路面设计规范》（CJJ 169），以弯沉为设计指标时沥青混合料采用 20℃下抗压模量；以半刚性基层层底弯拉应力为设计指标时采用 15℃下抗压模量。

基于上述理论，若要以半刚性基层层底弯拉应力为设计指标拟定计算层厚度时，需完成以下两步：

①利用 20℃抗压模量算出计算弯沉值 $l_s$，再利用计算出拟定的计算层厚度 $H_1$；

②按拟定的路面结构验算 $\gamma_a\sigma_m \leqslant [\sigma_R]$，若上式成立，$H_1$ 即为最终的厚度，若上式不成立，则需增大 $H_1$，直至均满足上式。

图 2-3-9 新建项目

（2）新建项目

双击 BISAR 3.0，进入程序主菜单中点击"项目"，新建一个项目，如图 2-3-9 所示。

弹出 Untitled 对话框，在 System Description 中输入 Stress。

（3）数据输入

1）定义坐标系及荷载

进入 Loads 选项卡。取消 Use Standard Dual Wheel 后复选框，Mode of Load 选择为 2-Load and Radius，并按图 2-3-10 输入以下数据。

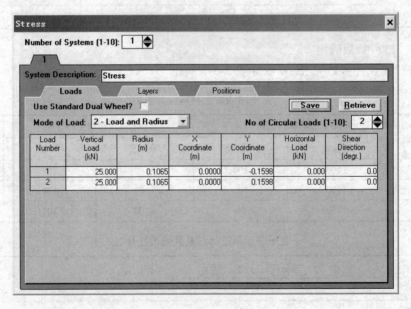

图 2-3-10 双圆荷载及荷载半径输入

2）输入各路面结构层参数

进入 Layers 选项卡。勾选"Full Friction Between Layers?"，No of Layers [1-10]：选择为 7，并按照表 2-3-5、表 2-3-6、表 2-3-7 中数据输入各路面结构层厚度、模量及泊松比，设置完成后如图 2-3-11 所示。

依据 2.3.1 节弯沉作为控制指标时，计算得出沥青路面底基层厚度为 30cm，此算例以基层层底弯拉应力作为控制指标时，路表弯沉验算及基层层底弯拉应力验算，因此此处底基层厚度预取 30cm。

3）进入 Positions 选项卡（定义输出位置）

设置 No of Position Entries：［1-10］为 1，定义输出位置如图 2-3-12 所示。

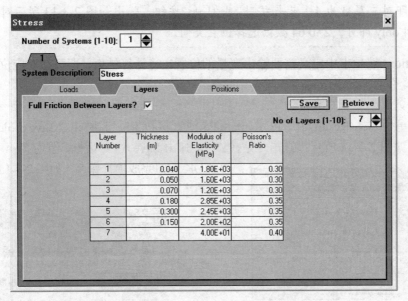

图 2-3-11　各路面结构层参数输入

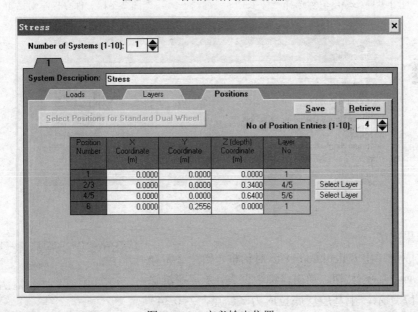

图 2-3-12　定义输出位置

定义输出位置包括路面结构局部圆柱坐标系 A 点（0，0，0），路面结构上基层底部 C 点（0，0，0.34），路面结构下基层底部 C 点（0，0，0.64）和路面结构剪应力计算点 D 点（0，0.2556，0）四处位置。A 点用于计算此路面结构对应的路表弯沉，C 点用于计算路面结构上基层底部、下基层底部弯拉应力，D 点用于计算双圆荷载底部剪切应力。

提 示

当 Z=0.34 时，Layer No 数值为 4/5，这是因为输入的 0.34 刚好为上基层底部和下基层顶部坐标，上基层对应层数为 4，下基层对应层数为 5，这里需要提取的数据为上基层底部，即对应层数为 4。点击右侧 Select Layer 按钮，弹出如图 2-3-13 所示对话框，选择 Layer 4 only 即可。Z=0.64 数据选择位置类同。

在 Positions 选项卡中定义需要输出变量的位置，待计算结束，即可在对应位置找到相应的计算结果。

（4）提交计算

在主菜单中点击 Results 中的 Calculate F5 或直接按 F5，将弹出 "Save project before calculating?"，如图 2-3-14 所示，点击 "是（Y）"，弹出 Save As 对话框，保存为 Asphalt，点击 OK 按钮完成项目保存，如图 2-3-15 所示。

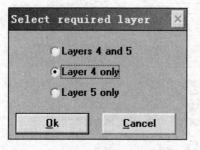

图 2-3-13　输出位置选择

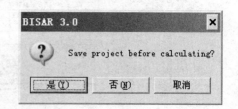

图 2-3-14　保存提示对话框

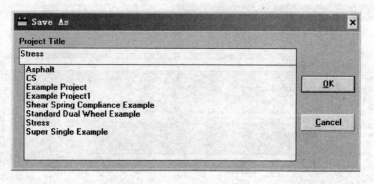

图 2-3-15　文件保存对话框

（5）结果提取

计算完成后弹出 Calculated Date 对话框，如图 2-3-16 所示，点击 Detailed Table 按钮，弹出详细数据表，A 点弯沉输出如图 2-3-17 所示，上基层层底拉应力（C 点，Z=0.34）数据如图 2-3-18 所示，下基层层底拉应力（C 点，Z=0.64）数据如图 2-3-19 所示。

从图 2-3-17 中可以看出此路面结构路表 A 点弯沉值为 32.03（0.01mm），上基层层底弯拉应力为 0.077MPa；从图 2-3-18 中可以看出下基层层底弯拉应力为 0.0876MPa。

图 2-3-16　结果输出

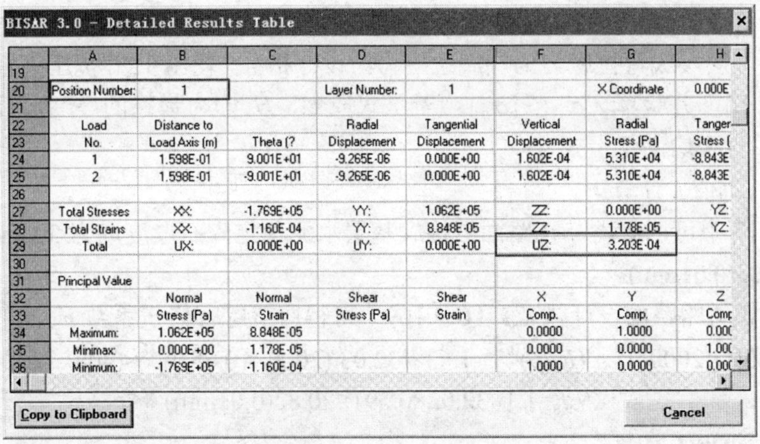

BISAR 3.0 – Detailed Results Table

| | A | B | C | D | E | F | G | H |
|---|---|---|---|---|---|---|---|---|
| 19 | | | | | | | | |
| 20 | Position Number: | 1 | | Layer Number: | 1 | | X Coordinate | 0.000E |
| 21 | | | | | | | | |
| 22 | Load | Distance to | | | Radial | Tangential | Vertical | Radial | Tanger |
| 23 | No. | Load Axis (m) | Theta (? | Displacement | Displacement | Displacement | Stress (Pa) | Stress ( |
| 24 | 1 | 1.598E-01 | 9.001E+01 | -9.265E-06 | 0.000E+00 | 1.602E-04 | 5.310E+04 | -8.843E |
| 25 | 2 | 1.598E-01 | -9.001E+01 | -9.265E-06 | 0.000E+00 | 1.602E-04 | 5.310E+04 | -8.843E |
| 26 | | | | | | | | |
| 27 | Total Stresses | XX: | -1.769E+05 | YY: | 1.062E+05 | ZZ: | 0.000E+00 | YZ: |
| 28 | Total Strains | XX: | -1.160E-04 | YY: | 8.848E-05 | ZZ: | 1.178E-05 | YZ: |
| 29 | Total | UX: | 0.000E+00 | UY: | 0.000E+00 | UZ: | 3.203E-04 | |
| 30 | | | | | | | | |
| 31 | Principal Value | | | | | | | |
| 32 | | Normal | Normal | Shear | Shear | X | Y | Z |
| 33 | | Stress (Pa) | Strain | Stress (Pa) | Strain | Comp. | Comp. | Comp |
| 34 | Maximum: | 1.062E+05 | 8.848E-05 | | | 0.0000 | 1.0000 | 0.000 |
| 35 | Minimax: | 0.000E+00 | 1.178E-05 | | | 0.0000 | 0.0000 | 1.000 |
| 36 | Minimum: | -1.769E+05 | -1.160E-04 | | | 1.0000 | 0.0000 | 0.000 |

Copy to Clipboard      Cancel

图 2-3-17　弯沉输出

BISAR 3.0 – Detailed Results Table

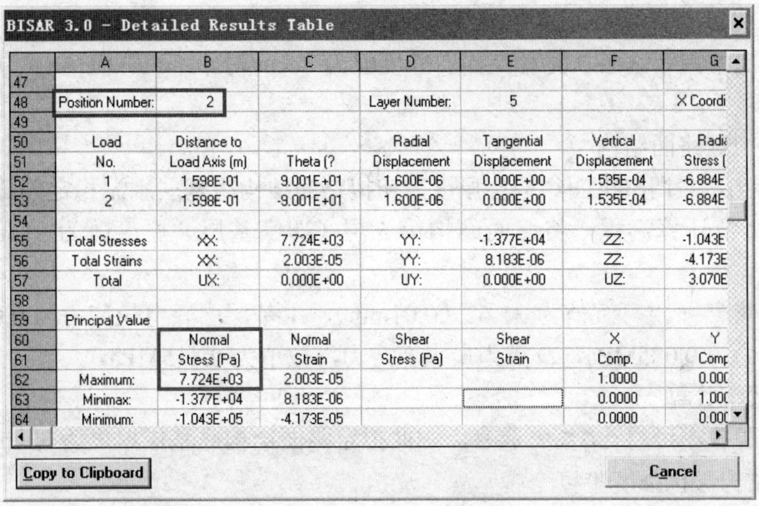

| | A | B | C | D | E | F | G |
|---|---|---|---|---|---|---|---|
| 47 | | | | | | | |
| 48 | Position Number: | 2 | | Layer Number: | 5 | | X Coordi |
| 49 | | | | | | | |
| 50 | Load | Distance to | | | Radial | Tangential | Vertical | Radi |
| 51 | No. | Load Axis (m) | Theta (? | Displacement | Displacement | Displacement | Stress ( |
| 52 | 1 | 1.598E-01 | 9.001E+01 | 1.600E-06 | 0.000E+00 | 1.535E-04 | -6.884E |
| 53 | 2 | 1.598E-01 | -9.001E+01 | 1.600E-06 | 0.000E+00 | 1.535E-04 | -6.884E |
| 54 | | | | | | | |
| 55 | Total Stresses | XX: | 7.724E+03 | YY: | -1.377E+04 | ZZ: | -1.043E |
| 56 | Total Strains | XX: | 2.003E-05 | YY: | 8.183E-06 | ZZ: | -4.173E |
| 57 | Total | UX: | 0.000E+00 | UY: | 0.000E+00 | UZ: | 3.070E |
| 58 | | | | | | | |
| 59 | Principal Value | | | | | | |
| 60 | | Normal | Normal | Shear | Shear | X | Y |
| 61 | | Stress (Pa) | Strain | Stress (Pa) | Strain | Comp. | Comp |
| 62 | Maximum: | 7.724E+03 | 2.003E-05 | | | 1.0000 | 0.000 |
| 63 | Minimax: | -1.377E+04 | 8.183E-06 | | | 0.0000 | 1.000 |
| 64 | Minimum: | -1.043E+05 | -4.173E-05 | | | 0.0000 | 0.000 |

Copy to Clipboard      Cancel

图 2-3-18　上基层层底拉应力

BISAR 3.0 – Detailed Results Table

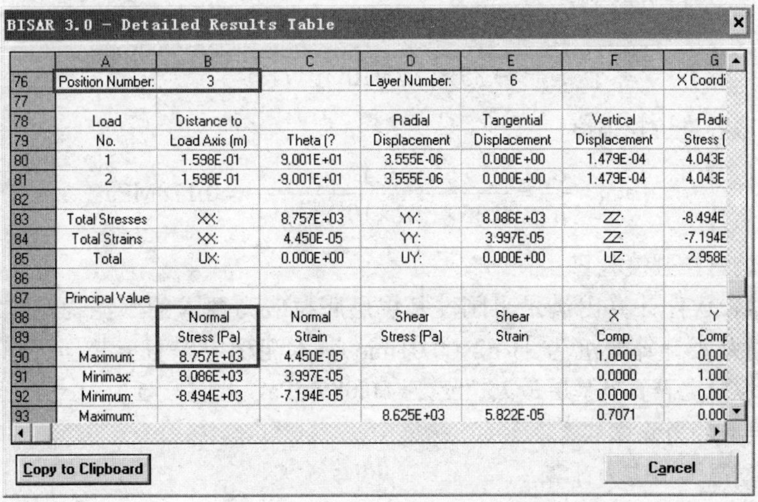

| | A | B | C | D | E | F | G |
|---|---|---|---|---|---|---|---|
| 76 | Position Number: | 3 | | Layer Number: | 6 | | X Coordi |
| 77 | | | | | | | |
| 78 | Load | Distance to | | | Radial | Tangential | Vertical | Radi |
| 79 | No. | Load Axis (m) | Theta (? | Displacement | Displacement | Displacement | Stress ( |
| 80 | 1 | 1.598E-01 | 9.001E+01 | 3.555E-06 | 0.000E+00 | 1.479E-04 | 4.043E |
| 81 | 2 | 1.598E-01 | -9.001E+01 | 3.555E-06 | 0.000E+00 | 1.479E-04 | 4.043E |
| 82 | | | | | | | |
| 83 | Total Stresses | XX: | 8.757E+03 | YY: | 8.086E+03 | ZZ: | -8.494E |
| 84 | Total Strains | XX: | 4.450E-05 | YY: | 3.997E-05 | ZZ: | -7.194E |
| 85 | Total | UX: | 0.000E+00 | UY: | 0.000E+00 | UZ: | 2.958E |
| 86 | | | | | | | |
| 87 | Principal Value | | | | | | |
| 88 | | Normal | Normal | Shear | Shear | X | Y |
| 89 | | Stress (Pa) | Strain | Stress (Pa) | Strain | Comp. | Comp |
| 90 | Maximum: | 8.757E+03 | 4.450E-05 | | | 1.0000 | 0.000 |
| 91 | Minimax: | 8.086E+03 | 3.997E-05 | | | 0.0000 | 1.000 |
| 92 | Minimum: | -8.494E+03 | -7.194E-05 | | | 0.0000 | 0.000 |
| 93 | Maximum: | | | 8.625E+03 | 5.822E-05 | 0.7071 | 0.000 |

Copy to Clipboard      Cancel

图 2-3-19　下基层层底拉应力

（6）验算

以半刚性基层层底弯拉应力为层底拉应力为设计指标，使用 15℃抗压模量和上一次拟定的计算层厚度 $H_1$，并验算 $\gamma_a\sigma_m \leq [\sigma_R]$，若上式成立，$H_1$ 即为最终的厚度，若上式不成立，则需增大 $H_1$，直至均满足上式。

1）计算弯沉值 $l_s$ 计算：

从图 2-3-17 中可以看出，在路面结构底基层水泥稳定碎石厚度取为 30cm 时，路表弯沉（$A$ 点）为 32.03(0.01mm)。

依据《城镇道路路面设计规范》（CJJ 169）可得弯沉综合修正系数 $F$：

$$F=1.63[l_s/(2000\delta)]^{0.38}(E_0/p)^{0.36}=1.63\times[32.03/(2000\times10.65)]^{0.38}\times(40/0.7)^{0.36}=0.591$$

因此

$$\gamma_a l_s=1.1\times32.03\times0.591=20.82(0.01\text{mm})$$

2）设计弯沉值 $l_d$ 计算：

$$l_d=600N_e^{-0.2}A_cA_sA_b=600\times(2.2\times10^7)^{-0.2}\times1.0\times1.0\times1.0=20.4(0.01\text{mm})$$

$20.82>20.4$。

因此，路面结构底基层水泥稳定碎石厚度取为 30cm 时，路表弯沉（$A$ 点）$\gamma_a l_s>l_d$，不满足设计要求。

（7）再次拟订路面结构

由于 $\gamma_a l_s>l_d$，需调整路面结构层厚度，初拟路面结构底基层水泥稳定碎石厚度为 31cm。

按照 2.3.2 节计算流程，将路面结构第 5 层（即底基层）厚度改为 31cm，再次计算，得到：

路面结构路表 $A$ 点弯沉值为 31.62（0.01mm），上基层层底弯拉应力为 0.059MPa；下基层层底弯拉应力为 0.085MPa，$D$ 点为最大剪应力，数值为 0.415MPa。

1）路表弯沉验算

重复上述验算，可得 $\gamma_a l_s \leq l_d$ 成立，因此拟定路面结构底基层厚度为 31cm。

2）路面结构弯拉强度验算

①容许抗拉强度 $[\sigma_R]$

上基层层底容许抗拉强度：

$$[\sigma_R]=\frac{\sigma_s}{K_s}=\frac{0.5}{0.35\times(2.2\times10^7)^{0.11}/1.0}=0.222\text{MPa}$$

下基层层底容许抗拉强度：

$$[\sigma_R]=\frac{\sigma_s}{K_s}=\frac{0.4}{0.35\times(2.2\times10^7)^{0.11}/1.0}=0.178\text{MPa}$$

②路面结构弯拉强度验算

利用 BISAR 软件计算出满足半刚性基层层底拉应力要求的水泥稳定碎石下基层厚度为 31cm，此时路表计算弯沉为 31.62（0.01mm）；水泥稳定碎石上基层层底最大拉应力为 0.059MPa，水泥稳定碎石下基层最大拉应力为 0.085MPa，此时 $1.1\sigma_m \leq [\sigma_R]$，满足设计要求。

3）沥青层剪应力验算

①沥青面层最大剪应力计算

计算沥青层剪应力时，设计参数采用抗压回弹模量，沥青上面层采用 60℃的抗压回弹模量，中下沥青面层取 20℃抗压模量。

依据沥青路面结构设计流程，路面结构厚度取 31cm，沥青混凝土上面层抗压模量取 320MPa，中面层取 1300MPa，下面层抗压模量取 1100MPa；剪应力计算点 $D$ 坐标（0，0.2556，0）。

计算得到局部圆柱坐标系中 $D$ 点剪切应力如图 2-3-20 所示。最大剪应力为 0.144MPa。

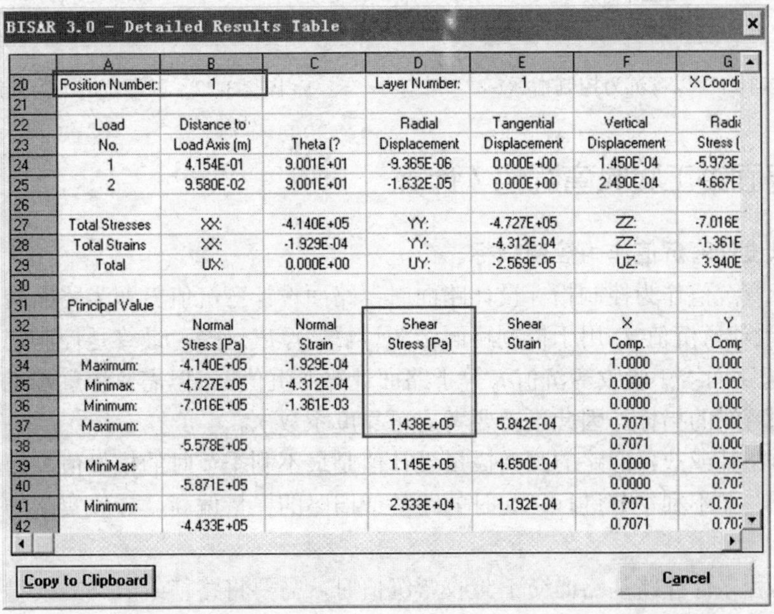

BISAR 3.0 - Detailed Results Table

| | A | B | C | D | E | F | G |
|---|---|---|---|---|---|---|---|
| 20 | Position Number: | 1 | | Layer Number: | 1 | | X Coordi |
| 21 | | | | | | | |
| 22 | Load | Distance to | | Radial | Tangential | Vertical | Radi |
| 23 | No. | Load Axis (m) | Theta (? | Displacement | Displacement | Displacement | Stress ( |
| 24 | 1 | 4.154E-01 | 9.001E+01 | -9.365E-06 | 0.000E+00 | 1.450E-04 | -5.973E |
| 25 | 2 | 9.580E-02 | 9.001E+01 | -1.632E-05 | 0.000E+00 | 2.490E-04 | -4.667E |
| 26 | | | | | | | |
| 27 | Total Stresses | XX: | -4.140E+05 | YY: | -4.727E+05 | ZZ: | -7.016E |
| 28 | Total Strains | XX: | -1.929E-04 | YY: | -4.312E-04 | ZZ: | -1.361E |
| 29 | Total | UX: | 0.000E+00 | UY: | -2.569E-05 | UZ: | 3.940E |
| 30 | | | | | | | |
| 31 | Principal Value | | | | | | |
| 32 | | Normal | Normal | Shear | Shear | X | Y |
| 33 | | Stress (Pa) | Strain | Stress (Pa) | Strain | Comp. | Comp |
| 34 | Maximum: | -4.140E+05 | -1.929E-04 | | | 1.0000 | 0.000 |
| 35 | Minimax: | -4.727E+05 | -4.312E-04 | | | 0.0000 | 1.000 |
| 36 | Minimum: | -7.016E+05 | -1.361E-03 | | | 0.0000 | 0.000 |
| 37 | Maximum: | | | 1.438E+05 | 5.842E-04 | 0.7071 | 0.000 |
| 38 | | -5.578E+05 | | | | 0.7071 | 0.000 |
| 39 | MiniMax: | | | 1.145E+05 | 4.650E-04 | 0.0000 | 0.707 |
| 40 | | -5.871E+05 | | | | 0.0000 | 0.707 |
| 41 | Minimum: | | | 2.933E+04 | 1.192E-04 | 0.7071 | -0.707 |
| 42 | | -4.433E+05 | | | | 0.7071 | 0.707 |

Copy to Clipboard　Cancel

图 2-3-20　最大剪应力计算

②路面结构抗剪强度验算

抗剪强度结构系数 $K_r$：

$$K_r = \frac{1.2}{1.0} = 1.2$$

沥青面层计算的最大剪应力应小于或等于材料的容许抗剪强度，应满足下式要求：$\gamma_a \tau_m \leqslant [\tau_R]$。

因此不同水平力系数时沥青层最大剪应力：

$$\gamma_a(\tau_m K_r) = 1.1 \times (0.144 \times 1.2) = 0.19(\text{MPa})$$

对于一般行驶路段，沥青表面抗剪强度应在 0.19MPa 以上，本主干路采用的改性沥青 SMA-13 抗剪强度在 0.8MPa 以上，能满足设计要求。

### 2.3.3 有关说明

当以设计弯沉作为控制指标进行路面结构设计和以弯拉应力作为控制指标进行路面结构设计，最终确定的路面结构是不一样的，如图 2-3-21 和图 2-3-22 所示。

我国《城镇道路路面设计规范》（CJJ 169）对路面结构设计指标提出具体要求：

1）快速路、主干路和次干路应采用路表弯沉值、半刚性基层层底拉应力、沥青层剪应力或柔性基层沥青层层底拉应变作为设计指标。

2）支路可仅采用路表弯沉作为设计指标。

| 主干路路面结构 |
| :---: |
| 4cmSMA-13（SBS改性沥青） |
| 5cm中粒式沥青混凝土（AC-20） |
| 7cm粗粒式沥青混凝土（AC-25） |
| 18cm水泥稳定碎石 |
| 30cm水泥稳定碎石 |
| 15cm级配碎石 |
| 路基 |

图 2-3-21　以弯沉为控制指标

| 主干路路面结构 |
| :---: |
| 4cmSMA-13（SBS改性沥青） |
| 5cm中粒式沥青混凝土（AC-20） |
| 7cm粗粒式沥青混凝土（AC-25） |
| 18cm水泥稳定碎石 |
| 31cm水泥稳定碎石 |
| 15cm级配碎石 |
| 路基 |

图 2-3-22　以弯拉应力为控制指标

## 2.4　路面竣工验收弯沉值 $l_a$ 计算

### 2.4.1　以设计弯沉值作为控制指标

当以设计弯沉值作为控制指标设计路面时，路面设计弯沉值 $l_d$ 即为路面竣工验收弯沉值 $l_a$，由于路面设计弯沉值 $l_d$ 用于控制路面结构计算层厚度选择，最终是控制路面计算弯沉值 $l_s$。因此可认为路面竣工验收弯沉值 $l_a$ 等于路面计算弯沉值 $l_s$。但需要注意竣工验收弯沉值是控制现场实测弯沉的指标，因此不需要考虑可靠度系数 $\gamma_a$。

由于新建路基或改建旧路的回弹模量设计值是最不利季节时的模量值，而路基路面交工验收时，可能在非不利季节进行，此时的路基或旧路的模量偏高，导致实测的交工验收弯沉值偏小。

因此在用程序计算路基路面交工验收弯沉值时，需要将路基或旧路的模量先乘以考虑不利季节影响因素的综合影响系数 $K$，然后再代入公式计算，从而使路基路面交工验收的弯沉计算值符合实际情况。

综合影响系数 $K$ 的取值一般为 1.0～2.0，可根据当地的经验确定。

当不考虑综合影响系数 $K$ 或者路基路面交工验收是在最不利季节进行时，$K$ 的输入值为 1。

考虑到沥青路面的路基路面交工验收可能在不同季节进行，故对路基和路面各结构层都设置了一个"综合影响系数"。

以 2.3.1 节路面结构计算为例，新建路基交工验收综合影响系数 $K$ 为 1.25，计算路面竣工验收弯沉值 $l_a$。

（1）计算路基顶面计算弯沉值

计算方法一：

按照 2.3.1 节计算流程，荷载定义相同，修改路面结构形式如图 2-4-1 所示，修改定义输出位置如图 2-4-2 所示。

单击 F5 完成计算运算。按照 2.3.1 节提取路基顶面弯沉 UZ=223.3（0.01mm）。

计算方法二：

依据《公路路面基层施工技术细则》（JTG/T F20—2015）附录 C，路基顶面的回弹弯沉计算值应按式（2-4-1）计算：

$$l_0 = 9308E_0'^{-0.938} \tag{2-4-1}$$

式中 $E_0'$——不利季节土基回弹模量（MPa）；

$l_0$——土基顶面回弹弯沉计算值（0.01mm）；

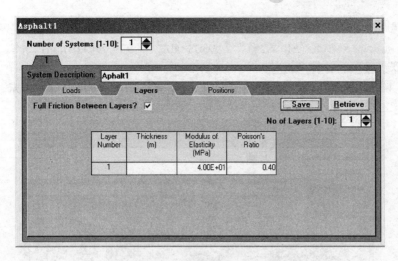

图 2-4-1　路面结构定义

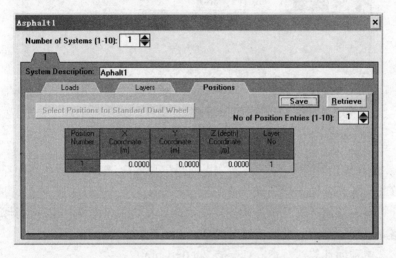

图 2-4-2　输出位置定义

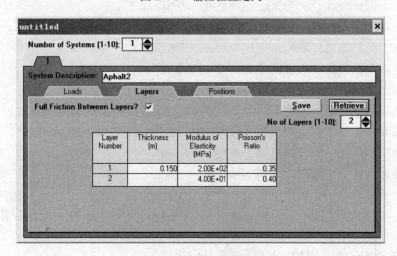

图 2-4-3　路面结构定义

因此新建路基交工验收弯沉值 $l_a$：

$$l_a=9308\times(E'_0\times1.25)^{-0.938}=9308\times40^{-0.938}=239.05(0.01\text{mm})$$

（2）计算垫层顶面计算弯沉值

按照 2.3.1 节计算流程，荷载定义相同，修改路面结构形式如图 2-4-3 所示，修改定义输出位置如图 2-4-4 所示。

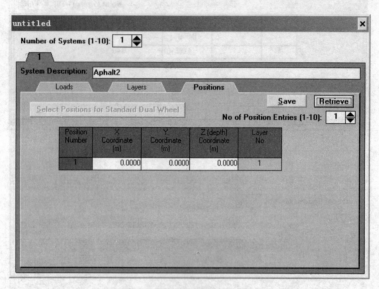

图 2-4-4　输出位置定义

单击 F5 完成计算运算。按照 4.1.5.4 节提取垫层顶面弯沉 UZ=187.2（0.01mm）。

（3）计算其他各路面结构层顶面计算弯沉值

按照"计算垫层顶面计算弯沉值"计算流程计算其他各路面结构层顶面计算弯沉值：

新建道路底基层顶面计算弯沉值UZ=57.78（0.01mm）

新建道路基层顶面计算弯沉值　UZ=37.2（0.01mm）

新建道路下面层顶面计算弯沉值UZ=35.07（0.01mm）

新建道路中面层顶面计算弯沉值UZ=33.7（0.01mm）

新建道路上面层顶面计算弯沉值UZ=32.62（0.01mm）

因此，新建路面各结构层及路基顶面交工验收弯沉值：

第 1 层路面顶面交工验收弯沉值 $l_a$=32.62F=32.62×0.59=19.25（0.01mm）

第 2 层路面顶面交工验收弯沉值 $l_a$=33.7F=33.7×0.59=19.88（0.01mm）

第 3 层路面顶面交工验收弯沉值 $l_a$=35.07F=35.07×0.59=20.69（0.01mm）

第 4 层路面顶面交工验收弯沉值 $l_a$=37.2（0.01mm）

第 5 层路面顶面交工验收弯沉值 $l_a$=57.78（0.01mm）

第 6 层路面顶面交工验收弯沉值 $l_a$=187.2（0.01mm）

第 7 层路面顶面交工验收弯沉值 $l_a$=223.3（0.01mm）（利用 BISAR 软件计算）

按《公路路面基层施工技术细则》计算 $l_a$=239（0.01mm）。

### 2.4.2　以半刚性基层层底弯拉应力作为控制指标

当以弯拉应力作为控制指标时，依据 2.3.2 节重新拟订沥青路面下基层厚度为 31cm，并根据此路面结构按 2.3.2.4 节得到路面竣工验收弯沉值 $l_a$。

## 2.5 BISAR 层间结合状态计算分析

### 2.5.1 理论背景

BISAR 软件可分析层间布置摩擦力的路面结构，即借助剪切弹性柔量系数研究层间滑移问题，但这个参数不能跟传统的摩擦系数相混淆。

在 BISAR 中，剪切弹性柔量并不是经典的摩擦系数，因为它的大小在静态和动态情况下是不同的，应用这个参数要求 BISAR 具有处理非连续状态的能力（阶梯函数），然而在 BISAR 模型中的数学关系假设所有参数的关系是连续的。

为了解决这个问题，BISAR 的研发人员提出了剪切弹性柔量这个概念。将位于两水平面层的分界面被看成是一个无限薄的内层，它的强度就用弹性柔量来表示，物理上假设在这两个面上的切应力引起两层的相对水平位移，位移的大小与作用面上的应力大小成比例关系。

标准剪切弹性柔量被定义为 $AK$，即

$$AK = \frac{层间相对水平位移}{表面应力} (\text{m}^3/\text{N})$$ (2-5-1)

同时 $AK$ 与摩擦参数的关系为

$$\partial = \frac{AK}{AK + \frac{1+\nu}{E}a}$$ (2-5-2)

式中　$a$——荷载半径（m），

　　　　$E$——界面上层弹性模量（MPa）；

　　　　$\nu$——该层的泊松比；

　　　　$\partial$——摩擦参数，$0 \leqslant \partial \leqslant 1$（当 $\partial=0$ 时层间完全连续，摩擦力最大，当 $\partial=1$ 时层间完全滑动，摩擦力最小）。

同时 BISAR 软件又定义了另一个表述层间黏结状态的参数，即简化的剪切弹性模量 $ALK$：

$$ALK = \frac{\partial}{1-\partial}a$$ (2-5-3)

式（2-5-2）中 $\partial$ 是 $a$ 的函数，即截面层间摩擦参数是外加荷载半径的函数，不是单纯的材料参数。当 $ALK=0$ 时，表明层间完全连续；当 $ALK=100a$（$=10.65$m）时，层间接近完全滑动（此时 $\partial \approx 0.99$）；$ALK$ 处于 $0 \sim 100\delta$ 之间则认为层间处于部分连续状态。在道路使用过程中，实际层间状态既不是完全连续也不是完全光滑，而是部分连续。

$AK$ 与 $ALK$ 之间存在一定相关性：

$$AK = ALK \frac{1+\nu}{E}$$ (2-5-4)

$$ALK = AK \frac{E}{1+\nu} = \frac{1}{K} \frac{E}{1+\nu}$$ (2-5-5)

式中　$K$——抗剪切模量（黏结系数，MPa）。

### 2.5.2 层间结合状态对沥青路面设计的影响计算

已有研究表明结构层之间的层间接触状态对沥青路面结构受力有很大的影响，我国《城镇道路路面设计规范》（CJJ 169）提出将沥青层剪应力作为沥青路面结构设计指标，提出了加强层间黏结力以提高沥青路面结构内部剪应力。

层间接触状态是沥青路面计算的重点，但规范中利用层状体系理论进行路面结构计算时，假设层间为完全连续状态。在实际施工中，很难达到这种标准，沥青层间结合处治没有得到足够的重视，在施工过程中层间施工间隔过久，自然或人为因素影响导致层间污染，最终引发层间接触不良。

层间结合状态不良是造成滑移裂缝、疲劳裂缝、推移、车辙以及水损害等沥青路面病害的原因之一，目前已经引起的研究学者的重视。

本节采用 BSIAR 软件，选择半刚性基层沥青路面结构分析层间结合状态对沥青路面设计参数——弯沉、沥青层层底弯拉应力以及沥青层剪应力的影响进行模拟计算。

#### 2.5.2.1 计算参数及模型选取

（1）路面结构及材料参数

半刚性基层沥青路面面层结构通常为两层或多层沥青层，本节计算中为简化沥青面层层间结合状态分析问题，采用某市政道路两层沥青面层的半刚性基层路面作为计算分析对象，路面结构组合与材料参数均采用设计文件。路面结构及材料参数见表 2-5-1。

表 2-5-1　　　　　　　　　　　　　路面结构与材料参数表

| 结构层 | 材　料　名　称 | 厚度（cm） | 20℃抗压回弹模量（MPa）（计算弯沉用） | 15℃抗压模量（MPa）（计算弯拉应力、剪应力用） | 泊松比 |
|---|---|---|---|---|---|
| 上面层 | 细粒式沥青混凝土 AC-13C | 4 | 1500 | 1800 | 0.3 |
| 下面层 | 中粒式沥青混凝土 AC-20C | 8 | 1300 | 1600 | 0.3 |
| 上基层 | 水泥稳定碎石 | 18 | 2850 | 2850 | 0.35 |
| 下基层 | 水泥稳定碎石 | 18 | 2450 | 2450 | 0.35 |
| 功能层 | 级配碎石 | 18 | 200 | 200 | 0.35 |
| 路基 | — | — | 40 | 40 | 0.4 |

注　上面层 60℃时沥青层抗剪模量取 320MPa，泊松比为 0.4。

（2）层间结合状态条件

BISAR 软件在分析层间结合问题时，采用剪切弹性柔量接触模型，如图 2-5-1 所示，即假定层间通过弹簧连接，层间相对位移与层间应力成正比，并定义了式（2-5-1）的剪切弹性柔量，采用剪切弹性柔量 $AK$ 表示路面结构层层间的接触状态。

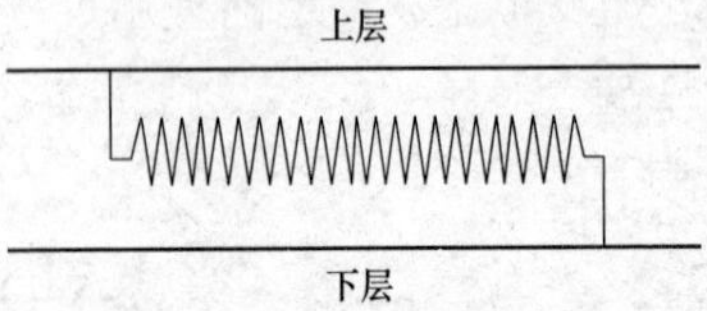

图 2-5-1　剪切弹性柔量模型

为了分析得到沥青路面设计参数随层间接触的变化，同时考虑到在道路实际运营过程中并未出现层间完全失效的情况。国内已有研究学者对沥青面层层间抗剪模量进行研究，在洒布层间抗剪材料的条件下，20℃沥青混凝土的层间抗剪模量 $K$ 值在 3700～4200 之间，60℃时沥青混凝土的层间抗剪模量 $K$ 值在 850～900 之间。本次计算取 20℃下沥青混凝

土层间抗剪模量 $K$=4000，60℃沥青混凝土层间抗剪模量 $K$=900。

计算 20℃条件下上面层与下面层层间层间结合状态下 $ALK$ 值：

$$ALK = AK\frac{E}{1+\nu} = \frac{1}{K}\frac{E}{1+\nu} = \frac{1}{4000}\times\frac{1500}{1+0.3} = 0.288\text{m}$$

计算 60℃条件下上面层与下面层层间层间结合状态下 $ALK$ 值：

$$ALK = AK\frac{E}{1+\nu} = \frac{1}{K}\frac{E}{1+\nu} = \frac{1}{900}\times\frac{320}{1+0.4} = 0.254\text{m}$$

面层、基层层间结合摩擦参数取值范围为 $0<\partial\leqslant1$，并依据荷载半径 $a$（与荷载当量圆半径 $\delta$=0.1065m 含义相同），计算面层基层间结合状态下简化剪切弹性柔量 $ALK$ 的值见表 2-5-2。

表 2-5-2　　　　　　　　　　　　　　**摩擦参数及 $ALK$ 取值**

| 摩擦参数 $\partial$ | 0 | 0.2 | 0.4 | 0.6 | 0.8 |
| --- | --- | --- | --- | --- | --- |
| 简化的剪切弹性模量 $ALK$（m） | 0 | 0.0266 | 0.0710 | 0.1598 | 0.4260 |

注　当 $\partial$=1 时，可认为层间连续。

（3）计算荷载与计算示图

路面荷载选用双轮组单轴载 100kN，轮胎接地压强 0.7MPa，单轮传压面当量圆直径 21.3cm，双圆中心间距 31.95cm。

假定 $X$ 方向为行车方向，$Y$ 方向为道路横断面方向，$Z$ 方向为深度方向。本次计算对路面结构设计参数计算点位的规定，如图 2-5-2 所示，选择表面轮隙中心处（$A$ 点）路表的计算弯沉值作为路面结构的设计弯沉值；选择轮隙中心（$C$ 点），或单圆荷载中心（$B$ 点）层底拉应力的最大值作为路面结构层底拉应力计算值；选择单圆荷载中心（$B$ 点）不同深度处剪应力进行路面结构剪应力分析。

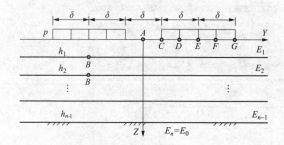 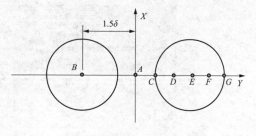

图 2-5-2　计算图示

### 2.5.2.2　面层层间接触、面层基层层间接触条件下路表弯沉计算

本算例考虑面层层间接触、面层基层层间接触条件下对沥青路面弯沉的影响。

（1）新建项目及参数输入

双击 BISAR 3.0，进入程序主菜单中点击"项目"，新建一个项目，弹出 Untitled 对话框，在 System Description 中输入 Asphalt Layers。

1）定义坐标系及荷载

进入 Loads 选项卡。输入图 2-5-3 中数据，其他参数保持默认不变。

2）输入各路面结构层参数

切换到 Layers 选项卡。取消"Full Friction Between Layers?"复选框中的√，勾选 Reduced Spring Compliance，将 No of Layers［1-10］：设置为 6，并按照表 2-5-1 中数据输入各路面结构层厚度、模量及泊松比，将上面层与下面层层间层间结合状态下 *ALK* 值和表 2-5-2 中简化的剪切弹性模量 *ALK* 值（本算例选取第二组数据）输入软件中。设置完成后如图 2-5-4 所示。

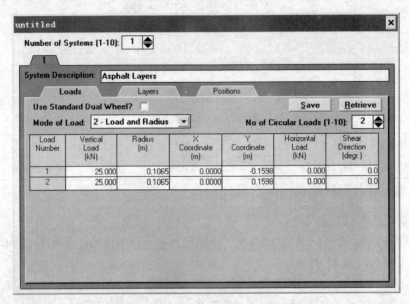

图 2-5-3　双圆荷载及荷载半径输入

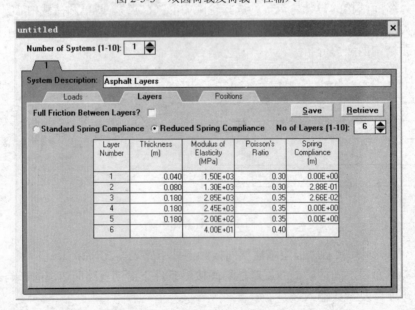

图 2-5-4　路面结构层参数输入

3）定义输出位置

将 No of Position Entries：［1-10］为 1，仅输出路表 *A* 点处弯沉，*A* 点坐标为（0，0，0），

在下方表格输入数据，如图 2-5-5 所示。

（2）计算并提取计算结果

在主菜单中点击 Results 中点击 Calculate F5 或直接按 F5，将弹出"Save project before calculating?"，点击 是(Y)，弹出 Save As 对话框，保存为 Asphalt Layers，点击 OK 按钮完成项目保存。

计算完成后弹出 Calculated Date 对话框，点击 Detailed Table 按钮，弹出输出结果，如图 2-5-6 所示。

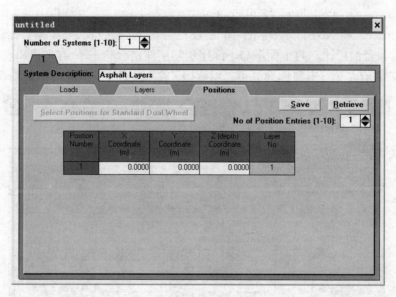

图 2-5-5　定义输出位置

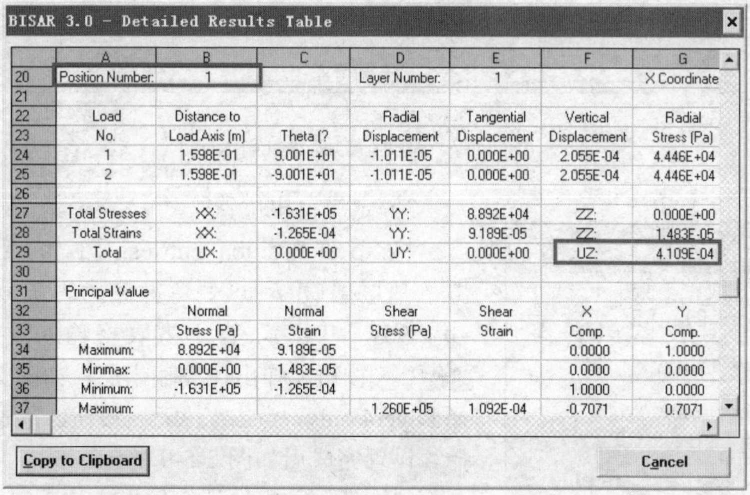

图 2-5-6　A 点弯沉输出

从图中可以看出，路表弯沉（A 点）为 41.09（0.01mm）。

**2.5.2.3**　面层层间接触、面层基层层间接触条件下基层层底弯拉应力计算

由于计算基层层底弯拉应力采用的模量与计算弯沉时不同，因此本算例考虑面层层间接

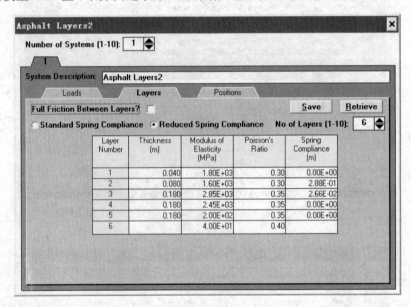

触、面层基层层间接触条件下对基层层底弯拉应力的影响。

（1）新建项目及参数输入

双击 BISAR3.0，进入程序主菜单中点击"项目"，新建一个项目，弹出 Untitled 对话框，在 System Description 中输入 Asphalt Layers2。

1）定义坐标系及荷载

进入 Loads 选项卡。输入图 2-5-3 中数据，其他参数保持默认不变。

2）输入各路面结构层参数

切换到 Layers 选项卡，取消 "Full Friction Between Layers？" 复选框中的√，勾选 Reduced Spring Compliance，将 No of Layers［1-10］：设置为6，并按照表 2-5-1 中数据输入各路面结构层厚度、模量及泊松比，将上面层与下面层层间层间结合状态下 *ALK* 值和表 2-5-2 中简化的剪切弹性模量 *ALK* 值（本算例选取第二组数据）输入软件中。设置完成后如图 2-5-7 所示。

图 2-5-7　路面结构层参数输入

3）定义输出位置

将 No of Position Entries：［1-10］设置为1，仅输出下基层层底 *B* 点处弯拉应力，*B* 点坐标为（0，–0.15957，0.48），在下方表格输入数据，点击右侧 Select Layer 按钮，弹出计算输出层，如图 2-5-8 所示，选择 Layer4 only，点击 OK 按钮，完成基层层底的选择。设置完成后如图 2-5-9 所示。

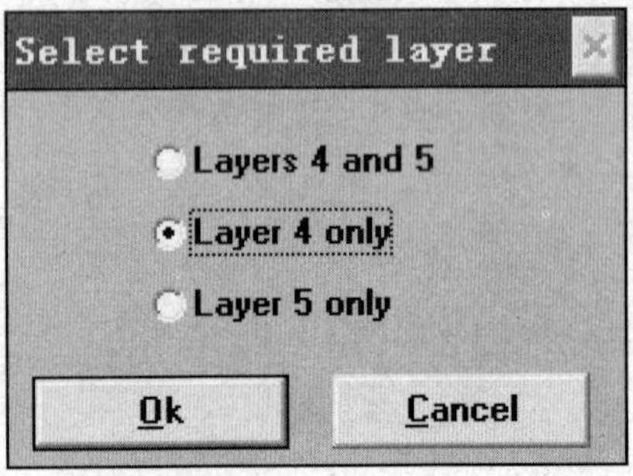

（2）计算并提取计算结果

在主菜单中点击 Results 中的 Calculate F5 或直接按 F5，将弹出 "Save project before calculating？"，点击 是(Y)，弹出 Save As 对话框，保存为 Asphalt Layers2，点击 OK 按钮完成项目保存。

图 2-5-8　基层层底选择

计算完成后弹出 Calculated Date 对话框，点击 Detailed Table 按钮，弹出输出结果，如图 2-5-10

所示。基层层底弯拉应力（*B* 点）为 0.259MPa。

**2.5.2.4** 面层层间接触、面层基层层间接触条件下剪应力计算

半刚性基层材料与沥青面层材料相差较大，层间结合状态对沥青层抗剪性能影响较大，若层间结合状态不好，容易形成剪切裂缝，引起水损害，最终引起路面破坏。本算例考虑面层层间接触、面层基层层间接触条件下对沥青面层剪应力的影响。

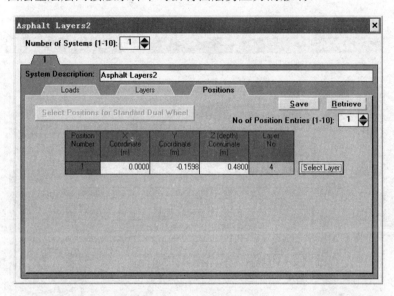

图 2-5-9 定义输出位置

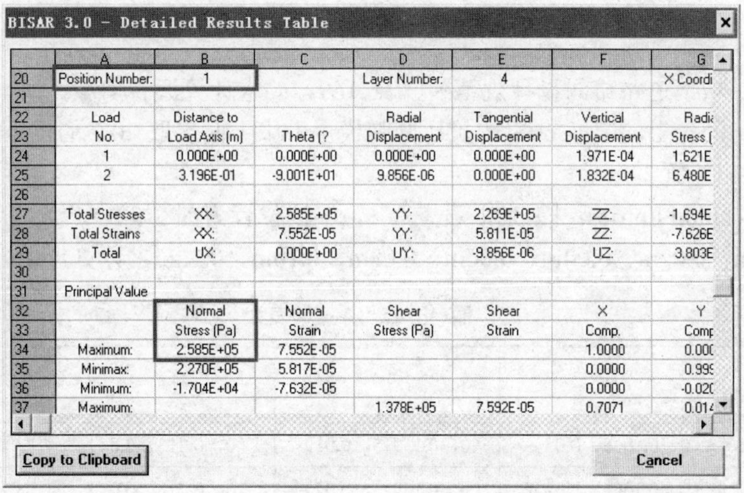

图 2-5-10 *B* 点下基层层底弯拉应力输出

（1）新建项目及参数输入

双击 BISAR 3.0，进入程序主菜单中点击"项目"，新建一个项目，弹出 Untitled 对话框，在 System Description 中输入 Asphalt Layers3。

1）定义坐标系及荷载

进入 Loads 选项卡。输入图 2-5-3 中数据，其他参数保持默认不变。

2）输入各路面结构层参数

切换到 Layers 选项卡，取消 "Full Friction BetweenLayers?" 复选框中的√，勾选 Reduced Spring Compliance，将 No of Layers［1-10］：设置为 6，并按照表 2-5-1 中数据输入各路面结构层厚度、模量及泊松比，将 60℃条件下上面层与下面层层间层间结合状态下 *ALK* 值和表 2-5-2 中简化的剪切弹性模量 *ALK* 值（本算例选取第二组数据）输入软件中。设置完成后如图 2-5-11 所示。

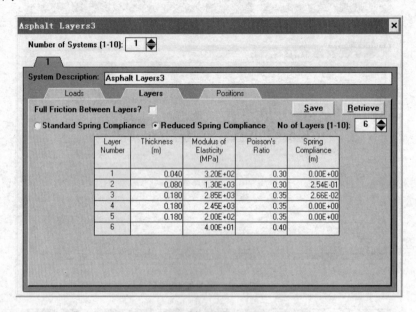

图 2-5-11　路面结构层参数输入

注：我国《城镇道路路面设计规范》（CJJ 169）要求计算沥青剪应力时，设计参数采用抗压回弹模量，沥青上面层取 60℃的抗压回弹模量，中下面层取 20℃的抗压回弹模量。

3）定义输出位置

将 No of Position Entries：［1-10］设置为 8，输出位置为图 2-5-2 中 D、E、F、G 点，深度分别为 0.01m、0.02m、0.04m、0.06m、0.08m、0.10m、0.12m，计算点坐标见表 2-5-3。

表 2-5-3　　　　　　　　　　　　　　输 出 点 坐 标 表

| 计算点<br>深度（m） | D | E | F | G |
|---|---|---|---|---|
| 0.01 | （0，0.1065，0.01） | （0，0.15975，0.01） | （0，0.213，0.01） | （0，0.26625，0.01） |
| 0.02 | （0，0.1065，0.02） | （0，0.15975，0.02） | （0，0.213，0.02） | （0，0.26625，0.02） |
| 0.04 | （0，0.1065，0.04）上 | （0，0.15975，0.04）上 | （0，0.213，0.04）上 | （0，0.26625，0.04）上 |
| 0.04 | （0，0.1065，0.04）下 | （0，0.15975，0.04）下 | （0，0.213，0.04）下 | （0，0.26625，0.04）下 |
| 0.06 | （0，0.1065，0.06） | （0，0.15975，0.06） | （0，0.213，0.06） | （0，0.26625，0.06） |
| 0.08 | （0，0.1065，0.08） | （0，0.15975，0.08） | （0，0.213，0.08） | （0，0.26625，0.08） |
| 0.10 | （0，0.1065，0.10） | （0，0.15975，0.10） | （0，0.213，0.10） | （0，0.26625，0.10） |
| 0.12 | （0，0.1065，0.12）上 | （0，0.15975，0.12）上 | （0，0.213，0.12）上 | （0，0.26625，0.12）上 |

将数据输入下方表格，设置完成后如图 2-5-12 所示。

（2）计算并提取计算结果

在主菜单中点击 Results 中的 Calculate F5 或直接按 F5，将弹出"Save project before calculating?"，点击 是(Y) ，弹出 Save As 对话框，保存为 Asphalt Layers3，点击 OK 按钮完成项目保存。

计算完成后弹出 Calculated Date 对话框，点击 Detailed Table 按钮，弹出输出结果，如图 2-5-13 所示。

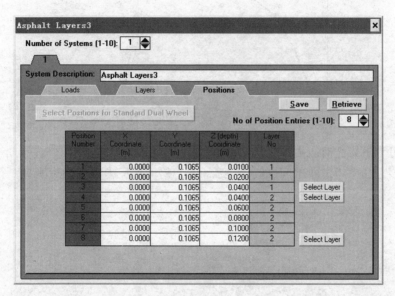

图 2-5-12　定义输出位置

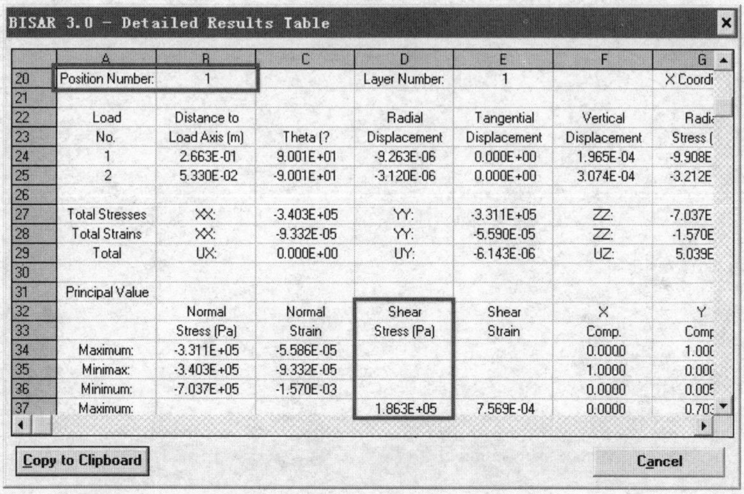

图 2-5-13　不同深度处剪应力输出

图 2-5-13 给出了距原点 $\delta$ 沥青层内距离面层顶部 0.01m 处剪应力为 0.186MPa。其余深度处剪应力可以通过图 2-5-13 右侧下拉箭头进行查阅，将两轮中心不同深度处剪应力分布绘制在一张图中，如图 2-5-14 所示。

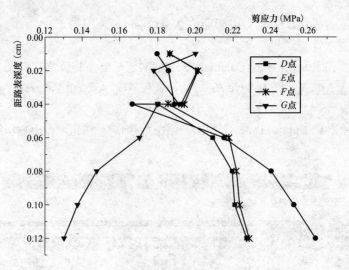

图 2-5-14　沥青面层不同深度处剪应力随深度分布规律

从图中可看出最大剪应力发生在 $E$ 点路表以下 0.12cm 处，不同位置不同深度处剪应力变化较为剧烈。其中考虑面层间层间接触后，$E$ 点层间剪应力突变最为明显，有 0.022MPa，易产生剪切滑移。

# — 3 —

# EverStressFE 1.0 柔性路面计算软件

# 与路面结构分析

## 3.1 EverStressFE 1.0 软件总体介绍

### 3.1.1 软件简介

EverStressFE 是一款集高效三维有限元求解器、高度图形化的界面特性、多种路面分析结果可视化为一体的路面结构专业分析软件，于 2009 年由 The University of Maine AEWC（Advanced Dtructures and Composites Center，缩写为 AEWC）研发，旨在服务于华盛顿 DOT（美国交通部），同时也免费提供给世界各地有相关需求的用户下载使用（www.civil.umaine.edu/everstressfe）。

EverStressFE 主要用于分析各种轮轴组合及非均匀轮载作用下柔性路面系统的力学行为，其专业性强、建模简便、运算耗时短、可靠度高等特点，可进行柔性路面仿真计算及力学分析。

近年来，国内外沥青路面研究多以传统路面结构分析软件或大型通用软件为计算工具，表现出许多突出问题。传统的路面结构分析软件如 EverStress、BISAR、KENLAYER 基于弹性层状体系理论，无法考虑复杂的轮载作用形式、混合的边界条件、层间滑移和脱黏，以及三维效果的反映。大型通用有限元软件虽可以克服这些限制，但学习难度大和使用熟练需较长时间，并且三维建模费时，提取所需要的结果也相对困难。而 EverStressFE 软件以其高效的三维有限元求解器，高度图形化的界面特性，以及多种路面分析结果可视化等特点，使上述问题得到有效化解。

### 3.1.2 软件主要特点

EverStressFE 创新性地开发了一种高度交互式的图形化用户界面，极具人性化设计，其中模型研发采用 VisualBasic 编制，有限元代码采用 Object-Oriented（面向对象技术）的 C++ 程序编写，而图像信息由 DPlot Jr 软件输出。EverStressFE 主要特点如下：

（1）直观且人性化的用户界面

设计者将 EverStressFE 的界面进行直观和人性化处理。图像信息可随参数的不断改变而更新显示，且可以放大和缩小。EverStress 具有自动网格调整功能，由用户进行覆盖处理，以减少选择较差网格的机会。

（2）可创建 2~4 层的路面结构系统

一般情况下，路基路面结构包含 3 层体系，即沥青层、基层和路基，而 EverStressFE 允许设置 2~4 个结构层，且将各层材料均假定为线弹性体，如图 3-1-1 所示。

（3）二次单元 1/4 对称模型

为了尽量降低运算时间，EverStressFE 采用 1/4 对称模型。可设置含有局部细化区域的网格，或一个简单的网格，如图 3-1-2 所示。无论选择哪种网格模式，各结构层材料均采用标准二次型 20 节点单元模拟，该单元类型使运算时间和精度更为平衡。

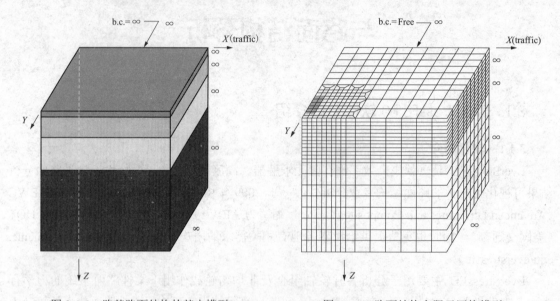

图 3-1-1　路基路面结构的基本模型　　　　图 3-1-2　路面结构有限元网格模型

（4）可模拟各种边界条件

EverStressFE 的任何模型都必须包括一个有限域，用以约束施加的轮胎荷载，可选择无限边界或者固定边界，其中无限边界条件较为适合模拟实际道路情况，而固定边界较为适合模拟实验室试验情况。当选择无限边界时，用户还需要对有限域"底部"平面和远离轮载的竖向垂面进行特殊定义，即选中自由边界或者无限边界。不同边界条件的选择，方便且灵活地实现了实际及用户需要的路面结构模拟。

（5）可模拟不同的层间结合状况

用户可模拟不同的层间结合状况，如层间完全连续、层间部分连续、层间完全光滑，其中层间部分连续通过控制界面劲度来实现层间结合的不同状况。

（6）多轮系统及轮胎接地压力的数值模拟

用户可以指定不同轮轴组合，包括单轴单轮、单轴双轮、双轴单轮以及双轴双轮。轮胎接地压强可以指定为标准的圆形或矩形均布压力，EverStressFE 中内置的工具（称为胎面设计）也可以帮助用户创建一个现实的、空间变化的轮胎接地压力，包括离散的轮胎胎面造型，如图 3-1-3 所示。用户还可以加载自定义的接地压强分布文件，并通过 EverStressFE 的可视化工具查看其分布情况。

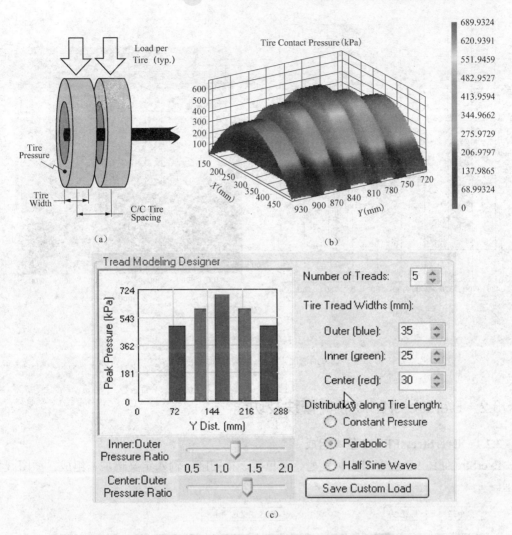

图 3-1-3　轮胎接地压力的数值模拟

（a）轮轴组合参数；（b）接地压力三维等色图；（c）轮胎模型设计

（7）可进行批量计算

EverStressFE 可定义多个模型的顺序，分批进行计算处理。用户可以同时添加多个项目到批处理列表以及保存和载入列表，提高了多个模型或参数分析的效率。

（8）计算结果的可视化

EverStressFE 可输出沿路面深度走向的应变、位移二维图。用户也可以选择路面结构任意平面内某个数据结果的等色图，可指定等色图范围及颜色区间，且可以从图中通过鼠标检索需要数据输出的点，如图 3-1-4 所示。

（9）输出部分临界值

EverStressFE 为用户单独列出了经常被用作计算路面损伤模式（如车辙和疲劳模型）的临界应变。

（10）超链接文档

EverStressFE 将超链接、搜索帮助工具打包在一起，其中还包括一个教程说明程序。

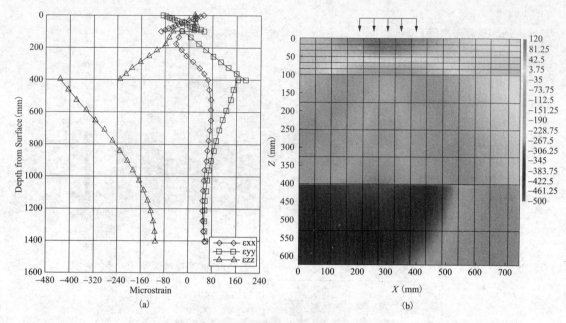

图 3-1-4　计算结果输出

（a）沿深度走向图；（b）剖面等色图

## 3.2　EverStressFE 1.0 软件模块及功能

### 3.2.1　EverStressFE 1.0 基本组成

EverStressFE 1.0 主窗口由标题栏、菜单栏、视图区、输入定义选项卡组成，如图 3-2-1 所示。

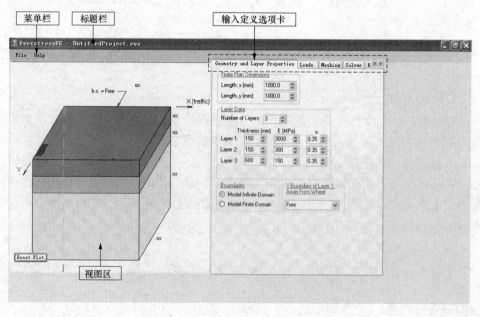

图 3-2-1　EverStressFE 1.0 主窗口组成

（1）标题栏

标题栏显示了正在运行的 EverStressFE 1.0 版本和当前模型数据名称。

（2）菜单栏

菜单栏包含了所有和项目文件相关的命令、帮助文件。通过对菜单的操作可完成数据模型打开、新建、保存、删除、另存为等操作。

帮助文件包含：软件简介、文件介绍、一般准则、几何模型建立、荷载施加、网格划分、求解计算、结果显示、结果讨论、收敛性等内容。

（3）视图区

视图区用于显示数据模型建立后可视化部分，通过视图区显示用户可以了解几何模型建立的样式、荷载施加具体位置、网格划分形式、结果输出等内容。

（4）输入定义选项卡

输入定义选项卡是整个模型建立的关键环节，选项卡内容按照模型建立及分析的流程布置。用户通过每个选项卡完成模型定义及分析，从而导出输出结果。

EverStressFE 1.0 输入定义选项卡由几何模型创建（Geometry and Layer Properties）、荷载定义（Loads）、网格划分（Meshing）、求解计算（Solver）、结果显示（Results）等组成。

### 3.2.2　EverStressFE 1.0 软件分析流程

EverStressFE 软件计算及分析流程较为简便，大致分为以下几个步骤：基本模型的创建→轮胎参数及荷载的拟定→网格定义→计算→结果分析，如图 3-2-2 所示。

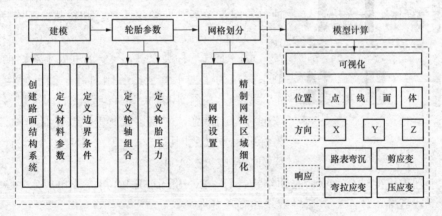

图 3-2-2　EverStressFE 1.0 软件计算分析过程

### 3.2.3　EverStressFE 1.0 基本使用方法

本节对 EverStressFE 1.0 各个选项卡功能和内容进行简单介绍。

#### 3.2.3.1　几何模型创建（Geometry and Layer Properties）

几何模型创建选项卡共包含四部分内容：

（1）有限平面尺寸（Finite Plan Dimensions）

有限平面尺寸：定义需计算模型的长度（Length X）、宽度（Length Y）。

（2）结构层参数（Layer Data）

结构层参数：用户可定义 2-4 个路面结构层；同时分别为各路面结构层分别定义厚度（Thickness）、弹性模量（$E$）、泊松比（$\nu$）参数。各路面结构层材料均假设为线弹性体。

（3）边界条件（Boundaries）

边界条件：用户必须在模型底部水平面和远离车轮荷载方向垂直面建立边界条件。边界条件分为两种：无限边界条件，更适合建立道路模型；有限边界条件，更适合建立实验室测试模型。两者均是实际复杂边界条件下的理想化。

（4）结构层 1 沿 Y 轴远离轮载方向的边界条件（Y-Boundary of Layer1 Away From Wheel）。

结构层 1 沿 Y 轴远离轮载方向的边界条件：若用户选择了无限边界条件，结构层 1 沿 Y 轴远离轮载方向的边界条件可以选择为自由（Free）或无限边界条件（Infinite），其允许用户模拟各种实际路面的边界条件。

**3.2.3.2　荷载（Loads）**

荷载定义选项卡用于给设定的有限元模型施加荷载，用户可通过荷载施加模拟柔性路面在实际车辆荷载作用下的情况。用户也可自定一个非均匀荷载文件模拟一个现实的、空间变化的轮胎接地压力。需要注意的是，荷载施加形式的变化可能导致网格自动更新（例如增加精制区域网格划分的范围），当用户施加的荷载超过了这个精制区域，将可能导致计算结果不准确。

（1）汽车轴载

1）轴型

货车的前轴为了转向方便多为单轴单轮组；货车后轴——有单轴、双轴、三轴三种。后轴采用双轮组（两对双轮）和三轮组，如图 3-2-3 所示。

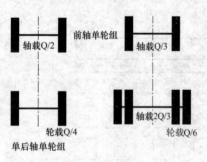

图 3-2-3　汽车轴型及轮组

从图 3-2-3 中可以看出：若一辆汽车总重为 $Q$，单后轴单轮组、单后轴双轮组，轴载和轮载分配有所不同。

2）标准轴载

道路上汽车种类繁多，汽车轴重大小对路面段作用影响很大，为了便于管理，各国对汽车的轴限均有明确规定，世界上采用 100kN 为标准轴载的国家最多。我国采取强行管制措施，限制超载，仍以双轮组单轴 100kN 作为标准轴重（我国标准车：黄河 JN150）。设计中各级轴载均换算成 $BZZ$-100。

相对于国内标准轴载换算后路面结构计算，EverStressFE 1.0 可完成单后轴单轮组、单轴双轮组、双后轴单轮组、双后轴双轮组荷载施加。

由于我国规范采用 $BZZ$-100 标准轴载，以下软件应用均以单后轴双轮组为例，其他轴载轮载类型仅作简要介绍。

（2）荷载定义选项卡

荷载定义选项卡主要包含两部分内容：荷载参数（Load Parameters）、非均匀轮胎接触绘图选项（Nonuniform Tire Contact Plotting Options）。

1）荷载参数

①轮载类型（Wheel Type）：分为单轮（Single）、双轮（Dual）两类；

②轴载类型（Axle Type）：轴载分为单轴（Single）、双轴（Tandem）两类，这里轴载均指后轴；

③轮胎与地面接触面形状（TireContact）：EverStressFE 1.0 提供四种接触面形状定义（矩形（Rectangular）、圆形（Circular）、用户自定义（User Defined）、编制轮载自定义文件

（LoadCustom）；

a．矩形（Rectangular）

路面设计采用双圆荷载，具体的设计参数见表 1-1-1。

Sadd 等（2005）对路面结构层进行三维分析时，采用矩形荷载，实际车轮与路面接触形状为矩形和两个半圆形，可进一步简化为矩形荷载，Yoder and Witczak（1975）给出了计算公式，见式（3-2-1），$L$ 为行车方向轮迹长度。

$$L=\left(\frac{A}{0.5226}\right)^{1/2} \tag{3-2-1}$$

二者等效示意图如图 3-2-4 所示，等效以后矩形荷载宽度为 13.65cm，长度为 26.12cm。对于双圆荷载，等效以后矩形荷载宽度为 19.22cm，长度为 36.78cm。

当选用"Rectangular"（即选用等效矩形荷载模式），需要输入轮宽"Tire Width"和双轮中心间距"C/C TireSpacing"。

b．圆形（Circular）

车轮轴载通过轮胎作用于地面，轮胎与地表接触面，由于轮胎的新旧、花纹不同影响接触压力的分布，路面设计中简化这些因素，将轮廓近似椭圆接地的面积，在我国规范、工程设计中以圆形接触面积表示，当量圆半径 $\delta$ 可按下式计算：

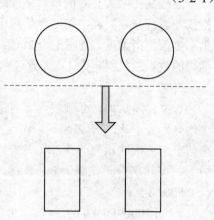

图 3-2-4　圆形荷载等效为矩形荷载示意图

$$\delta=\sqrt{\frac{P}{\pi p}} \tag{3-2-2}$$

式中　$P$——作用在车轮上的荷载（kN）；

　　　$p$——轮胎接触压力（kPa）；

　　　$\delta$——接触面当量圆半径（m）。

对于双轮组车轴，若每一侧的双轮用一个圆表示，称为单圆荷载；如用两个圆表示，则称为双圆荷载。双圆荷载的当量圆直径 $d$ 分别按式（3-2-3）计算：

$$d=\sqrt{\frac{4P}{\pi p}} \tag{3-2-3}$$

我国现行路面设计规范中规定的标准轴载 $BZZ$-100 的轮载 $P$=100/4kN，$p$=700kPa，代入式（3-2-3），可计算得到相应的当量直径为

$$d=0.213\text{m}$$

从上式计算可以看出，$P$、$\delta$、$p$ 三者存在对应关系，在荷载参数输入时，若选择圆形接触面形状，则仅需输入轮载、接触压力即可，接触半径显示为灰色，无法完成数据输入。

c．用户自定义（User Defined）

EverStressFE 1.0 内置一个自定义的胎面设计，允许用户生成更为真实的轮胎接地印痕（只针对走向花纹轮胎），即进行非均布荷载的模拟。必须加载用户自定义选项才能使用此功能，并激活胎面设计区。

激活胎面设计区后，在非均匀轮胎接触绘图选项（Nonuniform Tire Contact Plotting Options）中选择胎面设计（Tread Designer），即可进行胎面设计。

d. 编制轮载自定义文件（Load Custom）

EverStressFE 1.0 允许用户编制轮载自定义文件来定义不能通过其胎面设计工具模拟的非均布荷载。其基本思路是设计出离散空间上变化的应力（接地压力）分布，并生成对应（X，Y，Z）坐标，创建接地压力分布列表。离散的应力分布点数目越多，模拟处的非均布轮载精度越高。

这些文件格式相对简单，文件后缀名必须为.node。该文件的第一行包含 4 个值，并用空格或制表符分隔。其中第一个值用于定义压力分布点总数，这也是该文件中随后行的数量；第二个值是指维度，且固定为 2；第三个值是指属性的数量，且固定为 3；第四个值是指边界标记的数量，且固定为 1。因此，包含 5000 压力点的文件第一行定义为：

5000 2 3 1

该文件随后的行必须包含 7 个值，第一个数值是压力点数目（从 1 开始），接下来的三个值分别表示 X、Y、Z 坐标，由于压力施加在路表面，故 Z 坐标应始终为 0。该行中的下 3 个值分别为接地压力的 X、Y、Z 方向上的分量，单位为 MPa，由于压力为施加在路表垂直应力，故 X 和 Y 分量始终为 0，只有 Z 分量发生变化。因此，包含 5000 压力点的文件定义为：

5000 3 2 1

1 100 1000 0 0 0 0.69

2 100 975 0 0 0 0.68

3 100 950 0 0 0 0.66

...

...

4999 500 550 0 0 0 0.36

5000 500 525 0 0 0 0.345

若.node 文件包含 4949 个数据点，就能足够精确地定义 EverStressFE 1.0 内生成的所有非均布轮载形式。

④接地压力（Tire Pressure）

用于输入轮胎接地压力。

接地压力不同可以分析不同轴重下（如标准轴载、超载）路面结构响应。

⑤轮载（Load per Tire）

作用在车轮上的荷载（轮载）与轮胎接触压力（接地压力）存在以下关系：

$$\delta = \sqrt{P/\pi p}, \quad d = \sqrt{4P/\pi p}。$$

可分析不同轮载下路面结构响应。

⑥轮宽/接触半径（Tire Width/Contact Radius）

由于轮载、接地压力、接触半径之间存在一定关系，任意两个变量即可确定第三个变量，因此当轮胎与地面接触面形状（Tire Contact）选择为圆形（Circular）时，接触半径（Contact Radius）选项卡为灰色，无法进行数据输入。

当轮胎与地面接触面形状（Tire Contact）选择为矩形（Rectangular）、用户自定义（User

Defined）时，需输入轮宽（Tire Width）。

⑦双轮中心间距（C/C Tire Spacing）与双轴间距（C/C Axle Spacing）

双轮中心间距与双轴间距定义如图 3-2-5 所示。

2）非均匀轮胎接触绘图选项（Nonuniform Tire Contact Plotting Options）

仅当轮胎与地面接触面形状（Tire Contact）选择为用户自定义（User Defined）生效。

①透视图（Perspective）

共有两种透视效果：3D 透视（3D Perspective）、平面视图（Plan View），如图 3-2-6 所示。当勾选 Axes Equal 选项时，即坐标轴的长度单位设成相等。

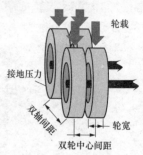

图 3-2-5　轮间距

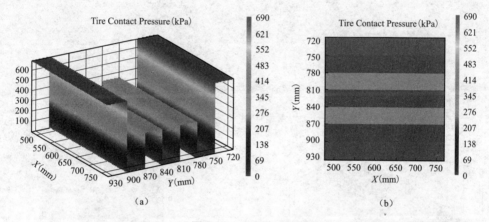

（a）

（b）

图 3-2-6　透视图效果

（a）3D 透视图；（b）平面视图

②设计视图（Designer View）

a. 胎面设计（Tread Designer）

胎面花纹数量（Number of Treads）：可以设置为 4 或 5。

轮胎花纹宽度（Tire Tread Widths）需要设置：外侧花纹宽度（Outer）、内侧花纹宽度（Inner）、中间花纹宽度（Center），当胎面花纹数量为 4 时，无"中间花纹宽度"选项。

所有胎面花纹均是对称的。

内侧压力/外侧压力（Inner：Outer Pressure Ratio）：当轮胎与地面接触面形状（Tire Contact）选择为用户自定义（User Defined）后，需输入峰值压力（Peak Pressure）的大小。并调整下方滚动条可以调整内侧和外侧胎面花纹的接地压强分布比例。

中间压力/外侧压力（Center：Outer Pressure Ratio）：调整下方滚动条可以调整中间（Center：Outer Pressure Ratio）和外侧（Inner：Outer Pressure Ratio）胎面花纹的接地压强分布比例。

需注意，当胎面花纹数量（Number of Treads）设置为 4 时，无中间压力/外侧压力（Center：Outer Pressure Ratio）选项。

沿长度方向分布（Distribution along Tire Length）：荷载分布方式共有三种：均匀分布（Constant Pressure）、抛物线分布（Parabolic）、半正弦波分布（Half Sine Wave）。

胎面设计保存（Save Custom Load）：通过点击 Save Custom Load 按钮将已设置好的胎面设计文件"*.node"存储，并通过加载自定义选项随时进行调用。

胎面设计设置如图 3-2-7 所示，设置完成后胎面 3D 视图以及平面视图如图 3-2-8 和图 3-2-9 所示。

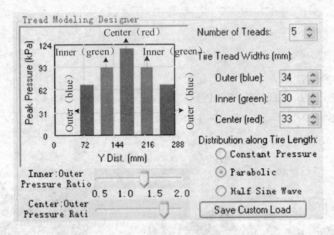

图 3-2-7　胎面设计界面

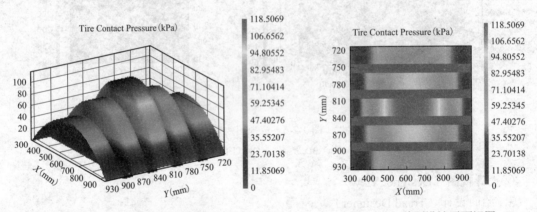

图 3-2-8　胎面设计 3D 视图　　　　　　图 3-2-9　胎面设计平面视图

b．轮胎模型（Tire（s））

切换到设定好的轴载、轮载接地模型视图。

c．接触压力（Contact Pressures）

切换到接触压力分布云图（可选平面视图和 3D 视图），从云图中可以识别出峰值压力（Peak Pressure）大小和位置，以及整个压力分布规律。

 提　示

在荷载（Loads）定义中，由于轮载—路面接触模型为 1/4 对称结构，EverStressFE 为降低运算时间，故只选取轴侧部分的 1/4 进行加载。以轮轴组合为单轴双轮且轮载分布类型为圆形的荷载形式为例，只选取该轴右侧双轮的 1/4 作为研究对象，即接地面形状为半圆，如图 3-2-10 所示。

### 3.2.3.3 网格划分（Meshing）

在 Meshing 选项卡中可以实现以下功能：定义平面网格参数、定义沿路面深度方向网格参数、查阅网格描述。

在 EverstressFE 1.0 建模过程中，划分网格是一个重要的步骤。为了降低运算时间，保证运算时间和精度的平衡，EverstressFE 1.0 采用 1/4 对称模型，各结构层材料均采用标准二次型 20 节点单元模拟，相比 ABAQUS 等大型有限元软件，可降低网格划分的难度，提高计算效率。

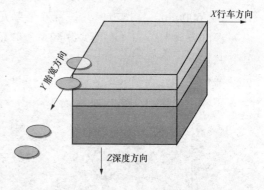

图 3-2-10　EverstressFE 1/4 对称结构选取方式

Meshing 选项卡主要包括以下内容：

（1）定义平面网格参数（Plan View Meshing Parameters）

网格类型（Type of Mesh）共有两种网格类型：局部网格定义（Locally Refined）、简单网格定义（Simple Grid）。

1）选择"局部网格定义"，可在"网格细化区域（Refined Region）"中定义需网格细化区域的 $X$ 方向长度及 $Y$ 方向长度（Length，x（mm）、Length，y（mm）），并定义精制区域网格 $X$、$Y$ 方向的数量（Elements along Length，x、Elements along Length，y）。

同时可在"粗糙区域（Coarse Region）"中定义远离荷载作用范围区域网格 $X$、$Y$ 方向的数量（Elements along Length，x、Elements along Length，y）。

2）选择"简单网格定义"，整个模型无须定义局部网格区域和粗糙网格区域，整个模型各方向的单个网格节点间距相同，此时仅需要定义整个区域下 $X$ 方向单元数量（Elements along Length，x）和 $Y$ 方向单元数量（Elements along Length，y）即可。

同时需要分别定义 Layer1、Layer2、Layer3 纵向网格数量（Element Divisions）和层间黏结状态。

（2）定义竖向网格参数（Vertical Meshing Parameters）

若"几何模型创建"中定义路面结构共 2 层，则此处仅需 Layer1 和 Layer2 纵向网格划分数量及层间黏结特性；若"几何模型创建"中定义路面结构共 3 层，则需要分别定义 Layer1、Layer2、Layer3 纵向网格数量（Element Divisions）；Layer1 和 Layer2 的层间黏结状态（共两种：Fully Bonded 和 Partially Bonded）。

当选择层间部分连续（Partially Bonded）需设置界面劲度（Interface Stiffness）。

（3）模型特性（Model Specifications）

当模型网格划分完成后，可在此处查阅网格相关特性：

①节点数量（Number of Nodes）；

②单元数量（Number of Nodes）。

（4）网格划分示例

几何模型定义路面结构共 3 层，模型长 1000mm、宽 1000mm，深度（面层 150mm，基层 150mm，土基 600mm）。

网格划分采用 Locally Refined，局部网格划分范围长 400mm（长度方向共设置 9 个单元），宽 400m（宽度方向共设置 6 个单元）；粗糙网格划分范围长 600mm（长度方向共设置 6 个单元），宽 600mm（宽度方向共设置 6 个单元）。

深度方向 Layer1（面层）设置 6 个单元，Layer2（基层）设置 4 个单元网格，Layer3（路基）共设置 8 个单元。

网格定义的各参数定义详见图 3-2-11，参数定义详解详见图 3-2-12。

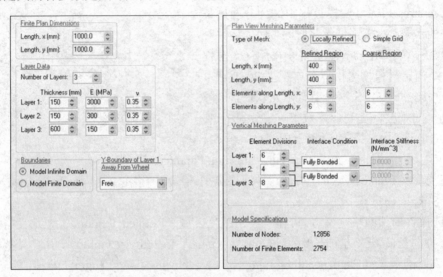

图 3-2-11　网格划分参数定义

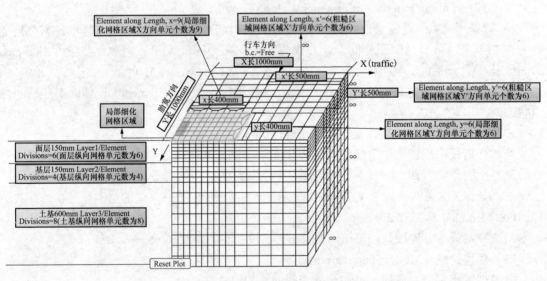

图 3-2-12　网格划分参数定义详解

 提　示

　　a. 除局部细化网格区域以外均为网格粗糙区域。

　　b. 图中路面结构模型 X 方向长度为 1000mm，局部细化网格 X 方向长度为 400mm，因此粗糙区域 X 方向长度为 600mm，共设置 6 个网格单元；粗糙区域 Y 方向长度计算方法类似。

**3.2.3.4** 计算（Solver）

当完成几何模型创建、荷载定义、网格划分工作后，切换到 Solver 选项卡，可对模型进行计算求解。

为保证模型计算效率，避免过长的运算时间，在"EstimatedFE Solver Loqistics"下会显示计算本模型所需要的最小内存。

选中"Solve Current Model"，按下求解器 Solve 按钮，进行模型计算。当按下求解按钮后，主程序将被锁定，系统弹出"另存为"对话框，可以完成模型文件的保存（后缀名为 EVS）；保存文件完成后，系统将弹出求解器命令窗口（如图 3-2-13 所示）。在求解过程中，此命令窗口中显示的内容可能包含用户感兴趣的内容，若计算机上有足够的内存和 AMD Athlon3800+64 处理器的运作，一般完成计算仅需 60s。一旦求解完成后，命令窗口将自动关闭，程序被锁定。

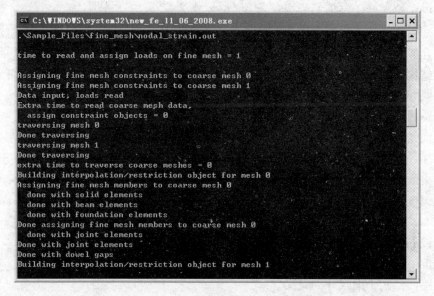

图 3-2-13  求解器命令窗口计算过程

**3.2.3.5** 结果分析（Results）

计算完成后，切换到 Results 选项卡，可进行计算结果分析和计算结果提取。EverstressFE 提取的结果非常丰富，从点线面体四种层面上对 $X$、$Y$、$Z$ 三个方向的位移及应变进行可视化显示。由于其内容较为繁多，将在以下章节通过实例详细展开分析。

## 3.3 柔性路面结构计算分析

### 3.3.1 柔性路面结构计算分析实例

本节通过柔性路面结构计算分析实例，进一步了解 EverStressFE 1.0 的建模和分析基本步骤，掌握相关类型路面结构分析的基本方法。

**3.3.1.1** 问题描述

利用室内试验模拟路面结构在 *BZZ*-100 标准轴载作用下受力状态。

路面结构有限域尺寸（1000mm（长）×1000mm（宽）），深度方向取 1.5m，路面结构类型厚度及材料参数见表 3-3-1。

表 3-3-1                                     路 面 结 构 参 数

|  | 路面结构 | 材　　　料 | 厚度（cm） | 弹性模量（MPa） | 泊松比 |
|---|---|---|---|---|---|
| Layer1 | 面层 | 沥青混凝土 | 13 | 1200 | 0.3 |
| Layer2 | 基层 | 大粒径沥青碎石混凝土 LMS-30 | 28 | 1000 | 0.35 |
| Layer3 | 路基 | 原状压实路基 | — | 40 | 0.4 |

行车荷载：路面设计采用双圆垂直均布荷载作用于路面，具体的设计参数见表 1-1-1。

EverStressFE 1.0 在所有数据输入窗口均明确了所有量的单位，用户需按照软件要求保持计算量纲一致。

**3.3.1.2　建模要点**

（1）确定路面结构类型和受力状态

从路面结构类型可以确定本路面结构为行车荷载作用下柔性路面结构力学响应分析。

（2）几何模型计算原则

基于结构和荷载的对称性，EverStressFE 1.0 中确定了轮载——路面接触模型为 1/4 对称模型。

（3）路面结构分析类型

本路面结构设计采用双圆垂直均布荷载作用下的弹性层状体系理论进行计算。

**3.3.1.3　建立几何模型**

双击桌面上 图标，启动 EverStressFE 1.0 软件，进入 "Geometry and Properties" 选项卡，完成 1000mm（长）×1000mm（宽）×1500mm（深）模型创建，并赋予各路面结构层参数。

（1）在 Finite Plan Dimensions 内容下：

Length，x 后输入 1000，在 Length，y 后输入 1000。

完成路面结构平面尺寸的定义

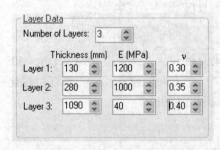

图 3-3-1　路面结构参数输入

（2）在 Layer Date 内容下：

Number of Layer 后输入 3。

根据表 3-3-1 中拟订的路面结构，本算例共设置 3 层路面结构。

分别为各路面结构层输入参数，如图 3-3-1 所示。

（3）在 Boundaries 内容下：

本路面结构边界条件选择为 Model Infinite Domain （即无限边界条件）。

（4）Y-Boundary of Layer1 Away From Wheel

将面层（Layer1）沿 Y 轴远离轮载方向的边界条件也设定为无限。

几何模型创建完成后即可在左侧视图区反映整个路面结构，如图 3-3-2 所示。

**3.3.1.4　车辆荷载施加**

选择 Loads 选项卡，进入荷载的拟定。根据问题描述，本路面结构设计采用双圆垂直均布荷载。

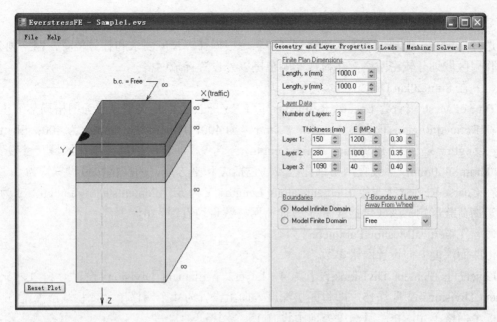

图 3-3-2　几何模型创建数据输入

　　将轮载类型（Wheel Type）选择为 Dual，即选择双轮组；将轴载类型（Axle Type）选择为 Sing，即选中单轴；选择完成后即可在下图显示单轴双轮组车轮荷载模型，并在图中显示各个参数定义的实际意义。

　　根据我国《城镇道路路面设计规范》（CJJ 169）5.5 节路面结构层计算，本路面结构采用双圆均布荷载模拟，见表 1-1-1。将轮胎与地面接触面形状（Tire Contact）选择为 Circular；将接地压力（Tire Pressure）设置为 690；将轮载（Load per Tire）设置为 25；将轮宽 Tire Width 设置为 213；将双轮中心间距（C/C Tire Spacing）设置为 319.5，荷载施加完成后如图 3-3-3 所示。

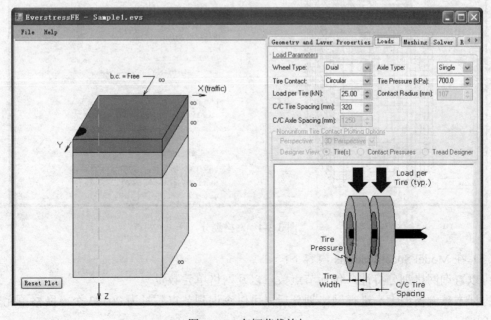

图 3-3-3　车辆荷载施加

#### 3.3.1.5 网格划分

选择 Mshing 选项卡，进入网格划分步骤。根据计算精度要求和计算位置，网格划分在荷载作用区域划分较密网格，在荷载影响范围以外设置稀疏网格。

（1）在 Finite Plan Dimensions 内容下：

Type of Mesh 设置为 Locally Refined。即将 XY 平面上网格类型设置为网格局部细化。

在 Refined Region 下设置 Length，x（mm）为 400，Length，y（mm）为 400；Elements along Length，x 为 9，Elements along Length，y 为 9。即将网格局部细化区域尺寸设置为 XY=400mm×400mm，并设置网格细化区域（包括 X 和 Y 方向）的网格数量设置均为 9。

在 Coarse Region 下设置 Elements along Length，x 为 6，Elements along Length，y 为 6。即将远离荷载影响范围（包括 X 和 Y 方向）网格数量均设置为 6。

（2）在 VerticalMeshingParameters 内容下：

沿路面深度方向设置网格参数。

Layer1 下 Element Divisions 设置为 4，Layer2 下 Element Divisions 设置为 5，Layer3 下 Element Divisions 设置为 15。即将面层深度方向上设置为 4 个网格单元，将基层深度方向上设置 5 个网格单元，将路基深度方向上设置 15 个网格单元。

将 Layer1 和 Layer2 之间的 Interface Condition 设置为 Fully Bonded；将 Layer2 和 Layer3 之间的 Interface Condition 设置为 Fully Bonded。即设置层间黏结为变形连续。

设置完成后如图 3-3-4 所示。

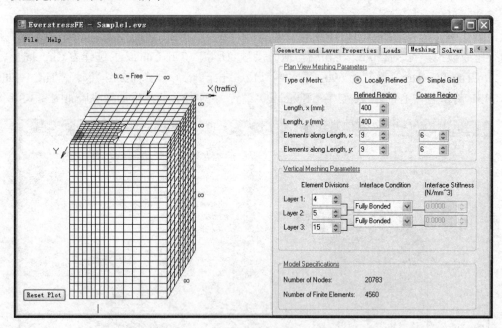

图 3-3-4　网格划分

（3）在 Model Specifications 内容下：

可以查询网格划分特性，包括节点数量以及网格单元数量。

根据本算例模型大小进行网格划分后，可以查询到节点数量为 20783 个，网格单元数量为 4560 个。

**3.3.1.6 提交计算**

选择 Solver 选项卡,即可进行模型计算分析。

在 Estimated FE Solver Logistic 内容下:

可以查询处本算例模型计算预计需要使用 228MB 内存。勾选 Solve CurrentModel,并需阅读提示框下方警告。按下求解器 Solve 按钮,主程序被锁定并进行计算。

**3.3.1.7 结果分析**

选择 Results 选项卡,进入数据处理模块。

(1) 数据计算点确定

双圆垂直均布荷载作用下的路面结构,路表弯沉值计算点位置应为双轮轮隙中心点 $A$,半刚性基层材料基层层底拉应力的计算点为双圆轮隙中心 $A$ 点(并取较大值作为层底拉应力);沥青面层剪应力最大值计算点位置应取离路表距离荷载中心点 $0.9\delta$ 的点 $D$ 或离路表 $0.1h_1$ 距荷载中心点 $\delta$ 的点 $E$。

(2) 模型中数据分析点选取

EverStressFE 为降低运算时间,故只选取轴侧部分的 1/4 进行加载,如图 3-3-5 所示。

从图 3-3-5 中可以看出计算点 $A$、$D$、$E$ 的位置位于软件中的位置。

(3) 路表弯沉输出

将 Parameter 设置为 Uz,即输出 $Z$ 方向的位移云图。

1) 输出弯沉随深度分布图

设置 Originating at 后 $X$、$Y$ 坐标可以得到 $XY$ 平面上任意位置路表弯沉随深度分布规律图。

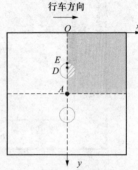

图 3-3-5 1/4 计算模型

设置 Originating at 后 $X$ 为 0,$Y$ 为 1000,即可输出计算点 $A$ 弯沉随深度分布规律,如图 3-3-6 所示。从图中可以看出,计算点弯沉随深度逐渐减小,在距离路表较浅范围内竖向位移衰减较快。

**提 示**

$Y$ 值代表沿车轮宽度方向模型大小取值为 1000mm。

2) 等高线云图

选中 Contour Plot through Plane 后方复选框,选择 "XY",at Z= "0";同时设置 Parameter 为 Uz,选中 Outline Elements。即设置输出等高线云图的平面为 $XY$,深度方向为 0,输出云图参数为竖向位移分布。等高线云图如图 3-3-7 所示。从图中可以看出路表弯沉最大值为 43.96(0.01mm),将鼠标定位到云图 $(X, Y) = (0, 1000)$ 位置处(计算点 $A$),可以得到计算点 $A$ 路表弯沉为 39.41(0.01mm)。

**提 示**

a. 设置 "at Z=" 为不同的值,代表不同深度处 $XY$ 平面处弯沉分布云图。

b. 设置 "Extents" 可查阅不同尺寸大小的等高线云图。

c. 勾选 Colors Only，仅显示云图分布。

d. 勾选 Outline Elements，在云图中显示网格划分。

e. 勾选 Show Tire Contact，在云图中显示荷载作用位置及形式。

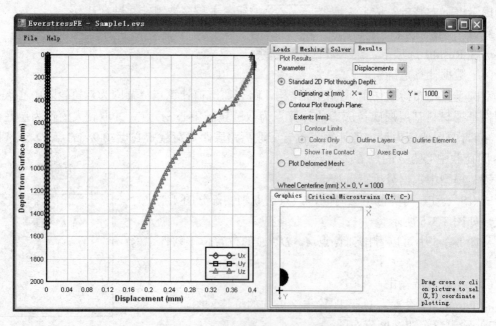

图 3-3-6  A 点弯沉随深度分布规律

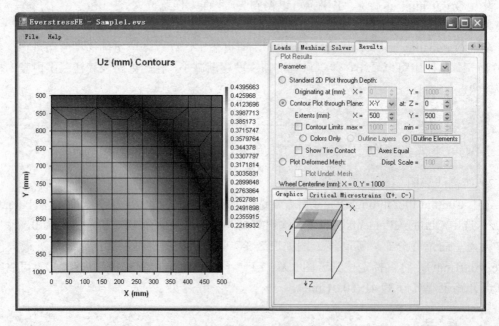

图 3-3-7  路表弯沉分布云图

3）变形图

选中 Plot Deformed Mesh，设置 Displ. Scale 为 450，勾选 Plot Undef.Mesh，设置在车辆

荷载作用下竖向位移变形图，如图 3-3-8 所示。从图中可以看出在行车荷载作用下，远离荷载中心时竖向位移逐渐减小。

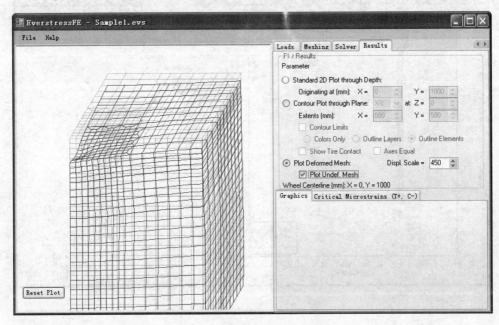

图 3-3-8 竖向位移变形图

（4）剪应变

将 Parameter 设置为 Shear Strains，即输出路面结构剪应变。

1）输出剪应变随深度分布图

设置 Originating at 后 $X$、$Y$ 坐标可以得到 $XY$ 平面上任意位置路表弯沉随深度分布规律图。

设置 Originating at 后 $X$ 为 0，$Y$ 为 1000，即可输出计算点 $A$ 剪应变分布，如图 3-3-9 所示。从图中可以看出，轮载作用下路面结构的最大剪应变为 $r_{yz\,max}$，最大剪应力发生在路表。对于整个路面结构而言，剪应变在轮载作用区域边缘以下的一定深度处达到最大值，在路面各结构层间处发生突变。

2）剪应变

选中 Contour Plot through Plane 后方复选框，选择"XZ"，at Y="1000"；同时设置 Parameter 为 $r_{xy}$ 中"Outline Elements"，勾选 Show Tire Contact。剪应变云图如图 3-3-10 所示。从图中可以看出剪应变 $r_{xy}$ 最大值为 $115.7\mu\varepsilon$。

（5）沥青面层底部水平弯拉应变

选中 Contour Plot through Plane 后方复选框，选择"XY"，at Z="130"；同时设置 Parameter 为 $\varepsilon_{xx}$，选中 Outline Elements，勾选 Show Tire Contact，即可得到沥青面层底部 $X$ 方向最大弯拉应变为 $76.9\mu\varepsilon$。如图 3-3-11 所示，同理，可导出沥青面层底部 $Y$ 方向最大弯拉应力为，如图 3-3-12 所示。

（6）路基顶面竖向压应变

选中 Contour Plot through Plane 后方复选框，选择"XY"，at Z="410"；同时设置 Parameter 为 $\varepsilon_{zz}$，选中 Outline Elements，勾选 Show Tire Contact，即可得到土基顶面竖向压

应变云图，如图 3-3-13 所示。

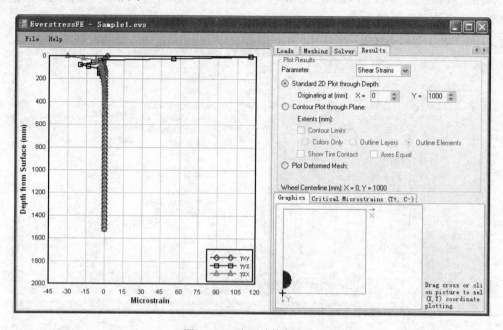

图 3-3-9　路面结构剪应变

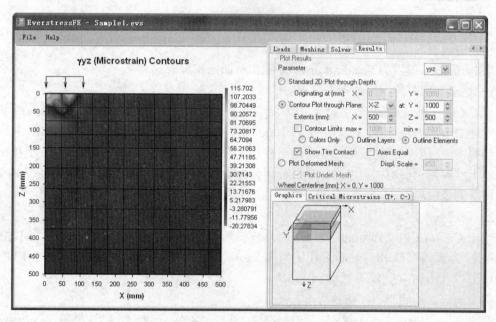

图 3-3-10　剪应变云图

### 3.3.2　EverStressFE 中间层结合状况评价

传统的路面结构设计与分析中，将整个路面结构假定为连续、均值的线弹性体，各结构层间界面完全连续。但在工程实际中，因路面各结构层材料、施工顺序、管理方式的差异，导致结构层间界面并不是完全连续的。因此，在对路面结构进行力学分析时，应考虑各结构层间界面的结合状况。

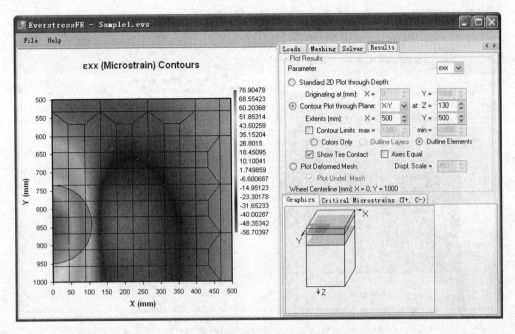

图 3-3-11　沥青面层底部 $X$ 方向最大弯拉应变

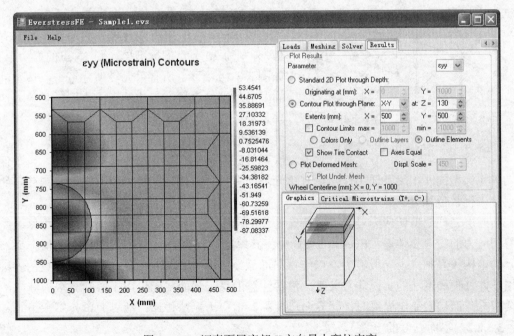

图 3-3-12　沥青面层底部 $Y$ 方向最大弯拉应变

　　目前用于评价层间结合状况的方法主要有试验和模型两大类，其中试验主要包括直剪试验、斜剪试验、扭转试验和拉拔试验等，而模型主要有古德曼模型、剪切弹簧模型以及库仑模型等。EverStressFE 基于古德曼模型，在维持路面系统刚度方程的对称性的同时，通过设置特殊的界面单元来定义路面结构层间结合状况，使得路面结构层间界面力学响应的求解及分析过程较为简明。

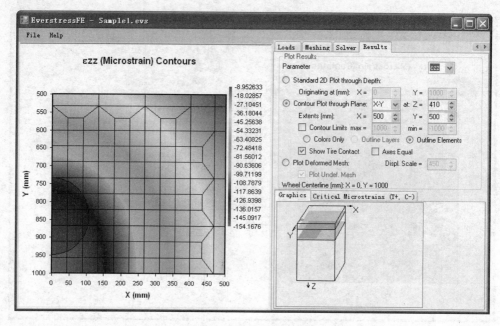

图 3-3-13　路基顶面压应变

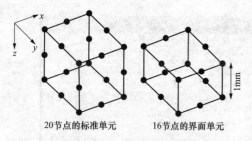

图 3-3-14　EverstressFE 中的有限单元

### 3.3.2.1　层间界面单元的基本描述

EverStressFE 中有限元模型的单元类型共有两种，分别为 20 节点的标准单元和 16 点的界面单元，如图 3-3-14 所示。所有单元类型任意一条边上的中间节点均严格设置在该边的正中位置，且单元边缘总是最先接触并传递应力。各结构层材料被视为三维、线形弹性、各向同性的均质体，用 20 节点"二次奇妙族"标准有限元单元进行离散化。为了保持不同单元类型的匹配度及通用性，所有单元均配置等参数四边形接触面，采用 8 积分点的高斯积分进行数值积分。

结构层之间的剪切应力是通过经特殊处理的 16 节点界面单元来实现传递，为尽可能模拟剪切应力的零厚度传递，EverStressFE 中将其厚度设置为 1mm。不同于库仑摩擦模型，该单元的本构关系独立于一般应力，以维持路面系统刚度方程的对称性，这对于 EverStressFE 中预条件共轭梯度法的实现非常关键。值得注意的是，界面单元仅用于层间完全连续或部分连续状态，而层间完全光滑时，两界面已脱黏，剪应力无法传递，故界面单元不适用。

### 3.3.2.2　界面劲度的定义

EverStressFE 通过在层间界面设置经过特殊处理的 16 节点界面单元，从而实现界面间剪切力的传递。为表征这一力学行为，EverStressFE 引入界面劲度（N/mm³）来参数化路面结构层间界面的不同结合状况，如式（3-3-1）。界面劲度 $IS$ 的含义可表述为：界面单元顶部和底部剪切应力 $\tau$（N/mm²）与节点间 $X$ 或 $Y$ 方向的相对剪切位移 $\delta$ 的比值。

$$IS = \frac{层间剪切应力\,\tau}{层间节点相对剪切位移\,\delta} \qquad (3\text{-}3\text{-}1)$$

由式（3-3-1）可知，界面劲度 $IS$ 越大，说明层间结合状况越好，即更趋近于完全连续状态；反之，则说明层间结合状况越差，越趋于滑动状态。当 $IS$ 为 0、∞时，层间结合分别处于完全滑动、完全连续两个极端状态；当 $IS$ 为中间值时，层间结合则处于部分连续状态。有研究表明，当 $IS{\leqslant}0.01MPa/mm$ 时，即可认为层间处于完全光滑状态，；当 $0.01MPa{<}IS{<}100MPa/mm$ 时，可认为层间处于完全光滑与完全连续状态之间，即处于部分连续状态；当 $IS{\geqslant}100MPa/mm$ 时，即可认为层间处于完全连续状态。

**3.3.2.3** 层间结合问题的求解及分析过程

在 EverStressFE 中进行层间结合状况的设置时，需选择层间界面是完全连续、完全光滑或是部分连续。如图 3-3-15 所示，当设置为完全连续时，无须输入界面劲度 $IS$ 值。值得注意的是，EverStressFE 至多可定义两个界面结合状况，若路面系统为 4 层结构，底基层—路基界面默认被定义为完全连续。

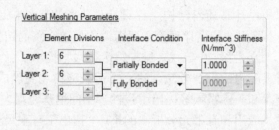

图 3-3-15 EverstressFE 层间结合状况的设置窗口

在进行力学响应分析时，EverStressFE 提供了层间界面间的力学响应可视化功能，便于对路面结构层间界面力学行为变化的分析。由图 3-3-16 可知，在两界面分层处可进行 top/bot 上下切换，可分别查看界面上下层的力学响应。

图 3-3-16 EverstressFE 层间界面力学响应的上下切换窗口

# — 4 —

# EverFE 2.25 软件与路面结构分析

水泥混凝土路面在使用过程中受到各种荷载的作用，包括车辆荷载引起的荷载应力、温度变化引起的温度应力等。为抵御车辆荷载多次重复作用、抵抗温度翘曲应力，并对地基变形有较强的适应能力，水泥混凝土路面设计必须具有足够的弯拉强度和厚度。

水泥混凝土路面结构设计是随着结构工程设计理论和岩土结构设计理论的发展而不断发展和完善。水泥混凝土路面结构设计理论主要探讨如何建立路面结构荷载和环境因素作用下的力学响应定量模型。20 世纪 20 年代，维斯特卡德最早提出了温克勒地基模型上矩形板在特定加载位置下，荷载应力的求解方法，建立了荷载应力和温度应力计算理论；20 世纪 30～50 年代苏联舍赫捷尔和美国霍顿等提出了弹性半空间地基无限大薄板的荷载应力解；20 世纪 70 年代，随着计算机应用和有限元分析法的推广，提出了有限尺寸板在各种模型地基支承下，任意荷载位置的荷载应力和有限元分析法的推广，提出了有限尺寸板在各种地基支承下，任意荷载位置的荷载应力求解方法，以及各种不同边界传力条件下的解算方法。

目前世界各国的混凝土路面设计方法均是以弹性地基板的荷载应力、温度应力分析方法为基本理论，以混凝土路面板的弯拉应力作为极限状态和设计控制指标。

有限元分析软件的出现为水泥混凝土路面力学分析提供了一种有效工具，有限元分析软件可以避免反复的解析推导，可模拟道路材料的非线性、考虑有限尺寸的路面结构、考虑任意轮载形式和轮载位置，以及考虑不同的接缝传荷体系等。目前常用的有限元分析软件分为两类：①通用分析软件，如 ABAQUS、ANSYS、ADINA 等；②基于有限元方法专门开发的水泥混凝土路面分析系统，如 EverFE 2.25、KENSLABS、ISLAB2000 等。EverFE 2.25 是一款专用水泥混凝土路面分析软件，对传力杆、接缝设计有很大优势，本章主要对 EverFE 2.25 有限元软件进行介绍和建模分析。

EverFE（Software for the 3D Finite Element（FE）analysis of JPCP）由美国华盛顿大学和缅因州大学联合开发，是一款模拟水泥混凝土路面在轮载及温度荷载作用下力学响应的三维有限元分析软件。模拟的水泥混凝土路面可选择单层混凝土板、考虑基层的水泥混凝土路面、带接缝的水泥混凝土路面、设置传力杆、拉杆的水泥混凝土路面。采用 EverFE 2.25 可分析温克勒地基板的温度应力（包括翘曲应力、内应力）和轴载应力的影响，也可进一步分析板翘曲变形时同地基的接触情况，是国内外进行水泥混凝土路面设计、研究的主要工具。

## 4.1 EverFE 2.25 软件总体介绍

### 4.1.1 EverFE 2.25 软件主要特点

EverFE 2.25 是一款专业水泥混凝土路面分析软件，其采用交互式界面设计，使得设计、研究人员运用起来十分方便，只需要输入相关参数，就可通过左侧界面窗口直接显示，便于用户进行调整优化。EverFE 2.25 具有如下特点：

（1）完善的路面结构分析模型

EverFE 2.25 软件可模拟单层板到 3×3 共 9 块板以及最多三层弹性基层在荷载作用下的力学响应；可通过面层和基层间水平分布的弹塑性强度来模拟面层与基层之间的应力传递；即可考虑温克勒地基抗拉，也可处理为不能受拉的情况。

（2）可模拟传力杆、拉杆的受力行为

水泥混凝土板横缝间设置传力杆，用于模拟传力杆的滑移；模拟传力杆滑移时，用板对传力杆的支承模量定义其在横缝处的相互作用；横缝处的集料嵌锁传递剪力可用线形模型也可采用非线性模型进行模拟，也能反映出缝宽变化产生的影响。

（3）可输入多种轴载及轴载组合

EverFE 2.25 定义了多种轴载及其组合，通过可视化的轴载数据输入可分析不同轴载、多种轴载组合条件下水泥混凝土路面荷载应力；沿板厚方向可定义 1～3 个温度梯度，模拟温度影响和板块的收缩。

（4）计算结果的可视化

EverFE 2.25 具有强大的后处理功能，能够输出应力、位移及内部传力杆的轴力和力矩，可获得任意一点的应力、变形响应。

### 4.1.2 单元类型

EverFE 2.25 中共有 5 种类型的单元：

（1）20 结点二次固体单元。用于离散面层板和弹性基层、底基层；

当边界条件设置了弹性基层时，面层板在水平面（$xy$ 平面）内受到面层板与基层之间剪切强度的约束，垂直方向则由基层提供支撑。

在 EverFE 2.25 软件中，面层板、基层与底基层均假设为三维、线弹性、各向同性并连续。各结构层均离散为 20 结点固体单元。

（2）8 结点二次平面单元。用于模拟温克勒地基（稠密液体地基）；

温克勒地基（稠密液体地基）既可以抗拉，也可处理为不能受拉（Material 模块中 Dense Liquid Subgrade 右侧 Tensionless 定义）。将地基离散为 8 结点二次平面单元。采用该单元，仅需要定义地基反应模量 $k$。当未勾选 Tensionless 时，求解过程中，当单元结点出现受拉现象时，则在建立单元刚度矩阵和等价结点力向量时将对应结点的刚度和压力设置为零。

（3）16 结点二次接触面单元。用于模拟缩缝集料的嵌锁作用，以及面层板与基层之间的剪力传递作用；

（4）3 结点嵌入弯曲单元。用于离散横缝传力杆及纵缝拉杆的面层板嵌入部分；

（5）2 结点剪切梁单元。用于离散横缝传力杆及纵缝拉杆的非嵌入部分。

四块面层板的单元划分及相应的类型如图 4-1-1 所示，传力杆单元模型如图 4-1-2 所示。

### 4.1.3 面层与基层间界面模型

面层与基层之间的接触关系对分析水泥混凝土路面结构在接缝附近的车轮荷载作用，以及温度、湿度作用下的力学响应有着重要的影响。

EverFE 2.25 软件可模拟面层与基层完全连续（紧密结合）状态，也可模拟在拉力作用下一部分结合、一部分分离的状态。在上述两种接触状态下，面层与基层均不共用单元，而是用对结点的约束来实现不同的接触状态，如图 4-1-3 所示。

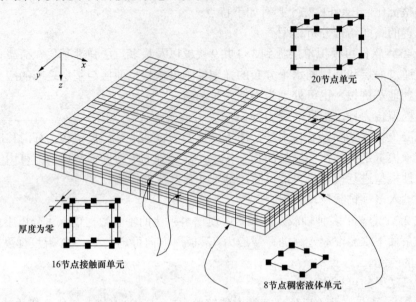

图 4-1-1　基本离散单元

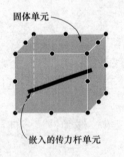

图 4-1-2　传力杆单元

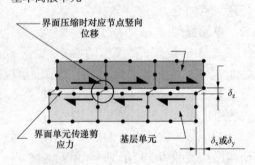

图 4-1-3　界面剪力传递模型

2001 年，Rasmussen 和 Rozyeki 提出了双线性单元的本构关系，如图 4-1-4 所示。面层与基层之间界面传递采用初始刚度 $K_{SB}$（MPa/mm）和滑移位移 $\delta$（mm）来描述，通过面板顶推试验得到了几种典型基层与面层接触截面参数，见表 4-1-1。只要面层与基层保持接触（面层与基层间界面存在法向压应力），这种本构关系在 $x$ 与 $y$ 反向均被假设为相互独立。实际上，当面层与基层之间不完全接触时，剪力会很小，甚至没有。这点可通过相对竖向位移 $\delta_z > 0$，就可将界面刚度和剪应力置为零来实现

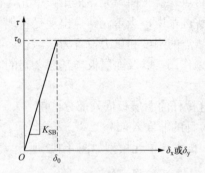

图 4-1-4　界面双线性单元本构关系

在软件中界面接触可通过 Material 模块 Slab/Base Interface 下 Intial Stiffness 和 Slip Displacement 进行定义。当勾选 Bonded Base 时，即面层基层之间为紧密结合状态，此时无须定义 Intial Stiffness 和 Slip Displacement。

表 4-1-1                                典型基层与面层接触界面模型参数

| 基 层 类 型 | $K_{SB}$（MPa/mm） | $\delta_0$（mm） |
| --- | --- | --- |
| 表面粗糙的沥青混凝土 | 0.270 | 0.250 |
| 表面光滑的沥青混凝土 | 0.068 | 0.510 |
| 表面粗糙的沥青稳定碎石 | 0.200 | 0.510 |
| 表面光滑的沥青稳定碎石 | 0.065 | 0.640 |
| 水泥稳定碎石 | 4.100 | 0.025 |
| 级配碎石 | 0.027 | 0.510 |

与摩擦力不同，剪切力并不依赖于正应力。然而当 $K_{SB}$ 很大时，这种模型类似于具有较大摩擦系数的库仑摩阻力；当 $K_{SB}$ 很小时，它相当于在界面处没有摩擦力。EverFE 2.25 使用的这种模型的优点就在于使系统刚度方程保持对称，这样就可以使用高效率的预处理合成梯度法求解。如果采用库仑摩擦，则系统刚度矩阵不会有这种对称性，因而降低求解效率。

### 4.1.4 传力杆和拉杆单元模型

EverFE 2.25 采用 3 结点二次嵌入弯曲单元模拟缩缝传力杆和纵缝拉杆的面层板嵌入部分，采用 2 结点剪切梁单元模拟横缝传力杆及纵缝拉杆的非嵌入部分。从而使传力杆和拉杆能精确定位，而与板的单元划分无关。不仅如此，二次嵌入弯曲单元还可以很好地处理缩缝传力杆钢筋与面层板混凝土之间的缝隙（传力杆钢筋与水泥混凝土非完全黏结或发生松动时的情况）。传力杆钢筋可视作弹性地基上的梁，而传力杆与混凝土板之间则是温克勒地基（稠密液体地基）模型弹簧，如图 4-1-5 所示。

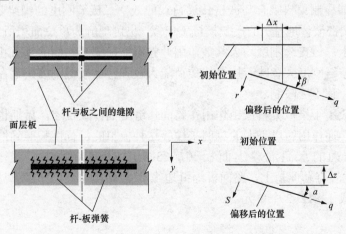

图 4-1-5　杆—板相互作用模型和传力杆偏移定位

需要将传力杆的结点位移以所嵌入二次固体单元的结点位移函数来表示。3 结点二次嵌入弯曲单元最初拥有 18 个自由度 $U^d$，所嵌入的 20 结点固体单元的自由度为 $U^e$。嵌入弯曲单元的位移微量为

$$U^{de} = \left[\frac{U^d}{U^e}\right] \tag{4-1-1}$$

$U^d$ 可通过矩阵变换得到

$$U^d = TU^{de} \qquad (4\text{-}1\text{-}2)$$

矩阵 $T$ 包括 3 结点嵌入弯曲单元的形函数。切线刚度矩阵 $K^{de}$ 需要通过非线性求解，可根据传力杆的初始单元刚度矩阵计算：

$$K^{de} = T^T K T \qquad (4\text{-}1\text{-}3)$$

式中　$K$——传力杆的初始单元刚度矩阵。

EverFE 2.25 软件采用 3 结点嵌入弯曲单元离散传力杆嵌入面层板的部分，为确保求解精度，横向接缝两侧传力杆的嵌入部分都划分为 12 个单元；非嵌入部分则采用 2 结点剪切梁单元离散。如果将传力杆视为温克勒地基（稠密液体地基）上的梁，则所划分的 12 个单元沿传力杆的嵌入部分均匀分布。

传力杆的错位采用四个参数（$\Delta x$、$\Delta z$、$\alpha$、$\beta$）来约束。传力杆的支撑及约束与传力杆的局部坐标（$q$、$r$、$s$）一致。传力杆的局部坐标轴是从总坐标系的 $x$ 轴、$y$ 轴和 $z$ 轴，根据转角 $\alpha$、$\beta$ 旋转而来。

### 4.1.5　集料嵌锁作用模拟

单元模型中，假设各条缩缝整个宽度上都由断裂面的颗粒啮合与嵌挤作用传递剪力。对于集料颗粒的啮合、嵌挤作用，既可采用线性模型求解，又可采用非线性模型求解。采用线性模型求解时，缩缝断裂面上的剪应力与缩缝两侧的垂直相对位移成正比，与缩缝宽度变化无关。而非线性模型不仅包括剪应力与垂直相对位移的非线性关系，还包括剪应力传递与缩缝宽度变化的非线性关系。两种求解形式中，EverFE 2.25 均采用厚度为零的 16 结点二次接触面来模拟缩缝集料的嵌锁和剪力传递作用。

利用线形模型模拟缩缝断裂面上的集料啮合和嵌挤作用是最简便的方法，仅采用接缝刚度一个参数就能够控制集料啮合与嵌挤传递荷载的效率。接缝刚度的钢梁是"力/体积"，他与温克勒地基（稠密液体地基）的反映模量 $k$ 相似，也可理解为单位面积所具有的弹簧刚度。整个缩缝断裂面上，该接缝刚度均为常数，因此它不能随缩缝两侧的垂直相对位移及缩缝宽的变化而变化。接缝刚度大意味着接缝的传荷能力较强；当接缝刚度只存在于垂直方向，接缝在横向的相对位移不受限制。

线性弹簧一般用于模拟集料嵌锁作用在路面接缝处的荷载传递，后期也可用来模拟横缝传力杆对荷载的传递作用。以下面的算例来检验这种模拟的可行性和准确性。

两块纵向排列的水泥混凝土面板（$h=25\mathrm{cm}$，$E_c=28000\mathrm{MPa}$）置于地基反应模量 $k=0.03\mathrm{MPa/mm}$ 的温克勒地基上，路面板缩缝边缘承受 80kN 的车轮荷载，如图 4-1-6 所示，每块路面板离散成 $12\times12\times2$ 个单元。

分两种情况：

（1）缩缝依靠线形集料啮合与嵌挤作用传递荷载，接缝刚度为 $0\sim10\mathrm{MPa/mm}$；

（2）无集料嵌锁作用，仅通过直径 $11\sim32\mathrm{mm}$ 的传力杆组传递荷载。传力杆的间距为 30cm，杆—板支承模量为 $0\sim10\times10^4\mathrm{MPa}$。

可以求出上述两种情况下的缩缝传荷系数（LTES）和面层板底最大弯拉应力，如图 4-1-7 和图 4-1-8 所示，从图中可看出，除传荷系数为 0% 和 100% 外，在其他的传荷状态下，设传力杆体系时，水泥混凝土面板的最大弯拉应力均小于依靠集料嵌锁传递荷载的路面板的最大弯拉应力。同时，当接缝传荷系数位于某个区间时（本例为 $65\%\sim100\%$），维持接缝传荷的良好状态对降低面层板底的最大弯拉应力有显著效果。

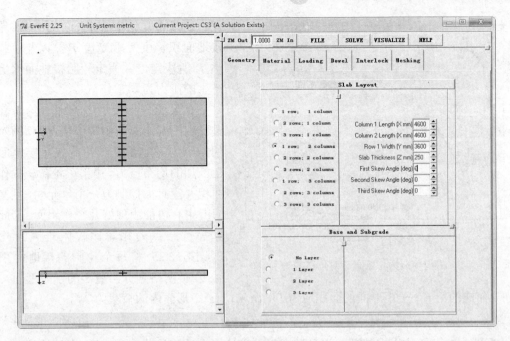

图 4-1-6　线性弹簧模拟横缝传力杆传递荷载验算图示

非线性模拟可同时考虑接缝垂直相对位移和缩缝宽度变化的影响。EverFE 2.25 利用 Walraven 提出的两相集料嵌锁模型构建了集料嵌锁型裂缝的非线性本构关系。Walraven 模型中假定断裂沿集料颗粒的边界发生，水泥浆上的集料颗粒处于在滑移点上，并认为集料的粒径构成符合富勒分布。采用参数包括集料的最大粒径 $D_{max}$ 和体积分数 $P_k$。

图 4-1-8 是依据该模型计算的三条缩缝剪应力与垂直相对位移之间的关系曲线。

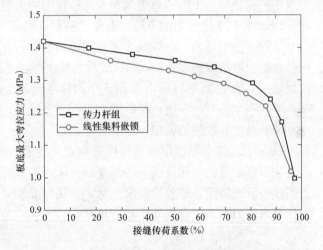

图 4-1-7　板底最大弯拉应力随传荷系数的变化关系

实际运算中，EverFE 2.25 能准确地生成接缝宽度在 0～20mm 范围内的 40 条剪切应力与接缝垂直相对位移的关系曲线，其中大部分曲线都适用于缩缝宽度为 0～2mm 的情况。在此宽度范围内，缩缝传荷系数随缝隙宽度的变化最为显著。与线性模拟时的情况相同，接缝（缩缝）剪应力旨在垂直方向传递。由图 4-1-8 可知，缩缝剪应力随垂直相对位移的增加而增大，随缩缝宽度的增加而迅速减小，即缩缝依靠集料嵌锁作用传递荷载的能力会随着缝隙宽度的增大而迅速下降。

#### 4.1.6　对轴载作用及温度影响的处理

（1）车辆轴载的模拟

EverFE 2.25 能够分析多个轴载的共同作用，以及温度与收缩引起的预应变。EverFE 2.25 的车辆轴载配置是由相对简单的矩形荷载组合而成，每个车轮荷载都用有限元编码做相同处

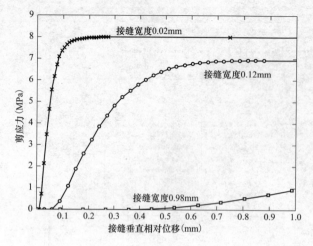

图 4-1-8　缩缝剪应力与垂直相对位移的关系

理。轮载由几何中心坐标（$x$，$y$）、轮胎接地面积长度 $L$ 和宽度 $W$，以及轮载大小 $P$ 所决定，并假定轮胎接地面积上所产生的压力为均布分布。

有限元分析模型中施加车轮荷载的关键在于确定对应的等价结点力，即对应的结点力需等价于车轮荷载在接地面积上施加的均布压力。由于车轮荷载的作用面积并没有被控制为一个单元面，且实际情况中有可能出现好几个作用面，因此计算等价结点力相对比较困难。为此，EverFE 2.25 将每个轮胎的接地面积用 $n_x \times n_y$ 个网格划分出更小的子矩形面。网格划分而成的第 $i$ 个子矩形面的面积应为 $LW/(n_x n_y)$，子矩形面内的荷载为

$$P_i = P/(n_x n_y) \tag{4-1-4}$$

可通过 $P_i$ 和 $P_i$ 作用点的单元形函数向量求出结点力的等效功。由各结点力的等效功向量构成车辆轮载作用下的结点力向量。在计算中的关键参数是 $n_x$ 和 $n_y$。在处理车轮荷载应力方面，EverFE 2.25 所采用的方法具有概念简单、实现方便和精度较高等优点。

这种方法中，当一个或几个子矩形面荷载作用在面层板边界之外且不能落入一个单元之内时会给求解造成困难。EverFE 2.25 的解决办法是：将 $P_i$ 的作用点沿一个半径不断增加的圆周运动，直到 $P_i$ 的作用点落在一个固体单元之上。但带来的问题是有可能降低求解的精度，所以在加载时，应避免轮胎的接地面积超过面层板的边界。

（2）温度和收缩的模拟

EverFE 2.25 可沿面层板的厚度方向定义线形、双线性和三线性温度梯度，如图 4-1-9 所示，并根据温度的变化及输入的温度线膨胀系数计算应变。可利用温度线膨胀系数将混凝土上的收缩应变转换为等效的温度变化，再用单元积分将单元预应变转变成等效结点力向量。当计算内应力时，在总应变中相应地减去。

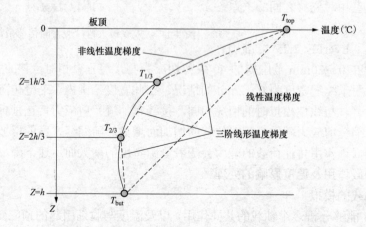

图 4-1-9　面板厚度范围内三段线性温度梯度示意图

EverFE 2.25 所采用的 20 结点固体单元体能够在它们自身上反映应变的基本线性变化。因此，采用双线性温度梯度的情况下，在面层板的厚度方向上，单元的划分数量必须是偶数，以确保应力及位移计算的准确性；同理，在采用三线性温度梯度的情况下，面层板厚度方向上的单元数目应当是 3 的整数倍。

### 4.1.7 地基反应模量 *k* 确定

EverFE 2.25 中温克勒地基模型中的地基反应模量采用地基弹性模量进行计算：

$$k = \frac{E_0}{h(1-v^2)}\sqrt[3]{\frac{E_0}{E_c}} \tag{4-1-5}$$

式中　$E_0$——地基弹性模量（MPa）；

　　　$E_c$——混凝土弹性模量（MPa）；

　　　$h$——混凝土面板厚度（cm）。

## 4.2　EverFE 2.25 软件模块及功能

### 4.2.1　EverFE 2.25 基本组成

EverFE 2.25 主窗口由标题栏、菜单栏、视图区、输入（输出）定义选项卡组成，如图 4-2-1 所示。

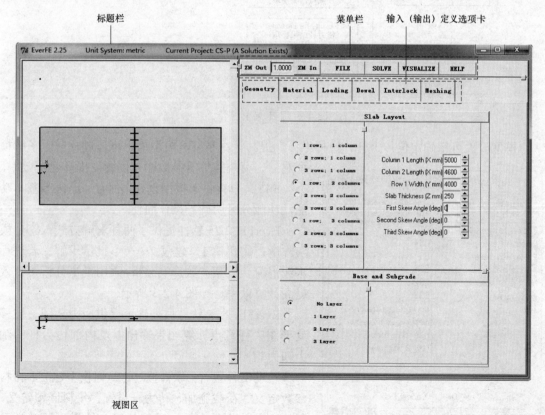

图 4-2-1　EverFE 2.25 主窗口组成

（1）标题栏

标题栏显示了软件版本为 EverFE 2.25，单位制为公制单位，当前正在运行的模型名称等相关信息。

（2）菜单栏

菜单栏包含了所有和项目文件相关的命令、帮助文件，通过对菜单栏的操作可完成模型建立（打开）、保存、计算、后处理等操作。菜单栏相关命令如图 4-2-2 所示。

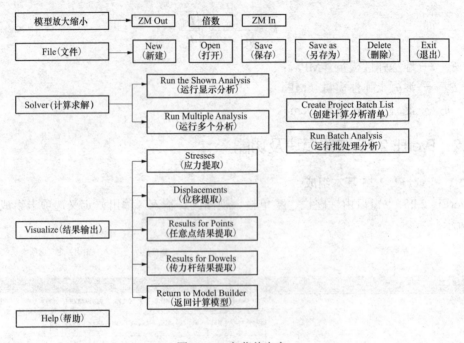

图 4-2-2　主菜单内容

模型放大可精确定位传力杆、拉杆坐标，提高计算精度，模型缩小可通过视图区了解模型建立、荷载施加等参数输入位置，提高建模效率。

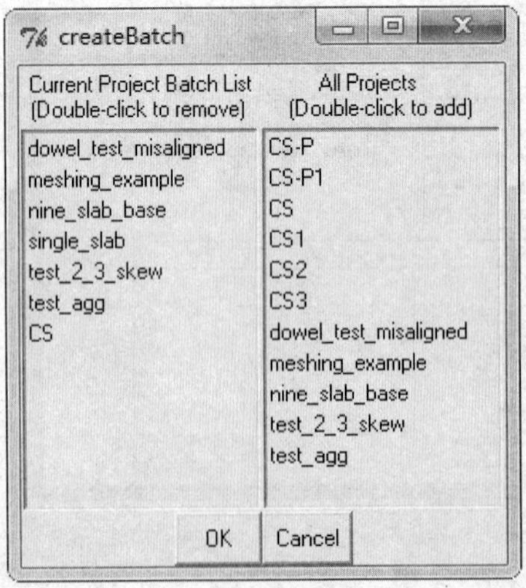

File 菜单提供了模型创建、保存、退出等基本功能，功能分区明确，操作简便。

EverFE 2.25 软件提供了两种求解方式：①建模→求解；②建模 1、建模 2……→批量求解。若进行水泥混凝土板某参数影响分析，采用批量分析可有效提高计算效率，如图 4-2-3 所示。

EverFE 2.25 软件后处理可提供应力云图、位移变形图、任意点计算结果输出以及内部传力杆的轴力和力矩。

帮助文件包含：软件概述、几何模型建立、材料参数定义、荷载施加、传力杆设置、集料嵌锁定义、网格划分、文件介绍、求解计算、结果显示及学习手册等内容。

图 4-2-3　创建批量求解

### 4.2.2 EverFE 2.25 基本使用方法

本节对 EverFE 2.25 软件中各个选项卡功能和内容进行简单介绍。

#### 4.2.2.1 几何模型创建（Geometry）

水泥混凝土路面几何模型创建共包含两部分内容：面层板布局（Slab Layout）、基层和路基（Base and Subgrade）。

（1）面层板布局（Slab Layout）

EverFE 2.25 软件几何模型中最多可设置为 3 行×3 列共 9 块面层板结构。当选择 1 行 1 列即一块板时，建立单板模型，此时无须定义传力杆和拉杆，不存在接缝，因此 Dowel 和 Interlock 显示为灰色；当选择 2 行 1 列、3 行 1 列，此时面层板有两条纵缝，不存在横缝，无须定义集料嵌锁作用，因此 Interlock 显示为灰色。

当选择了面层板数量和布置形式后，需在右侧定义面层板的几何参数。

Column 1 Length（X）：板块 1 的板长（可通过左侧视图区坐标系可确定 X 方向为板长）；

Row 1 Width（Y）：板块 1 的板宽；

SlabThickness（Z）：板厚（Z 方向为路面结构深度方向）；

First Skew Angle：板块第一斜交角，（当定义板块第一斜交角为 10°，板块端部与 Y 轴平行方向以原点为圆心顺时针旋转 10°如图 4-2-4 所示），板块第二、第三斜交角定义与此相同。

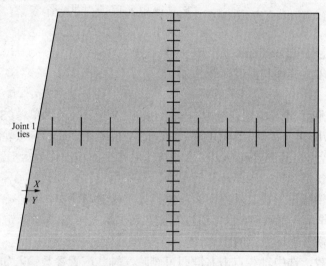

图 4-2-4 板块第一斜交角定义

（2）基层和路基（Base and Subgrade）

No Layer：未定义基层，此时面板直接置于温克勒地基之上。

1Layer、2 Layer、3Layer：可定义 1~3 个基层，当定义弹性基层时，需在右侧定义每个基层的厚度（Layer X Depth）。

#### 4.2.2.2 材料参数定义（Material）

水泥混凝土路面材料参数定义共包含五部分内容：面层板参数定义（Slab）、传力杆参数定义（Dowels and Ties）、基层参数定义（Base）、板/基层界面接触（Slab/Base Interface）、稠密液体地基（Dense Liquid Subgrade）。

（1）面层板参数定义（Slab）

面层板参数定义包括水泥混凝土面板弹性模量 $E_c$、泊松比 $\nu$、线膨胀系数（alpha）、密度（density）。

水泥混凝土面板弹性模量可依据《公路水泥混凝土路面设计规范》（JTG D40）表 E.0.3-1 选定；线膨胀系数可依据《公路水泥混凝土路面设计规范》（JTG D40）表 E.0.3-2 确定。

（2）传力杆和拉杆参数定义（Dowels and Ties）

传力杆和参数定义包括传力杆弹性模量 $E_x$、泊松比 $\nu_x$。

（3）基层参数定义（Base）

基层参数定义包括基层弹性模量 $E_t$、泊松比 $\nu_t$、基层材料密度（density）。

（4）板/基层界面接触（Slab/Base Interface）

板/基层界面接触可定义为紧密结合状态，此时需勾选 Bonded Base。

板/基层界面接触可定义为一部分结合、一部分分离状态，此时取消勾选 Bonded Base，采用图 4-2-5 定义界面接触的双线性单元本构关系。

图 4-2-5 板/基层界面双线性单元的本构关系

此时需要定义初始刚度（Initial Stiffness）和滑移位移（Slip Displacement）。

（5）稠密液体地基（Dense Liquid Subgrade）

稠密液体地基是以反应模量 $k$ 表征的弹性地基，该单元仅需提供一个参数，地基反应模量计算应采用式（4-1-5）计算。

### 4.2.2.3 荷载定义（Loading）

荷载定义包括轴载施加和温度荷载施加。

（1）轴载施加

EverFE 2.25 提供了共 6 中轴载配置：单轮（Single Wheel）、单轴单轮（Single Wheel Axle）、单轴双轮（Dual Wheel Axle）、单轮串联（Single Wheel Tandem）、双轮串联（Dual Wheel Tandem）、单轴多轮（Multi-Wheel Axle），并将轮胎接地面积简化为矩形。

轴载参数输入包括轴重、轴载、几何尺寸以及作用位置。轴载施加需注意整个模型中坐标原点位置，选中轴载矩形块时轴载变为蓝色，处于被激活状态，可在右侧输入轴载几何参数；拖拽可以实现作用位置调整，也可通过右侧几何参数 $x$、$y$ 输入精确定位轴载施加位置（$x$ 和 $y$ 值是轴重心到模型坐标原点的距离）。

当需要删除轴载，选中轴载点击右键即可删除。轴载配置参数输入如图 4-2-6 所示。

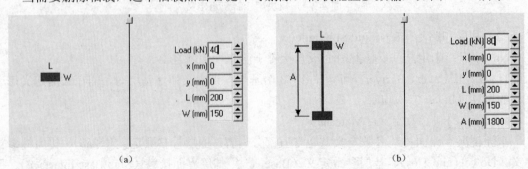

图 4-2-6 轴载参数配置（一）

（a）单轮；（b）单轴单轮

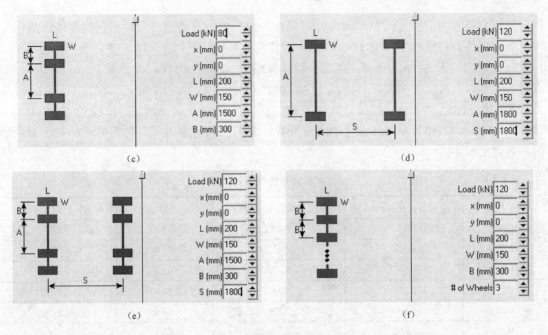

图 4-2-6　轴载参数配置（二）

（c）单轴双轮；（d）单轮串联；（e）双轮串联；（f）单轴多轮

（2）温度荷载施加

EverFE 2.25 沿板厚将温度场定义为线性、双线性、三线性温度梯度（# of Temp.Changes 分别设置为 2、3、4）。

例如当水泥混凝土路面厚度 18cm，选取正温度梯度 $\Delta T$=0.8℃/cm，采用线性温度梯度。此时，# of Temp.Changes 设置为 2 时，温度沿板厚方向定义如图 4-2-7 所示。

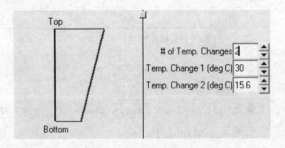

图 4-2-7　线性温度梯度定义

**提　示**

通过已有研究表明，当温度梯度相同时，路表温度不同时，板底温度应力并无明显变化，因此温度应力的大小只与温度梯度有关，与面层板顶温度大小无关。

#### 4.2.2.4　传力杆设置（Dowel）

Dowel 模块下主要包括两部分内容：传力杆与混凝土接触定义、拉杆与混凝土黏结定义。

（1）传力杆与混凝土接触定义

EverFE 2.25 可定义缩缝传力杆钢筋与面层板之间紧密黏结（无缝隙），需取消勾选 Looseness；也可定义缩缝传力杆钢筋与面层板混凝土之间的缝隙（传力杆与水泥混凝土非完全黏结或发生松动时的情况），需勾选 Looseness，并通过 Gap A 和 Gap B 定义这种非完全黏结状态。

取消勾选 Bonded，则传力杆和面层板之间相对水平滑动是不受限制的；当勾选 Bonded，则假定传力杆和面层板之间黏结紧密，可模拟传力杆偏位及传力杆腐蚀引起的嵌锁影响。

为分析传力杆松动（勾选 Looseness）对传荷系数（LTE）的影响。建立一个两板模型：1 行 2 列共 2 块板，板厚 250mm，混凝土板弹性模量 $E_c$=28000MPa，泊松比 $\nu$=0.2，密度 $\rho$=0，水泥混凝土板直接置于稠密液体地基（$k$=0.03MPa/mm）上，两板横缝之间设置 11～32mm 传力杆，传力杆间距 300mm，板缝处施加 80kN 荷载，每个板块划分成 12×12×2 个单元，Gap B 设置为 125mm，Gap A 从 0mm 到 0.4mm 变化，骨料嵌锁刚度为零。传力杆松动对传荷系数的影响详见表 4-2-1。

表 4-2-1　　　　　　　　　　传力杆松动对传荷系数的影响

| Gap A（mm） | 受荷板位移（mm） | 非受荷板位移（mm） | 传荷系数（%） | 最大拉应力（MPa） |
|---|---|---|---|---|
| 0.00 | 0.468 | 0.460 | 98.3 | 0.872 |
| 0.05 | 0.528 | 0.422 | 79.9 | 1.025 |
| 0.10 | 0.577 | 0.378 | 65.5 | 1.126 |
| 0.15 | 0.620 | 0.340 | 54.8 | 1.273 |
| 0.20 | 0.643 | 0.319 | 49.6 | 1.315 |
| 0.25 | 0.652 | 0.310 | 47.3 | 1.326 |
| 0.30 | 0.657 | 0.306 | 46.6 | 1.329 |
| 0.35 | 0.659 | 0.303 | 46.0 | 1.331 |
| 0.40 | 0.661 | 0.302 | 45.7 | 1.332 |

注　关于传力杆传荷系数计算详见 4.5 节。

Emb：传力杆一半长度；

Diameter：传力杆直径。

传力杆布置可采用以下三种方式：等间距布置（Even）、沿行车轮迹布置（Wheelpath）、手工输入（Manual Entry）。

①等间距布置（Even）

等间距布置需输入传力杆数量（Number），最外侧传力杆距离外边距离（Edge1）。

②沿行车轮迹布置（Wheelpath）

沿行车轮迹布置需输入传力杆布置数量（Number），此数量为单侧轮迹下传力杆布置数量；沿行车方向左侧外侧传力杆距离外边距离（Edge1），右侧外侧传力杆距离外边距离（Edge2）；传力杆间距（Interval）。

③手工输入（Manual Entry）

手工输入方式可对传力杆位置进行精确定位，需输入传力杆布置数量（Number），同时对每一处传力杆 $y$ 坐标进行定位。

传力杆布置方式如图 4-2-8 所示。

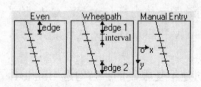

图 4-2-8　传力杆布置方式

1）定义缩缝传力杆钢筋与面层板之间紧密黏结（无缝隙）状态

当取消勾选 Looseness 时，可将传力杆与面层板之间接触用弹簧模拟（如同温克勒地基），如图 4-1-5 所示。需要定义杆/板支承模量（Dowel-slabsupportmodulus）和杆/板约束模量（Dowel-slabrestraintmodulus），如图 4-2-9 所示。

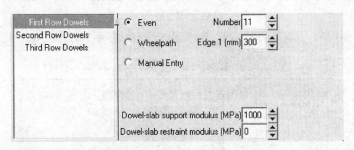

图 4-2-9　杆/板支承模量和约束模量定义

　　杆/板支承模量可描述为一种弹簧刚度，支承模量越大，传荷系数越大，传荷能力越强；支承模量接近零时，传力杆失效，无法传递荷载。

　　杆/板约束模量也可描述为一种弹簧刚度，其控制了传力杆与面板之间的水平滑移程度。默认值为零，描述为传力杆与面板之间无黏结，传力杆不约束面板的水平移动；当杆/板约束模量取较大值时，杆/板约束较大，面层板相对水平运动位移值较小甚至没有相对水平运动。

　　为分析杆/板支承模量对传荷系数的影响，建立一个两板模型：1 行 2 列共 2 块板，板厚250mm，混凝土板弹性模量 $E_c$=28000MPa，泊松比 $\nu$=0.2，密度 $\rho$=0，水泥混凝土板直接置于稠密液体地基（$k$=0.03MPa/mm）上，两板横缝之间设置 11～32mm 传力杆，传力杆间距300mm，板缝处施加 80kN 荷载，每个板块划分成 12×12×2 个单元，所有传力杆的杆/板支承模量从 0MPa 到 100000MPa 变化，骨料嵌锁刚度为零。杆/板支承模量对传荷系数的影响详见表 4-2-2。

表 4-2-2　　　　　　　　　　杆/板支承模量对传荷系数的影响

| 杆/板支承模量（MPa） | 受荷板位移（mm） | 非受荷板位移（mm） | 传荷系数（%） | 最大拉应力（MPa） |
|---|---|---|---|---|
| 1 | 0.969 | 0.000 | 0.0 | 1.417 |
| 100 | 0.771 | 0.199 | 25.8 | 1.362 |
| 300 | 0.655 | 0.314 | 47.9 | 1.326 |
| 500 | 0.612 | 0.355 | 58.0 | 1.310 |
| 1000 | 0.570 | 0.396 | 69.5 | 1.288 |
| 2000 | 0.542 | 0.423 | 78.0 | 1.264 |
| 5000 | 0.518 | 0.445 | 85.9 | 1.223 |
| 100000 | 0.487 | 0.467 | 95.9 | 1.017 |

　　2）定义传力杆与水泥混凝土非完全黏结或发生松动状态

　　当模拟传力杆与水泥混凝土非完全黏结或发生松动时的情况，需定义传力杆与混凝土之间的缝隙（Gap A）和缝隙以抛物线形式变为零的长度（Gap B），如图 4-2-10 所示。

　　当 Gap A 设置为零时，传力杆与混凝土之间黏结紧密（无缝隙），传力杆与混凝土共同承担荷载传递；缝隙越大，传荷效率越小。当 Gap A 设置为非零值时，传力杆与混凝土之间接

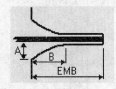

图 4-2-10　Gap A 与 Gap B 定义

触关系可用非线性模型进行描述，采用非线性模型时模型计算时间将会增加。Gap A 一般不大于 0.5mm。

传力杆与水泥混凝土非完全黏结或发生松动定义如图 4-2-11 所示。

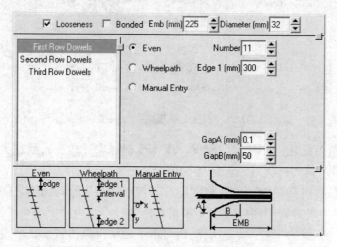

图 4-2-11　传力杆与水泥混凝土非完全黏结或发生松动定义

3）错位传力杆定义

EverFE 2.25 可自定义传力杆，可模拟错位布置传力杆的水泥混凝土路面，错位传力杆采用四个参数（$\Delta x$、$\Delta z$、$\alpha$、$\beta$）进行精确定位。

$\Delta x$ 为传力杆水平移动距离：若指定 $\Delta x$（为正值），则传力杆向右侧移动 $\Delta x$ 距离；若指定 $\Delta x$（为负值），则传力杆向左移动 $\Delta x$ 距离。

$\Delta z$ 为传力杆竖向移动距离：若指定 $\Delta z$（为正值），则传力杆向下移动移动 $\Delta z$ 距离；若指定 $\Delta z$（为负值），则传力杆向上移动 $\Delta z$ 距离。

$\alpha$ 为 $xy$ 平面内转角；$\beta$ 为 $xz$ 平面内转角。

左侧视图区中，点击顶部传力杆，如图 4-2-12 所示。弹出 dowel Misalignment 对话框，如图 4-2-13 所示图中示意了 $\Delta x$、$\Delta z$、$\alpha$、$\beta$ 参数含义，用户可根据模型合理定义。

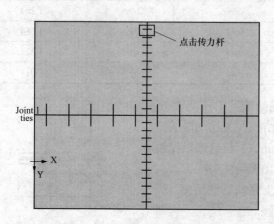

图 4-2-12　错位传力杆选择

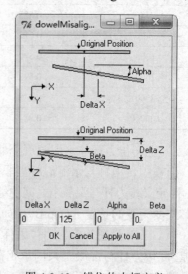

图 4-2-13　错位传力杆定义

（2）拉杆黏结定义

拉杆定义需指定拉杆一半的长度（Emb）、间距（Spacing）、直径（Diameter），同时需指定拉杆/板支承模量、拉杆/板约束模量，如图 4-2-14 所示。

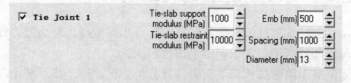

图 4-2-14　纵缝拉杆定义

勾选 Tie Joint 1，表明两块板通过纵缝处拉杆黏结，形成一个整体，共同承担荷载作用；取消勾选 Tie Joint 1，表明纵缝处未设置拉杆，两板在纵缝处是分离的。

#### 4.2.2.5　集料嵌锁定义（Interlock）

（1）线性模型（Linear Model）

线性模型全称为线性骨料互锁模型（Linear Aggregate Interlock Model），采用线性模型需定义板横缝宽度（Opening between Column1 and Column2）、接缝刚度（Joint Stiffness），如图 4-2-15 所示。

当板块定义有两条横缝时，需分别定义横缝宽度。

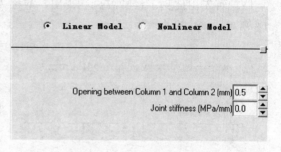

图 4-2-15　线性模型参数定义

（2）非线性模型（Nonlinear Model）

非线性模型全称为非线性骨料嵌锁（Nonlinear Aggregate Interlock Model），采用非线性模型需定义板横缝宽度（Opening between Column1 and Column2）、非线性本构（Model Name）。

EverFE 2.25 共提供三种非线性本构：①hard；②medium；③soft。每组模型对应一组不同的设计参数，如图 4-2-16 所示。用户点击底部 Create Nonlinear Model 按钮，可创建新的本构模型。

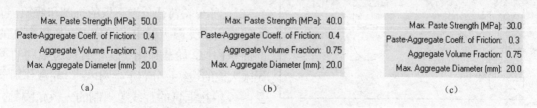

图 4-2-16　非线性本构模型参数
（a）hard 模型参数；（b）medium 模型参数；（c）soft 模型参数

#### 4.2.2.6　网格划分（Meshing）

EverFE 2.25 可通过独立设置 $X$ 和 $Y$ 方向网格元素数量，$Z$ 方向（板厚方向及基层方向）也需单独设置，从而形成有限元网格。采用双线性温度梯度模拟水泥混凝土板的受力状况，在面层板厚度方向上，单元的划分数量必须设置为 2 的倍数，确保应力及位移的准确性；同理，当采用三线性温度梯度模拟混凝土板的受力状况，面层板厚度方向上的单元数量必须设置为 3 的倍数。

当设置完 $X$、$Y$ 和 $Z$ 方向上的单元数目后，左侧的 $XY$ 平面视图及 $XZ$ 平面视图中的白线即为刚刚设定单元数目下的网格划分。

## 4.3 轮载作用下水泥混凝土路面荷载应力计算

本节利用 EverFE 2.25 软件模拟分析轮载作用下水泥混凝土路面受力行为，求解路面结构荷载应力，并与维斯特卡德公式求解结果进行对比。

本节通过水泥混凝土路面结构荷载应力计算分析实例，进一步了解 EverFE 2.25 的建模和分析基本步骤，掌握相关类型路面结构分析的基本方法。

### 4.3.1 温克勒地基板的荷载应力分析

温克勒地基是以反应模量 $k$ 表征的弹性地基。它假定地基上任意一点的反力仅同该点的挠度成正比，而与其他点无关，即地基相当于由互不联系的弹簧组成，如图 4-3-1 所示。这一假说首先由捷克工程师温克勒提出，故称为温克勒地基。地基反力 $q(x,y)$ 与该点的挠度 $W(x,y)$ 的关系为

$$q(x,y)=kW(x,y) \tag{4-3-1}$$

式中 $k$——地基反应模量（MPa/mm）。

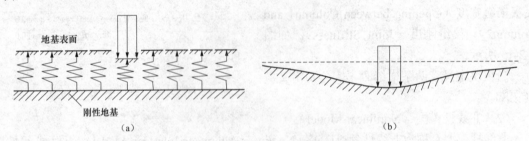

图 4-3-1　不同假设地基的表面变形图

（a）温克勒地基；（b）弹性半空间体地基

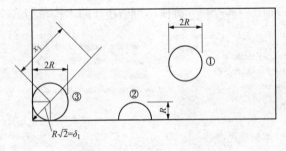

图 4-3-2　三种荷载位置

维斯特卡德采用这一地基假设，分析了图 4-3-2 三种车轮荷载位置下板的挠度和弯矩，即①轮作用于无限大板中央，分布于半径为 $R$ 的圆面积内；②轮载作用于受一直线边限制的半无限大板的边缘，分布于半圆内；③轮载作用于受两条相互垂直的直线边限制的大板角隅处，压力分布圆面积的圆心距角隅点为 $\sqrt{2}R$。

从板上割取长和宽各为 $\mathrm{d}x$ 和 $\mathrm{d}y$，高为 $h$ 的单元，作用于单元上的内力和外力如图 4-3-3 所示。根据单元的平衡条件（$\sum Z=0$，$\sum M_y=0$，$\sum M_x=0$）可导出当板表面作用竖向荷载 $p$，地基对板底面作用竖向反力 $q$ 时，板中挠曲面的微分方程为

$$D\nabla^2\nabla^2 W = p - q \tag{4-3-2}$$

$$\nabla^2 = \frac{\partial^2}{\partial x^2} + \frac{\partial^2}{\partial y^2}$$

$$D = \frac{E_c h^3}{12(1-\nu^2)}$$

式中　$\nabla^2$——拉普拉斯算子；

　　　$D$——板的弯曲刚度；

　　　$W$——板的挠度；

　$E_c$、$\nu$——分别为板的弹性模量和泊松比；

　　　$h$——板厚。

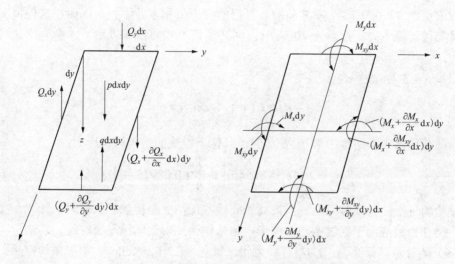

图 4-3-3　弹性地基板微分单元受力分析

荷载 $p$ 及反力 $q$ 如同竖向位移 $W$ 一样，均为平面坐标 $(x, y)$ 的函数，如图 4-3-4 所示。

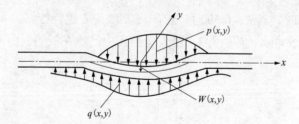

图 4-3-4　弹性地基板受荷时的弯曲

在求得板的挠度 $W$ 解后，即可由下式计算板的应力

$$\begin{aligned}
\sigma_x &= -\frac{E_c z}{1-\nu^2}\left(\frac{\partial^2 W}{\partial x^2} + \nu\frac{\partial^2 W}{\partial y^2}\right)\\
\sigma_y &= \frac{E_c z}{1-\nu^2}\left(\frac{\partial^2 W}{\partial y^2} + \nu\frac{\partial^2 W}{\partial x^2}\right)
\end{aligned} \tag{4-3-3}$$

在解微分方程（4-3-2）时，附加 $q=kW$ 并引入边界条件得出挠度 $W$，再代入式（4-3-3），最后得到如图 4-3-2 所示的三种荷载情形下的最大应力计算公式（4-3-4）。

（1）荷载作用于板中（荷位①），荷载中心处板底最大弯拉应力：

$$\sigma_i = 1.1(1+\nu)\left(\lg\frac{l}{R} + 0.2673\right)\frac{P}{h^2} \qquad (4\text{-}3\text{-}4)$$

当荷载作用面积较小时，压强 $p$ 可能很大。这时如果仍采用假设 $\sigma_z = 0$ 的薄板理论计算应力，会得出偏大的结果。维斯特卡德分析了薄板与厚度理论计算结果的差异，提出了一种把小半径实际荷载面积放大成当量计算半径 $b$ 的近似方法。$b$ 和 $R$ 的关系按下式确定：

当 $R < 1.724h$ 时，$b = \sqrt{1.6R^2 + h^2} - 0.675h$

当 $R > 1.724h$ 时，$b = R$

一般来说当 $R \geqslant 0.5h$ 时，按 $R$ 和按 $b$ 算得的应力值相差并不大，因而在这种情况下可不必按当量半径计算应力，而当 $R < 0.5h$ 时，则必须把 $R$ 换算成 $b$ 以后，才能应用式（4-3-4）计算应力。

因此式（4-3-4）改写为

$$\sigma_i' = 1.1(1+\nu)\left(\lg\frac{l}{b} + 0.2673\right)\frac{P}{h^2} \qquad (4\text{-}3\text{-}5)$$

（2）荷载作用于板边缘中部（荷位②），荷位下板底的最大弯拉应力：

$$\sigma_e = 2.116(1+0.54\nu)\left(\lg\frac{l}{R} + 0.08975\frac{P}{h^2}\right) \qquad (4\text{-}3\text{-}6)$$

在试验验证上述公式时发现，当板处于同地基保持完全接触的状态时，计算结果同实测值相符。但在板边缘由于板温度翘曲变形或地基塑性变形而同地基脱空时，实测应力值要比式（4-3-6）的计算结果高偏10%左右。为此，凯利（E. F. Kelley）根据试验结果，提出了经验修正公式：

$$\sigma_e' = 2.116(1+0.54\nu)\left(\lg\frac{l}{R} + \frac{1}{4}\lg\frac{R}{2.54}\right)\frac{P}{h^2} \qquad (4\text{-}3\text{-}7)$$

计算板边应力 $\sigma_e$ 时，当 $R < 0.5h$ 时，也应将 $R$ 改为 $b$ 进行计算。

（3）荷载作用于板角隅（荷位③），最大弯拉应力产生在板的表面离荷载圆中心为 $x_1$ 的分角线上，如图 4-3-2 所示。

$$\sigma_c = 3\left[1 - \left(\frac{\sqrt{2}R}{l}\right)^{0.6}\right]\frac{P}{h^2} \qquad (4\text{-}3\text{-}8)$$

$$x_1 = 2\sqrt{\delta_1 l}，\quad \delta_1 = \sqrt{2}R$$

在温度梯度和地基塑性变形的影响下，板角隅也会发生同地基相脱空的现象。试验表面，板角隅上翘时，实测应力值要比按式（4-3-8）算得的大 30%~50%。对此，凯利提出了经验修正公式：

$$\sigma_c' = 3\left[1 - \left(\frac{R}{l}\right)^{1.2}\right]\frac{P}{h^2} \qquad (4\text{-}3\text{-}9)$$

在以上诸式中，$P$ 为车轮荷载，$l$ 为板的相对刚度半径，即

$$l = \sqrt[4]{\frac{D}{k}} = \sqrt[4]{\frac{E_c h^3}{12(1-\nu^2)k}} \qquad (4\text{-}3\text{-}10)$$

### 4.3.2 水泥混凝土路面荷载应力计算实例

#### 4.3.2.1 问题描述

水泥混凝土路面荷载应力计算分析采用的参数如下：

水泥混凝土面板尺寸为 4.0m 宽，5.0m 长，250mm 厚，水泥混凝土弯拉弹性模量 $E_c$=31000MPa、泊松比 $\nu$=0.15，线膨胀系数 $\alpha$ 为 $1.0\times10^{-5}$，密度 $\rho$ 为 2400kg/m$^3$，混凝土面板直接置于地基之上，地基弹性模量 $E_0$=30MPa，泊松比 $\nu_0$=0.3。受单轮荷载 $P$=25kN 作用，轮胎接地压力为 0.7MPa，不考虑温度荷载作用。求解板中受荷及板边受荷下的弯拉应力。

#### 4.3.2.2 几何模型创建

水泥混凝土面板设置：面板设置为 1 行 1 列，并输入面板长度 5000mm，宽度 4000mm，厚度 250mm。

路基设置：将面板直接置于路基上，Base and Subgrade 设置为 No Layer，即不设置基层。

设置完成后如图 4-3-5 所示，从左侧视图区可查阅坐标系及原点的位置位于板块中的位置。在后续定义（包括传力杆、拉杆）及后处理结果输出将均按照此坐标系定义及输出。

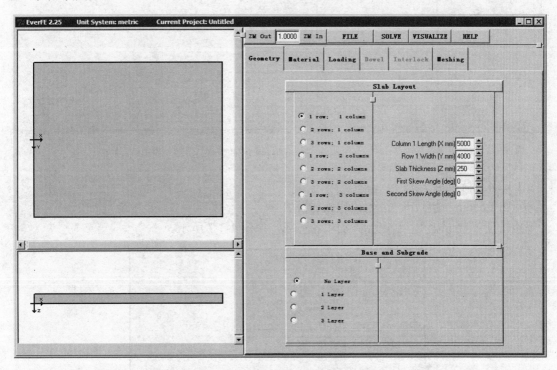

图 4-3-5　模型几何尺寸输入

#### 4.3.2.3 材料参数定义

点击 Material 选项卡，进入材料参数定义模块。

水泥混凝土面板材料参数定义：输入面板的弹性模量 $E_c$、泊松比 $\nu$、线膨胀系数 $\alpha$、密度 $\rho$。

液体地基反应模量：输入的液体地基反应模量 $k$ 为 0.013。

对于 EverFE 2.25 软件中的稠密液体地基参数 $k$：

$$k = \frac{E_0}{h(1-v_0^2)}\sqrt[3]{\frac{E_0}{E_c}} = \frac{30}{250 \times (1-0.3^2)} \times \sqrt[3]{\frac{30}{31000}} = 0.0130\,(\text{MPa}\,/\,\text{mm})$$

保持其他参数不变，定义完成后如图 4-3-6 所示。

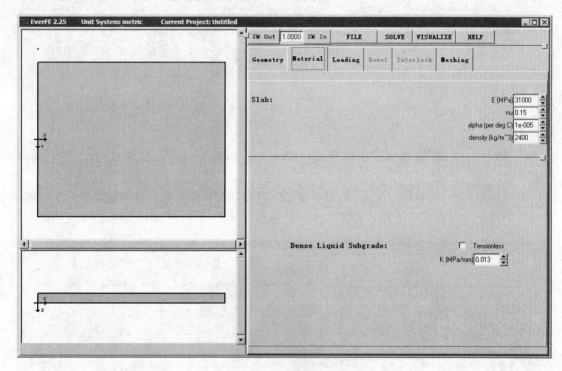

图 4-3-6　材料参数定义

#### 4.3.2.4　荷载定义

点击 Loading 选项卡，进入荷载施加模块。

点击顶部 Single Wheel 按钮，则左侧添加单轮荷载，如图 4-3-7 所示。

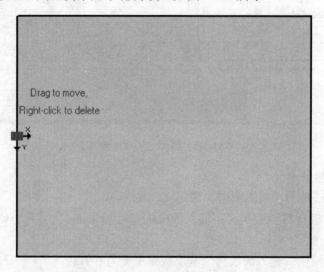

图 4-3-7　单轮荷载初次施加

将单轮荷载调整至整个板块中部，此时施加荷载的坐标为（2500，0），并输入单轮荷载的其他参数。

黄仰贤认为轮胎与路面实际面积可由椭圆形等效为一个矩形，其长度为 0.8712*L*，宽度为 0.6*L*，如图 4-3-8 所示。

等效以后矩形荷载长度为 229mm，宽度为 157mm。

本次计算分析不考虑温度荷载，无须输入温度梯度，荷载施加完成后如图 4-3-9 所示。

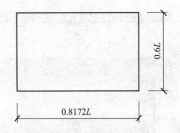

图 4-3-8 轮胎接触面积及几何尺寸

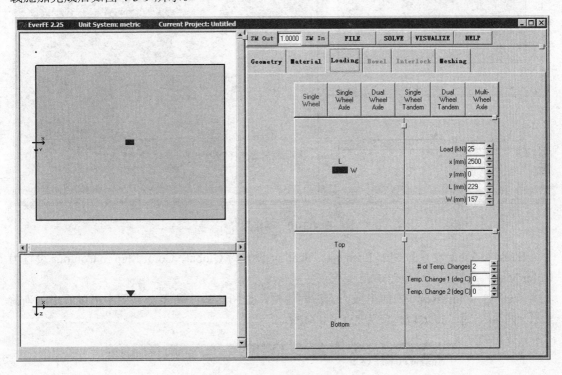

图 4-3-9 荷载施加

#### 4.3.2.5 网格划分

网格划分保持默认参数不变，如图 4-3-10 所示。

#### 4.3.2.6 模型计算及后处理

保存文件：点击 FILE→Save as，保存为 CS-P.prj 文件。

模型计算：点击 SOLVE→Run the Shown Analysis，弹出 proRun Solver 对话框，点击 OK 按钮，等待数秒，模型计算完成。

后处理：

点击 VISUALIZE 选项卡，进入后处理模块。

应力输出（Stresses）：

点击 Stresses，进入应力输出后处理。

输出弯拉应力云图：将 Plane to View 设置为 *X-Y*，板块水平方向输入 0（可以输出 0～4，输入 0 为板底，输入 4 为板顶。每次输出，均可在右下角 *X-Z* 平面中查阅输出层位置），本次输出位置为面板底面。

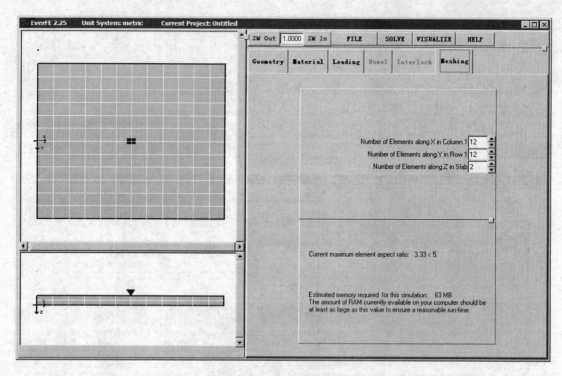

图 4-3-10　网格划分

Stress to View 设置为 Max Principal，Scaling 设置为 Global，Color Map ro Contour 设置为 Color Map。

点击 View Stresses，则弹出应力云图对话框，如图 4-3-11 所示。从图中可以看出，当荷载作用于板中时，最大弯拉应力为 0.648MPa。

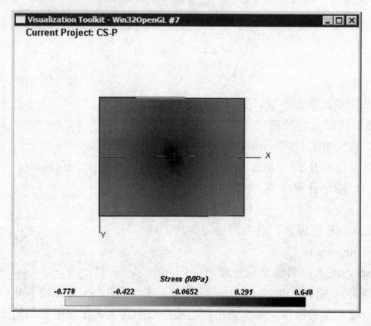

图 4-3-11　弯拉应力云图

输出板中弯拉应力：

点击 Result for Points，可输出任意点的弯拉应力，竖向位移等数据。

将 $X$ 设置为 2500，$Y$ 设置为 0，$Z$ 设置为 0，从左侧视图区中可以看出，计算输出点位于面层板中部底部。输出的弯拉应力为 0.648MPa，如图 4-3-12 所示。

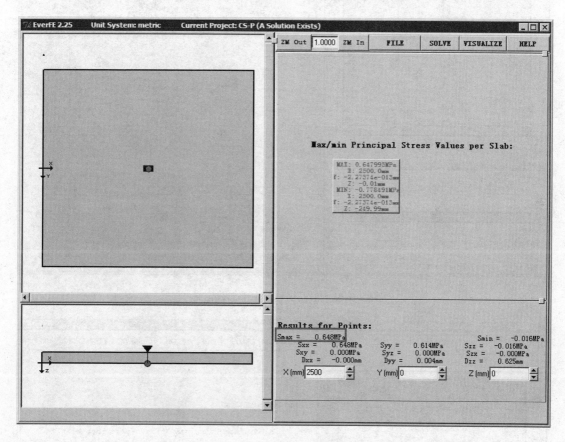

图 4-3-12　板中弯拉应力

#### 4.3.2.7　单板板边缘中部加载计算分析

按照上述问题描述，将单轮荷载施加在长边边缘中部，如图 4-3-13 所示。

 **提 示**

定位轮载 $y$ 坐标时，由于 $W/2$=78.5mm，实际 $y$ 坐标=2000–78.5=1921.5（mm），但利用 Ever FE 2.25 计算分析时应避免轮胎接地面积超过面层板的边界，因此，此处定义 $y$ 坐标为 1921mm。

通过计算得到板边缘中部底最大弯拉应力如图 4-3-14 所示，最大弯拉应力为 1.291MPa。

### 4.3.3　EverFE 2.25 分析结果与 Westergaard 解分析对比

（1）圆形均布荷载作用于路面板中部

圆形均布荷载组用于面层板中位置，此时面层板中部板底弯拉应力最大。维斯特卡德（We stergaard）用级数解导出了板中荷载作用点的挠度与应力计算公式，认为板中受荷时的

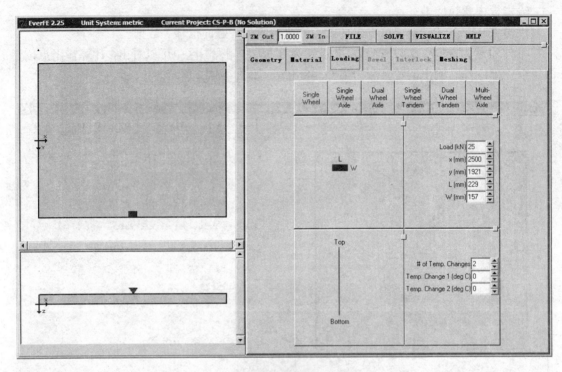

图 4-3-13　单板板边缘中部加载定义

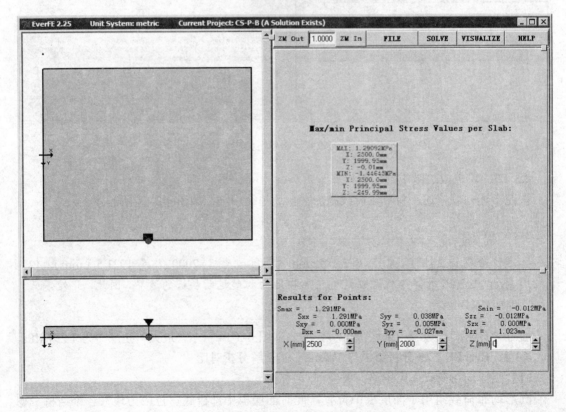

图 4-3-14　板边缘中部底最大弯拉应力输出

挠度同集中荷载引起的挠度比较接近，对于一般汽车荷载，荷载轮迹半径的影响甚微。此时板中底面最大弯拉应力为

$$\sigma_i' = 1.1(1+v)\left(\lg\frac{l}{b}+0.2673\right)\frac{P}{h^2}$$

荷载作用半径：

$$R = \sqrt{\frac{P}{\pi p}} = \sqrt{\frac{25\times10^3}{3.14\times0.7}} = 107 \text{ (mm)}$$

由于 $R$=107mm＜1.724$h$=431mm

则　　　$b = \sqrt{1.6R^2+h^2}-0.675h = \sqrt{1.6\times107^2+250^2}-0.675\times250 = 115.5 \text{ (mm)}$

相对刚度半径 $l$：

$$l = \sqrt[4]{\frac{D}{k}} = \sqrt[4]{\frac{E_c h^3}{12(1-v^2)k}} = \sqrt[4]{\frac{31000\times250^3}{12\times(1-0.15^2)\times0.013}} = 1335 \text{ (mm)}$$

则板中底面最大弯拉应力：

$$\sigma_{中} = 1.1(1+v)\left(\lg\frac{l}{b}+0.2673\right)\frac{P}{h^2}$$

$$= 1.1\times(1+0.15)\times\left(\lg\frac{1335}{115.5}+0.2673\right)\times\frac{25\times10^3}{250^2} = 0.673 \text{ (MPa)}$$

（2）半圆形均布荷载作用在路面板边缘中部

半圆形均布荷载作用于面层板的板边缘中部，圆心在板边，车轮离开角隅相当距离的典型情况。此时路面板边缘中部的最大弯拉应力出现在板边缘底部，为

$$\sigma_{边} = 2.116(1+0.54v)\left(\lg\frac{l}{R}+\frac{1}{4}\lg\frac{R}{2.54}\right)\frac{P}{h^2}$$

$$= 2.116\times(1+0.54\times0.15)\times\left(\lg\frac{1335}{107}+\frac{1}{4}\times\lg\frac{107}{2.54}\right)\times\frac{25\times10^3}{250^2} = 1.374 \text{ (MPa)}$$

（3）对比分析

依据 4.3.2 节，EverFE 2.25 软件根据上述参数计算结果为

$$\sigma_{中} = 0.648\text{MPa}$$

$$\sigma_{边} = 1.291\text{MPa}$$

依据维斯特卡德公式求解，计算结果为

$$\sigma_{中} = 0.673\text{MPa}$$

$$\sigma_{边} = 1.374\text{MPa}$$

结果对比，误差分别为

板中：3.7%

板边：6.0%

EverFE 2.25 软件计算结果的精度较高，与我国现行规范计算值比较接近。利用 EverFE 2.25 软件可进行水泥混凝土路面结构设计和计算分析。

## 4.4 温度梯度作用下水泥混凝土路面温度应力分析

温度对路面结构承载能力和使用性能都具有重要的影响。温度沿混凝土面层厚度的不均匀分布，使面层板产生翘曲变形。板顶面温度高于板底面温度使，面层顶面的变形大于底面，板中向上拱起。而在板顶面温度低于板底面温度时，面层顶面的收缩变形大于板底，板四边向上翘起，温度荷载作用时板变形如图 4-4-1 所示。当混凝土板受到自重和地基反力等约束时，板内便会产生翘曲应力。当温度梯度较大时，线性温度梯度产生的翘曲应力接近甚至超过车辆荷载应力。

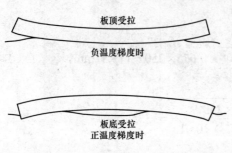

图 4-4-1 温度荷载作用下板变形和受力情况

### 4.4.1 路面温度梯度

路面结构的温度场分布较为复杂，温度场会受到太阳辐射、大气温度、材料热学性能等多种因素的影响而时刻的变化着。为简化分析过程，一般在计算中温度场都是温度梯度来模拟的。同一时刻不同深度处得路面温度差称为温度梯度，温度梯度可用式（4-4-1）表示：

$$\Delta T = \frac{T_{(0,t)} - T_{(h,t)}}{h} \qquad (4-4-1)$$

式中：$T_{(0,t)}$——某时刻 $t$ 的路表面温度（℃）；

$T_{(h,t)}$——某时刻 $t$ 的板底处得温度（℃）；

$h$——水泥混凝土面层板厚度（m）；

$\Delta T$——某时刻 $t$ 的温度梯度（℃/m）。

由于水泥混凝土板的抗压能力远大于抗拉能力，因此正温度梯度时，分析得到正温度应力主要用于分析面层板板底受力行为；负温度梯度时，分析得到的负温度应力主要用于分析面层板板顶受力行为。规定拉应力为正，压应力为负。

板顶温度高于板底温度（如气温突然升高状况、旧水泥混凝土板加铺沥青混凝土时温度变化）时，称为正温度梯度；板顶温度低于板底温度（如气温突然降低）时，称为负温度梯度。依据《城镇道路路面设计规范》（CJJ 169），水泥混凝土面层的最大温度梯度标准值 $T_g$ 可根据道路所在地的道路自然区划，按表 1-1-6 选用。

板顶面与板底面的温度差通常表示为板的温度梯度乘以板厚，即 $\Delta T = T_g h$。

### 4.4.2 水泥混凝土路面温度应力分析

混凝土路面温度翘曲应力的分析方法，目前仍采用维斯特卡德在 1927 年提出，后经 Bradbury 发展的计算方法。水泥混凝土路面板内不同深度处的温度变化使得混凝土板出现膨胀和收缩变形的趋势。当变形受阻时，板内边生成胀缩应力或翘曲应力。

#### 4.4.2.1 胀缩应力

当气温缓慢变化时，板内温度均匀升降，则面板沿断面的深度均匀胀缩。设 $x$ 为板的纵轴，$y$ 为板的横轴。如有一平面尺寸很大的板，在温差影响下板内任一点的应变为

$$\varepsilon_x = \frac{1}{E_c}(\sigma_x - \nu\sigma_y) + \alpha\Delta t$$

$$\varepsilon_y = \frac{1}{E_c}(\sigma_y - \nu\sigma_x) + \alpha\Delta t \tag{4-4-2}$$

式中：$\varepsilon_x$、$\varepsilon_y$——分别为板纵向和横向应变；

$\quad\quad\sigma_x$、$\sigma_y$——分别为板纵向和横向的温度应力（MPa）；

$\quad\quad\alpha$——水泥混凝土的温度线膨胀系数，约为 $1\times10^{-5}$；

$\quad\quad\Delta t$——板温差（℃）。

由于板与基层之间的摩阻约束，在温度升降时板中部不能移动，即 $\varepsilon_x = \varepsilon_y = 0$，以此带入上式，得到面板胀缩完全受阻时所产生的应力为

$$\sigma_x = \sigma_y = -\frac{E_c\alpha\Delta t}{1-\nu} \tag{4-4-3}$$

对于板边缘中部或窄长板，则 $\varepsilon_x = 0$ 和 $\sigma_y = 0$，则有

$$\sigma_x = -E_c\alpha\Delta t \tag{4-4-4}$$

对于未设置接缝的混凝土面板，当板温差为 15℃时，其最大收缩应力可按式（4-4-3）计算。取 $E_c$=3.0×10⁴MPa，$\nu$=0.15，$\Delta t$=−15℃，则 $\sigma_t = \dfrac{3\times10^4\times10^{-5}\times15}{1-0.15} = 5.29$（MPa）。

在混凝土板浇筑后初期，混凝土尚未完全硬化，其抗拉强度不足以抵抗收缩应力，板将出现开裂。

当混凝土板温度升高时，如果未设置胀缝，板的膨胀受阻，板内将出现膨胀应力。如果板温升高 15℃，则压应力为 5.29MPa，这一数值虽然小于混凝土的抗压强度，但要注意此压力作用下是否出现屈曲现象。

为了减少收缩应力，在混凝土板内设置各种接缝，板被划分为有限尺寸的板。这时板的自由收缩受到板与基础的摩阻力的约束，此摩阻力随板的自重而变。因变形受阻而产生的板内最大应力出现于板长的中央，其值可近似按下式计算：

$$\sigma_t = \gamma f L / 2 \tag{4-4-5}$$

式中　$\gamma$——混凝土容重，约为 0.024kN/m³；

$\quad\quad L$——板长（m）；

$\quad\quad f$——板与基础之间的摩擦系数，与基础类型、板的位移量和位移反复情况等因素有关，一般为 1.0～2.0。

板划分为有限尺寸厚，因收缩而产生的应力很小，可不予考虑。

### 4.4.2.2　翘曲应力

由于混凝土板、基层和路基的导热性能较差，当气温变化较快时，使面板顶面与底面产生温度差，因而板顶与板底的胀缩变形大小也就不同。当气温升高时，板顶面温度较其底面高，板顶膨胀变形较板底大，则板中部隆起；当气温下降时，板顶面温度较其底面板低，板顶收缩变形较板底大，因而板的边缘和角隅翘起，如图 4-4-1 所示。由于板的自重、地基反力和相邻板的牵制作用，使得部分翘曲变形受阻，从而使板内产生翘曲应力。由于气温升高引起的板中部隆起受到限制时，板底面出现拉应力；当气温降低引起的板四周翘起受阻时，板顶面出现拉应力。

为了分析翘曲应力，维斯特卡德对温克勒地基板做出了如下假设：温度沿板断面呈直线变化、板和地基始终保持接触、不计板重，从而导出了板仅受地基约束时的翘曲应力计算公式。

对有限尺寸板，沿板长（$L$）和板宽（$B$）方向的翘曲应力分别为

$$\sigma_x = \frac{E_c \alpha \Delta t}{2} \cdot \frac{C_x + \nu C_y}{1 - \nu^2}$$

$$\sigma_y = \frac{E_c \alpha \Delta t}{2} \cdot \frac{C_y + \nu C_x}{1 - \nu^2}$$

（4-4-6）

在板边缘中点：

$$\sigma_x = \frac{E_c \alpha \Delta t}{2} C_x$$

（4-4-7）

式中　$\Delta t$——板顶面与板底面的温度差（℃）；

　　$C_x$、$C_y$——与 $L/l$ 或 $B/l$ 有关的系数，其数值可从图 4-4-2 中曲线 3 查取，也可按下式计算：

$$C_x \text{ 或 } C_y = 1 - \frac{2\cos\lambda \operatorname{ch}\lambda}{\sin 2\lambda + \operatorname{sh} 2\lambda}(\tan\lambda + \operatorname{th}\lambda)$$

在上式计中，计算 $C_x$ 时，$\lambda = L/(l\sqrt{8})$，计算 $C_y$ 时，$\lambda = B/(l\sqrt{8})$。

弹性半空间体地基上板的翘曲应力，目前尚无解析解，可采用有限元法计算板内翘曲应力。按照温克勒地基板计算翘曲应力的假设，采用有限元法计算弹性半空间体地基上板翘曲应力。根据所得结果，绘出图 4-4-2 的曲线 1 和曲线 2。此时板的刚度半径计算公式为

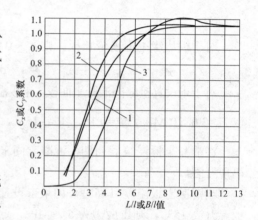

图 4-4-2　板温度翘曲应力系数值
1—弹性半空间体地基板中；2—弹性半空间体地基板边；3—温克勒地基板中

$$l = h \sqrt[3]{\frac{E_c(1 - \mu_s^2)}{6 E_{tc}(1 - \nu^2)}}$$

（4-4-8）

式中　$E_{tc}$——弹性半空间地基的计算回弹模量。

### 4.4.3　温度梯度作用下水泥混凝土路面板温度应力分析实例

#### 4.4.3.1　问题描述

水泥混凝土路面温度应力分析采用如下参数：

选取单块板模型，板四边自由，不考虑板自重和板基层的影响。水泥混凝土面板尺寸为 4m 宽，5m 长，210mm 厚，水泥混凝土弯拉弹性模量 $E_c$=30000MPa，泊松比 $\nu$=0.15，线膨胀系数 $\alpha$ 为 $1.0 \times 10^{-5}$，密度 $\rho$ 为 2400kg/m³，混凝土面板直接置于地基之上，地基弹性模量 $E_0$=30MPa，泊松比 $\nu_0$=0.3，选取正温度梯度 $\Delta T = 0.88℃/cm$。

> 提　示
>
> 已有研究表明：板自重对温度应力的影响很小，当板自重由 0kg/m³ 增加到 2400kg/m³ 时，板温度应力几乎没有变化，因此板自重对温度应力的影响可忽略不计。

#### 4.4.3.2 几何模型创建

水泥混凝土面板设置：面板设置为 1 行 1 列，并输入面板长度 5000mm，宽度 4000mm，厚度 210mm。

路基设置：将面板直接置于路基上，Base and Subgrade 设置为 No Layer，即不设置基层。

设置完成后如图 4-4-3 所示，从左侧视图区可查阅坐标系及原点的位置位于板块中的位置。在后续定义（包括传力杆、拉杆）及后处理结果输出将均以此坐标系定义及输出。

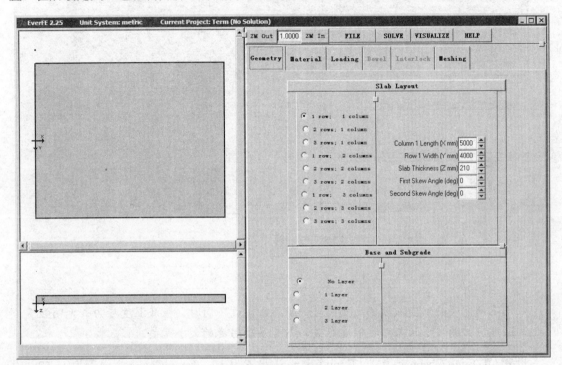

图 4-4-3　模型几何尺寸输入

#### 4.4.3.3 材料参数定义

点击 Material 选项卡，进入材料参数定义模块。

水泥混凝土面板材料参数定义：输入面板的弹性模量 $E_c$、泊松比 $\nu$、线膨胀系数 $\alpha$、密度 $\rho$。

液体地基反应模量：输入的液体地基反应模量 $k$ 为 0.0157。

对于 EverFE 2.25 软件中的稠密液体地基参数 $k$：

$$k = \frac{E_0}{h(1-\nu_0^2)}\sqrt[3]{\frac{E_0}{E_c}} = \frac{30}{210 \times (1-0.3^2)} \times \sqrt[3]{\frac{30}{30000}} = 0.0157\,(\text{MPa/mm})$$

保持其他参数不变，定义完成后如图 4-4-4 所示。

#### 4.4.3.4 荷载定义

点击 Loading 选项卡，进入荷载施加模块。本次仅考虑温度荷载的影响，不施加车辆荷载。

假定水泥混凝土板顶温度为 30℃，考虑正温度梯度 $\Delta T = 0.88\,℃/\text{cm}$，计算可得混凝土板底温度为 30–21×0.88=11.52（℃）。

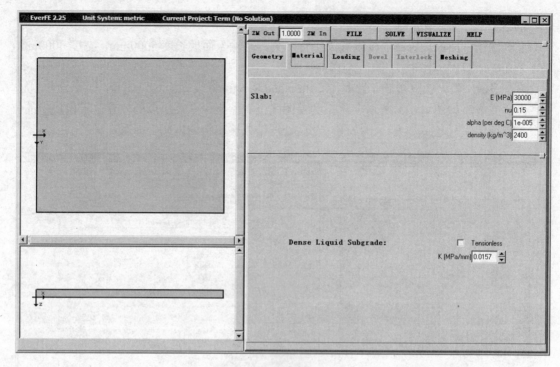

图 4-4-4 材料参数定义

 提示

已有研究表明：当温度梯度相同时，路表面温度不同时，板底温度应力并无明显变化，温度应力的大小只与温度梯度有关，与面层顶温度的大小无关。

设置#of Temp.Changes 为 2，Temp.Change1 设置为 30，Temp.Change2 设置为 11.52。设置完成后如图 4-4-5 所示。

**4.4.3.5 网格划分**

网格划分保持默认参数不变，如图 4-4-6 所示。

**4.4.3.6 模型计算及后处理**

保存文件：点击 FILE→Save as，保存为 CS-T.prj 文件。

模型计算：点击 SOLVE→Run the Shown Analysis，弹出 proRun Solver 对话框，点击 OK 按钮，等待数秒，模型计算完成。

后处理：

点击 VISUALIZE 选项卡，进入后处理模块。

应力输出（Stresses）：

点击 Stresses，进入应力输出后处理。

输出弯拉应力云图：将 Plane to View 设置为 X-Y，板块水平方向输入 0（可以输出 0~4，输入 0 为板底，输入 4 为板顶。每次输出，均可在右下角 X-Z 平面中查阅输出层位置），本次输出位置为面板底面。

Stress to View 设置为 $S_{xx}$，Scaling 设置为 Global，Color Map ro Contour 设置为 Color Map。

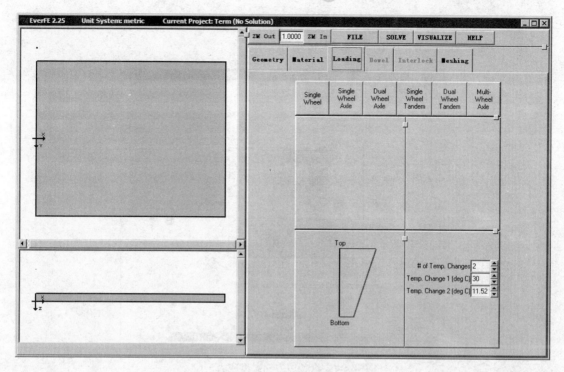

图 4-4-5　温度荷载施加

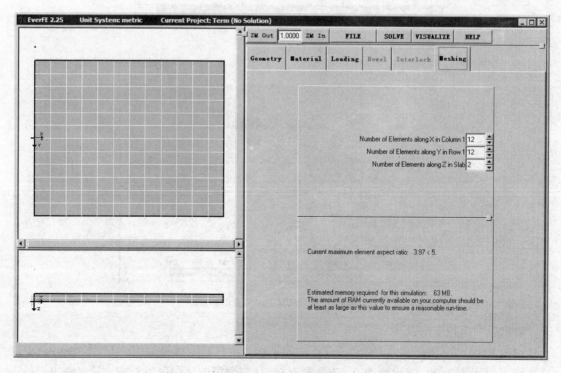

图 4-4-6　网格划分

　　点击 View Stresses，则弹出应力云图对话框，如图 4-4-7 所示。从图中可以看出，当线性温度梯度作用时，沿长边方向最大温度应力为 1.76MPa。

将 Stress to View 设置为 $S_{yy}$，其他参数保持不变，输出当线性温度梯度作用时，沿短边方向最大温度应力为 1.09MPa，如图 4-4-8 所示。

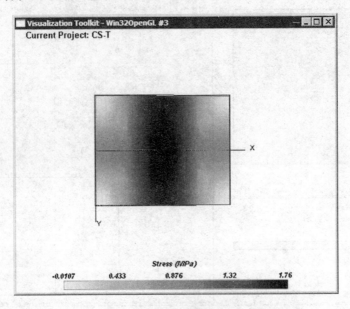

图 4-4-7　沿长边方向温度应力云图

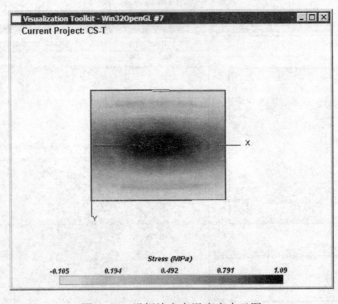

图 4-4-8　沿短边方向温度应力云图

输出板中弯拉应力：

点击 Result for Points，可输出任意点的弯拉应力，竖向位移等数据。

将 X 设置为 2500，Y 设置为 0，Z 设置为 0，从左侧视图区中可以看出，计算输出点位于面层板中部底部。输出的弯拉应力为 1.762MPa，如图 4-4-9 所示。

### 4.4.4　EverFE 2.25 分析结果与 Westergaard-Bradbury 公式分析对比

按 4.4.3 节基本模型利用 Westergaard-Bradbury 公式求温度翘曲应力。

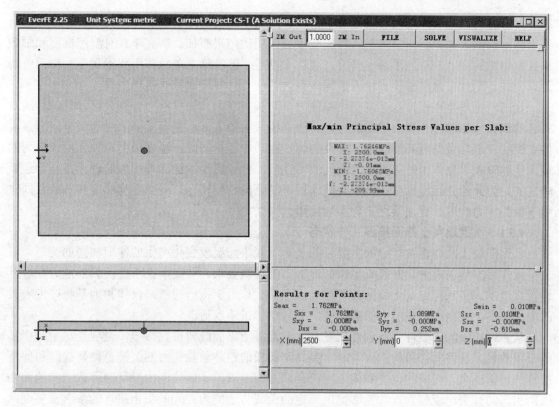

图 4-4-9　板中底部温度应力

由板和地基参数得板的刚度半径为

$$l = \sqrt[4]{\frac{D}{k}} = \sqrt[4]{\frac{E_c h^3}{12(1-v^2)k}} = \sqrt[4]{\frac{30000 \times 210^3}{12 \times (1-0.15^2) \times 0.0157}} = 1108(\text{mm})$$

查图 4-4-2 中的曲线 3，得板中点的 $C_x = 0.53$，$C_y = 0.31$。

故板中温度翘曲应力 $\sigma_t$：

沿长边方向：$\sigma_{tx} = \dfrac{30000 \times 10^{-5} \times 0.88 \times 21}{2} \times \dfrac{0.53 + 0.15 \times 0.31}{1 - 0.15^2} = 1.635\,(\text{MPa})$

沿短边方向：$\sigma_{ty} = \dfrac{30000 \times 10^{-5} \times 0.88 \times 21}{2} \times \dfrac{0.31 + 0.15 \times 0.53}{1 - 0.15^2} = 1.105\,(\text{MPa})$

依据 EverFE 2.25 求解，计算结果为：$\sigma_{tx} = 1.762\text{MPa}$；$\sigma_{ty} = 1.089\text{MPa}$。

结果对比，误差分别为

沿长边方向：7.2%；

短边方向：1.4%。

EverFE 2.25 软件计算结果的精度较高，与 Westergaard-Bradbury 公式结果比较接近。利用 EverFE 2.25 软件可进行水泥混凝土路面设计和计算分析。

## 4.5　温度荷载和车辆荷载共同作用下板的应力响应分析

水泥混凝土路面在实际运营过程中会受到各种自然环境的影响，同时还受到行车荷载的影响。各种荷载综合作用的影响比单一荷载作用对水泥混凝土板的影响更大。各种荷载综合作用的影响结果并不是简单地把各种荷载单独作用的结果叠加。研究学者对温度梯度和轴载单独作用时的应力分析做了深度研究，也有人推导了温度梯度单独作用和轴载单独作用时的计算公式。不过在温度梯度和轴载共同作用时的应力计算公式很难推导出来。

我国现行规范在设计水泥混凝土路面时，对轴载应力和温度应力分别分析计算，然后对二者的最大值相加。不过由于轴载应力一般在板底取最大值，正温度梯度时的温度应力最大值在板底中部，负温度梯度时最大温度应力在板顶中部。因此，温度梯度单独作用时应力的最大值和轴载单独作用时应力最大值显然不在同一位置出现，让二者相加的理论是结合经验确定的。为此建立温度梯度和轴载共同作用下的路面结构模型，研究温度梯度和轴载共同作用下板的应力响应，更加接近工程实际应用。

### 4.5.1 水泥混凝土路面接缝工作状态

水泥混凝土路面设置接缝的主要目的是为了减小因温度变化产生的伸缩和翘曲变形，以及荷载作用产生的内力，并且满足路面混凝土的铺筑要求。从路面板承受荷载的能力来看，设置接缝削弱了水泥混凝土路面的整体性，当荷载作用于接缝边缘，板体和地基将产生较大的应力集中，对路面承载能力影响较大，并且增加了渗水通道。

从兼顾接缝的必要性和不利性出发，水泥混凝土路面既要设置接缝，也应当尽量减少接缝设置数量，从路面接缝构造上考虑，提高路面板的整体承载能力的关键是如何提高和保持接缝的传荷能力。接缝的位置和构造应符合四方面要求：①能控制由温度伸缩应力和翘曲变形所引起的开裂出现位置；②能够提供一定的荷载传递能力；③能防止路水的渗入及坚硬杂物的嵌入；④符合路面混凝土摊铺的要求并便于施工。

#### 4.5.1.1 水泥混凝土路面接缝传荷影响因素

接缝在分割水泥混凝土板的同时，也具有一定的传荷能力。根据接缝的具体结构，接缝传荷能力主要影响因素包括：

（1）基层的支承作用：水泥混凝土路面采用基层的初衷主要是防止路面唧泥和错台，随着水泥混凝土路面建设技术的不断发展，人们对基层作用的认识也在不断加深。一般而言，基层主要起到扩散荷载、防止冻胀、减少唧泥、加强排水以及方便施工等作用。而在另一方面，基层一定程度上起到了弥补水泥混凝土路面接缝传荷系数能力不足的作用。提高基层的刚度有利于改善接缝的传荷能力，但其前提是基层未受冲刷或者未因冲刷而产生脱空。

（2）水泥混凝土集料嵌锁作用：缩缝开裂后，缩缝断裂面上的集料相互嵌锁、啮合，在相邻两板之间传递剪切荷载，荷载传递能力取决于面层板和地基的刚度、接缝缝隙的宽度、集料的形状和强度、荷载及其作用次数等。

（3）传力杆的荷载传递作用：依靠埋设在缩缝两侧混凝土内的一定长度的光面钢筋（传力杆）来传递剪力和部分弯矩。此时的传荷主要由两部分组成，即传力杆的抗剪强度和水泥混凝土对传力杆的承压刚度。此时影响传荷能力的主要因素，除面层板和地基的刚度、接缝缝隙的宽度以外，还包括传力杆的直径、长度、弹性模量、传力杆的布设间距等。

当集料嵌锁和传力杆共同作用时，主要由缩缝断裂面上集料的相互嵌锁、摩擦作用和设置在缩缝中间的传力杆共同传递荷载。

#### 4.5.1.2 改善接缝传荷能力及其耐久性的途径

水泥混凝土路面结构中板块之间接缝传荷能力对路面结构整体强度、使用寿命都有重要影响。尤其是单轴超过 10t、双轴超过 18t、三轴超过 22t 的重载车辆已成为交通运输的重要组成部分，接缝传荷能力的影响逐渐凸显出来。

选取一块四边自由的单板，受车辆荷载作用下，板角或板边承受荷载时出现最大应力比板中心承受荷载时出现的应力大得多。在车辆荷载作用下容易引起板角断裂或横纵裂缝。改善接缝传荷能力，承受荷载的板块可通过接缝将荷载传递到相邻板块，故板边、板角的应力可相应减小，甚至接近于板中受荷时的应力。已有研究表明，提高接缝传荷能力可有效减少板角断裂、横纵裂缝等病害发生。

接缝传荷能力对基层与路基的工作状态有明显影响。当传荷能力较差时，荷载作用在板边使得板下基层或路基承受着较大的集中力，最终出现唧泥、错台及板底脱空等病害。为此需提高水泥混凝土路面接缝传荷能力。目前改善接缝传荷能力的主要方法有以下三种：

（1）合理划分水泥混凝土板块尺寸，避免错峰、锐角等不规则接缝布置方式。

（2）不设或少设胀缝，可提高接缝传荷能力。板块胀缝受温度影响时，会出现缩缝间隙变大，出现啃边或填缝料脱落等病害，最终导致接缝传荷能力和传荷可靠性降低。

（3）提高基层的稳定性。基层的强度和稳定性对水泥混凝土路面接缝传荷能力影响较大，目前我国水泥混凝土路面基层主要采用水泥稳定类，一定程度上可弥补接缝传荷能力不足的情况，但当接缝传荷能力下降时，在车辆荷载反复作用下，板边缘的挠度越来越大，渗入到基层中的雨水在高速运动中形成冲刷，混凝土板块下出现脱空，板块迅速破坏。因此，提高基层的稳定性可改善接缝传荷能力。

（4）改善板块接缝构造。为解决接缝传荷能力不足的现状，可在水泥混凝土板块之间增设传力杆组，在路面接缝中构建"全接缝传力杆"传荷体系，可提高接缝传荷能力的可靠性和耐久性。

### 4.5.1.3 接缝传荷能力评价

水泥混凝土路面接缝传荷能力定义为：接缝一侧直接承受荷载的板块向接缝另一侧非直接承受荷载的板块进行荷载传递的能力。表征传荷能力的直接指标应是接缝两侧所承受的荷载之比（通常以百分比表示），即

$$k_j = \frac{P_2}{P_1} \times 100\% \tag{4-5-1}$$

式中　$k_j$——水泥混凝土路面的接缝传荷系数；

　　$P_1$——直接承重板板边承受的荷载；

　　$P_2$——由接缝传递至非直接承重板边的荷载。

$P_1$ 和 $P_2$ 之和为车轮施加于路面接缝位置的车轮总荷载 $P$，即 $P=P_1+P_2$。

依据接缝传荷状态的不同，水泥混凝土路面接缝传荷能力可分为三种情况：

（1）水泥混凝土路面接缝传荷能力为零。如接缝过大，集料嵌锁作用几乎为零、板底出现脱空的接缝以及路面板的自由边界。此时车轮荷载直接作用于板块，单板承受着全部的荷载，相邻板块承受荷载为零。对应的接缝传荷系数为零，即

$$P_1 = P, \quad P_2 = 0, \quad k_j = \frac{P_2}{P_1} \times 100\% = 0 \tag{4-5-2}$$

（2）路面接缝处于最佳的传荷状态。此时车轮荷载由直接承重板和非直接承重板平均分担。对应的接缝传荷系数为最大值 1.0，即

$$P_1 = P_2 = P/2 , \quad k_\text{j} = \frac{P_2}{P_1} \times 100\% = 1.0 \tag{4-5-3}$$

（3）路面接缝具备一定的传荷能力，但没有处于最佳传荷状态。如胀缝在冬季有轻微的松动，有传力杆缩缝在使用一段时间后传荷能力有了一定程度的衰减，接缝缝隙稍微张开且没有设置传力杆的缩缝等。此时直接承重板承受的荷载要大于非直接承重板，即传荷系数小于 1.0，为

$$P_1 > P_2 , \quad 0 < k_\text{j} = \frac{P_2}{P_1} \times 100\% < 1.0 \tag{4-5-4}$$

大多数路面接缝传荷能力处于第三种状态。即使在使用初期，接缝传荷状态良好，但经过车轮荷载和温度、湿度变化的循环作用，传荷能力也会逐年衰减。所不同的是有企口或设传力杆体系的接缝，其传荷状态相对比较稳定，可能发生的衰减幅度和衰减速度都比无传力杆普通缩缝低得多。

### 4.5.2 问题描述

水泥混凝土路面结构为：22cm 厚水泥混凝土路面+30cm 厚 5%水泥稳定碎石基层+路基。板块横缝之间设置传力杆，传力杆直径为 32mm，间距为 34cm；板块纵缝之间设置拉杆，拉杆直径为 13mm，间距为 50cm。路面结构如图 4-5-1 所示，面层及基层的参数见表 4-5-1。

车辆荷载施加：受双轮串联荷载 $P$=200kN 作用，轮胎接地压强为 0.7MPa。作用于位置如图 4-5-2 所示，原点坐标 $O$（0，0），双轮串联荷载施加坐标为 $O'$（7500，3125）。

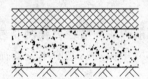

22cm厚水泥混凝土面层

30cm厚水泥稳定碎石基层

路基

图 4-5-1　路面结构

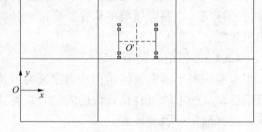

图 4-5-2　荷载施加

温度荷载施加：水泥混凝土路面受负温度梯度作用，水泥混凝土面层顶部温度为–5℃，负温度梯度 $\Delta T$=0.88℃/cm。

分析水泥混凝土路面结构内应力应变、传力杆与混凝土界面的接触应力影响。

| 表 4-5-1 | | 路 面 材 料 参 数 | | |
|---|---|---|---|---|
| 层　　位 | 材　　料 | 材　料　参　数 | | |
| 面层 | 水泥混凝土 | 弹性模量 $E_1$ | | 30000 |
| | | 泊松比 $\nu$ | | 0.15 |
| | | 线膨胀系数 $\alpha$ | | $1.0 \times 10^{-5}$ |
| | | 密度 $\rho$ | | 2400 |
| 传力杆 | 钢筋 | 弹性模量 $E_3$ | | 210000 |
| | | 泊松比 $\nu_3$ | | 0.3 |

| 层　　位 | 材　　料 | 材　料　参　数 | |
|---|---|---|---|
| 基层 | 水泥稳定碎石 | 弹性模量 $E_2$ | 5000 |
| | | 泊松比 $\nu_2$ | 0.2 |
| 路基 | 低液限粉土 | 弹性模量 $E_4$ | 100 |
| | | 泊松比 $\nu_4$ | 0.3 |

### 4.5.3　路面结构模型几何建立

为有效模拟传力杆与混凝土界面、路面结构层层间接触状况，同时考虑温度变化和荷载应力的影响，本路面结构力学计算模型选用温克勒地基双层结构模型，如图 4-5-3 所示。

点击 Geometry 选项卡，进行几何模型创建。

水泥混凝土面板设置：面板设置为 2 行 3 列，并输入面板长度 5000mm，宽度 4000mm，厚度 220mm。

路基设置：将面板直接置于水泥稳定碎石基层上，因此 Base and Subgrade 设置为 1 Layer，厚度为 300mm。

设置完成后如图 4-5-4 所示，从左侧视图区可查阅坐标系及原点的位置位于板块中的位置。在后续定义（包括传力杆、拉杆）及后处理结果输出以此坐标系定义及输出。

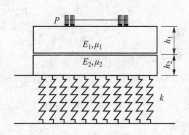

图 4-5-3　温克勒地基上双层结构模型

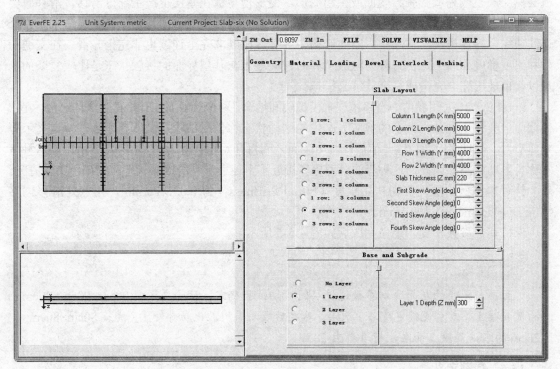

图 4-5-4　模型几何尺寸输入

### 4.5.4 材料及模型参数确定

路面结构组合为水泥混凝土面层加水泥稳定碎石基层。

点击 Material 选项卡，进入材料参数定义模块。

（1）一般参数设定

水泥混凝土面板材料参数定义：输入面板的弹性模量 $E_1$、泊松比 $\nu$、线膨胀系数 $\alpha$、密度 $\rho$。

传力杆参数定义：输入弹性模量 $E_3$、泊松比 $\nu_3$。

水泥稳定碎石基层材料参数定义：输入基层弹性模量 $E_2$、泊松比 $\nu_2$。

输入表 4-5-1 所示参数。

（2）液体地基反映模量

液体地基反应模量：输入的液体地基反应模量 $k$ 为 0.2240。

对于 EverFE 2.25 软件中的稠密液体地基参数 $k$：

$$k = \frac{E_4}{h_1(1-\nu^2)}\sqrt[3]{\frac{E_4}{E_1}} = \frac{100}{220 \times (1-0.3^2)} \times \sqrt[3]{\frac{100}{30000}} = 0.2240\,(\text{MPa}/\text{mm})$$

（3）接触模型参数选定

在建模过程中必须考虑水泥混凝土路面结构各种界面的接触条件，包括混凝土与基层以及传力杆与其周围的混凝土等。合理的接触模型对正确分析路面结构模型的力学行为十分关键。

混凝土板与基层的接触面具有可滑动性。混凝土板在车辆荷载、温度荷载的共同作用下，板必然会产生收缩或膨胀、翘曲或拱起变形。变形使得板在基层上产生部分滑移，滑移时会产生部分滑移，滑移时板与地基处于部分解除状态。为了简化路面力学分析，通常采用完全连续或完全光滑假设。实际中，路面结构中各种界面既非完全连续也非完全光滑，在交通荷载和温度梯度作用下，传力杆与混凝土界面、混凝土与基层界面的接触状态是比较复杂的，难以简单地用完全光滑或完全连续来模拟。

EverFE 2.25 采用黏结—滑移模型来模拟层间结合，两个接触面在开始相互滑动之前，在它们截面上会有达到某一大小的剪应力产生，这种状态称作黏结状态。库仑摩擦模型定义了等效剪应力，一旦剪应力超过此值后，两个表面之间将开始相互滑动，如图 4-2-5 所示，这种状态称为滑动状态。因此，这种界面模型更多接近于半连续半光滑接触状态，较符合实际情况。

针对本算例，层间剪切初始刚度（Initial Stiffness）为 0.02MPa/mm，拐点处滑移位移（Slip Displacement）为 0.1mm。

保持其他参数不变，定义完成后如图 4-5-5 所示。

 **提 示**

面层与基层的层间剪切参数通过层间剪切试验确定。试验先成型 90cm×90cm×20cm 的贫混凝土（或水泥稳定碎石）基层，养生后表面采用乳化沥青处置，浇筑 80cm×80cm×26cm 的水泥混凝土面层，标准养生 28d。

### 4.5.5 荷载定义

点击 Loading 选项卡，进入荷载施加模块。本次考虑温度荷载和车辆荷载的施加。

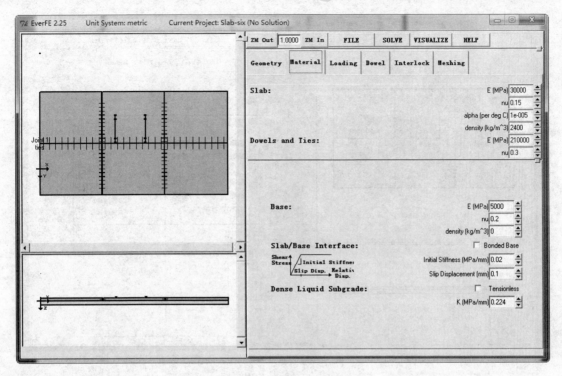

图 4-5-5　材料参数定义

（1）车辆荷载

点击 Dual Wheel Tandem，在路面结构上施加双轴双轮组。将双轴双轮组简化成当量的矩形均布荷载，车辆荷载作用位置及当量尺寸如图 4-5-6 所示。施加位置如图 4-5-2 所示，施加坐标为 $O'$（7500，3125）。

（2）温度荷载

沿混凝土板厚内温度变化分两种情况：①板厚范围内温度线性变化；②温度内沿板厚非线性变化，具体详见 4.2.2.3 节。

本算例路面板厚范围内温度按线形变化的温度梯度施加，沿厚度方向的温度梯度为 0.88℃/cm。定义水泥混凝土面层顶部温度为−5℃，水泥混凝土面层底部温度为 0.88×22+（−5）=14.36（℃）。

荷载施加完成后如图 4-5-7 所示。

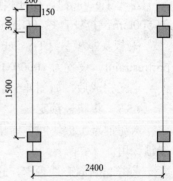

图 4-5-6　荷载示意图

### 4.5.6　传力杆及拉杆定义

点击 Dowel 选项卡，进入传力杆定义模块。Dowel 模块设定内容包括传力杆定义和拉杆定义。

（1）传力杆定义

传力杆选择光圆钢筋，直径为 32mm，长度为 450mm（传力杆一半（Emb）为 225mm）。传力杆模拟采用等间距布置（Even）方式。4m 宽横缝布置传力杆（包括 First Row Dowels 和 Second Row Dowels）间距为 340mm，传力杆数量（Number）为 11 根，外侧传力杆距离自由边距离（Edge 1）为 300mm。

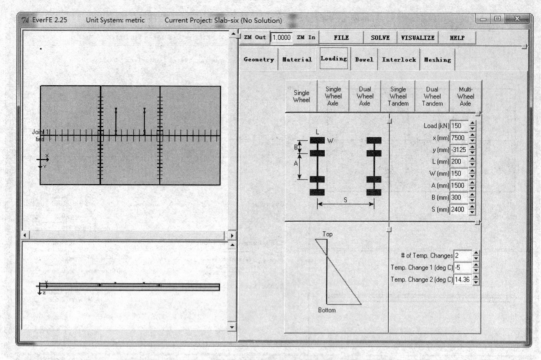

图 4-5-7　荷载施加

杆/板支承模量（Dowel-slabsupportmodulus）设置为 500MPa；杆/板约束模量（Dowel-slabrestraintmodulus）设置为 0MPa。

（2）拉杆定义

勾选 Tie Joint 1，拉杆长度为 1000mm（拉杆的一半（Emb）为 500mm），间距（Spacing）为 500mm，拉杆直径（Diameter）为 13mm。

杆/板支承模量（Tie-slabsupportmodulus）设置为 1000MPa，杆/板约束模量（Tie-slabsupportrestraint）设置为 10000MPa。

定义完成后，如图 4-5-8 所示。

### 4.5.7　集料嵌锁定义

水泥混凝土板块间考虑集料啮合与嵌挤作用，本次采用线性骨料嵌锁模型模拟集料间的嵌锁作用。

点击 Interlock 选项卡，进入集料嵌锁定义模块。

将板 1 和板 2 间横缝宽度（Opening between Column1 and Column2）设定为 0.5mm，板 2 和板 3 间横缝宽度（Opening between Column2 and Column3）设定为 0.5mm，接缝刚度设定为 0MPa/mm。

定义完成后，如图 4-5-9 所示。

### 4.5.8　网格划分

点击 Meshing 选项卡，进入网格划分模块。

设定横向、纵向厚度方向网格定义，定义完成后如图 4-5-10 所示。

### 4.5.9　模型计算及后处理

保存文件：点击 FILE→Save as，保存为 Slab-six.prj 文件。

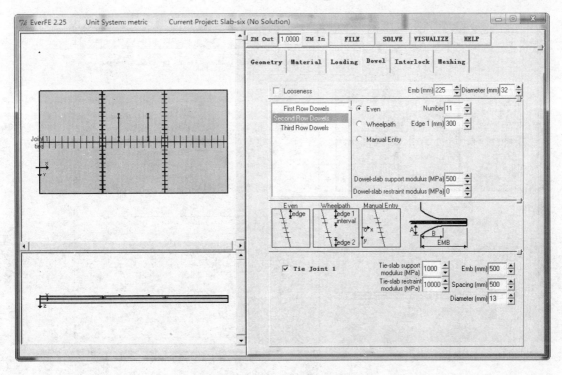

图 4-5-8　传力杆和拉杆定义

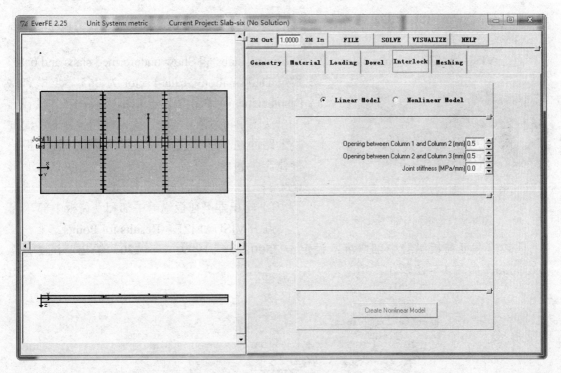

图 4-5-9　集料嵌锁定义

模型计算：点击 SOLVE→Run the ShownAnalysis，弹出 proRun Solver 对话框，点击 OK 按钮，等待数秒，模型计算完成。

131

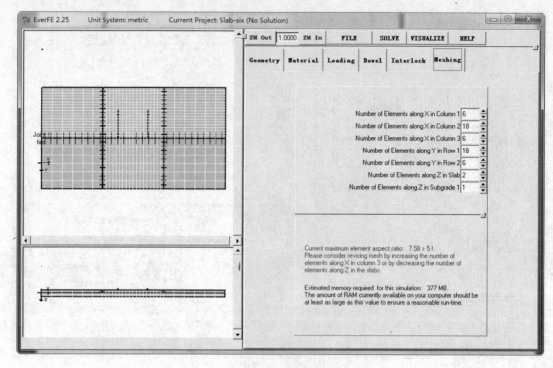

图 4-5-10　网格划分

后处理：点击 VISUALIZE 选项卡，进入后处理模块。

（1）弯沉分布

点击 VISUALIZE→Displacement，勾选 Show all slabs 和 Show undeformed slabs and base，

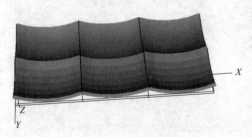

图 4-5-11　弯沉分布图

设定 Deformation Scale Factor 为 265。点击 View Displacement，弹出弯沉分布图，如图 4-5-11 所示。

从图中可以看出，设置传力杆和拉杆的水泥混凝土路面在车辆荷载和温度荷载综合作用下板块整体产生翘曲，翘曲后纵缝和横缝之间整体变形连续。

1）输出非受荷板纵缝中部和受荷板中部弯沉

点击 VISUALIZE→Results for Points。

①输出非受荷板纵缝中部弯沉：设定 $x=7500$，$y=-1999$，$z=-220$，输出弯沉 $D_{zz}$ 为 $-0.659$mm，如图 4-5-12 所示。

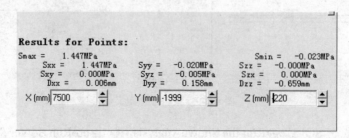

图 4-5-12　非受荷板纵缝中部弯沉

②输出受荷板纵缝中部弯沉：设定 $x=7500$，$y=-2001$，$z=-220$，输出弯沉 $D_{zz}$ 为$-0.463$mm，如图 4-5-13 所示。

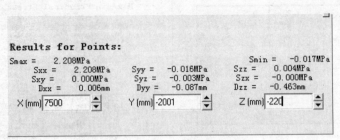

图 4-5-13　非受荷板纵缝中部弯沉

纵缝两侧弯沉差 $\Delta u=(-0.659)-(-0.463)=-0.196$mm。

2）输出非受荷板横缝中部和受荷板横缝中部弯沉

①输出非受荷板横缝中部弯沉：设定 $x=10001$，$y=-4000$，$z=-4220$，输出弯沉 $D_{zz}$ 为$-1.267$mm，如图 4-5-14 所示。

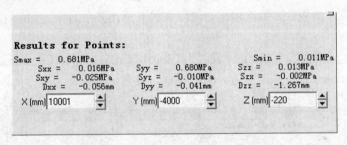

图 4-5-14　非受荷板横缝中部弯沉

②输出受荷板横缝中部弯沉：设定 $x=9999$，$y=-4000$，$z=-220$，输出弯沉 $D_{zz}$ 为$-1.264$mm，如图 4-5-15 所示。

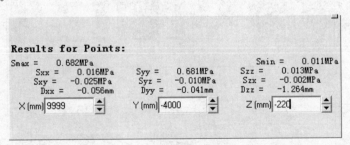

图 4-5-15　非受荷板横缝中部弯沉

横缝两侧弯沉差 $\Delta u=(-1.267)-(-1.264)=-0.003$mm。

（2）面层板最大/最小应力

点击 VISUALIZE→Results for Points。

可得到每个板块的最大/最小弯拉应力，如图 4-5-16 所示。

从图中可以看出受荷板最大弯拉应力在板顶（7512.7，$-3777.78$，$-219.99$）位置处，为 2.78MPa，最小弯拉应力在板底（7512.7，$-3777.78$，$-0.01$）位置处，为$-2.78$MPa。

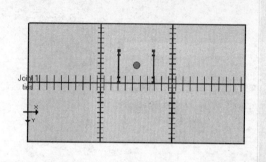

图 4-5-16　每个板块最大/最小弯拉应力

（3）面层板顶弯拉应力云图

点击 VISUALIZE→Stresses。

选中受荷板，并将 Plane to View 设置为 X-Y，板块水平方向输入 7（可以输出 0～7，输入 7 为板顶，输入 2 为板底。每次输出，均可在右下角 X-Z 平面中查阅输出层位置），本次输出位置为面板顶面。

Stress to View 设置为 $S_{xx}$，Scaling 设置为 Global，Color Map ro Contour 设置为 Color Map。

点击 View Stresses，则弹出应力云图对话框。受荷板顶部应力分布如图 4-5-17 所示

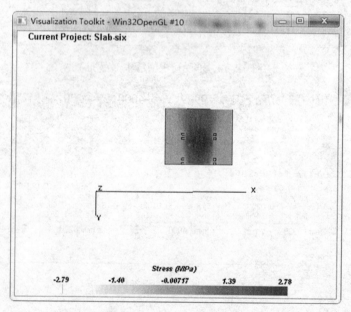

图 4-5-17　受荷板应力云图

选中所有板块（6 块板），并将 Plane to View 设置为 X-Y，板块水平方向输入 7（可以输出 0～7，输入 7 为板顶，输入 2 为板底。每次输出，均可在右下角 X-Z 平面中查阅输出层位置），本次输出位置为面板顶面。

Stress to View 设置为 $S_{xx}$，Scaling 设置为 Global，Color Map ro Contour 设置为 Color Map。

点击 View Stresses，则弹出应力云图对话框。所有板块顶部应力分布如图，如图 4-5-18 所示。

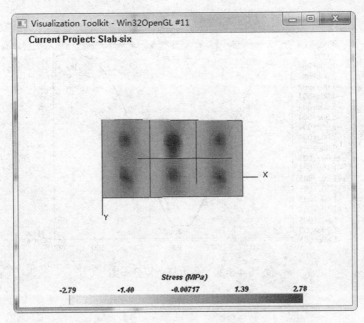

图 4-5-18　所有板块应力云图

（4）传力杆内力分布

点击 VISUALIZE→Result for Dowels，从下方可看出最大弯矩为 167975N•mm，最大剪应力为 1243.79N。

将 Response to select（local）设置为 $F_s$（Shear），点击 View Now，弹出对话框，得到传力杆剪力分布图如图 4-5-19 所示，从图中可以看出，传力杆最大剪力位于非受荷板内距接缝约 100mm 处。

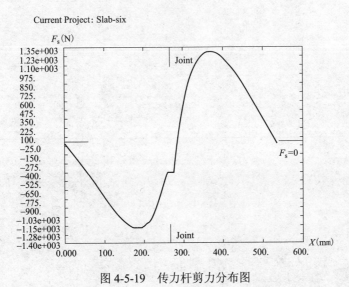

图 4-5-19　传力杆剪力分布图

将 Response to select（local）设置为 $M_r$（Moment），点击 View Now，弹出对话框，得到传力杆弯矩分布图如图 4-5-20 所示。

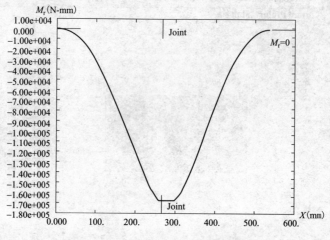

图 4-5-20　传力杆弯矩分布图

# —5—

# URPDS 软件与路面结构分析

## 5.1 URPDS 2012 软件总体介绍

### 5.1.1 软件概况

URPDS 2012 由东南大学毛世怀和王凯教授依据现行《城镇道路路面设计规范》(CJJ 169)的有关内容编制而成。

该程序数据采用可视化、全屏幕的窗口输入方式，操作简单方便，一目了然。程序数据可在操作界面直接输入，又可用数据文件输入，计算结束立即在输出窗口显示设计计算成果内容，并可根据用户要求打印输出，十分方便。

用户在数据输入过程中，点击数据输入框前文字，即可详细了解此项数据输入的主要内容，以及取值详细情况，用户可根据这些内容返回《城镇道路路面设计规范》(CJJ 169)中详细了解。针对用户输入的数据，系统会自动识别错误并提出警告，提高数据输入及计算准确性。

该程序在计算新建路基交工验收弯沉值时，除了保留原《公路沥青路面设计规范》中的公式外，还恢复了《公路路面基层施工技术规范》中的公式。但是由于《公路路面基层施工技术细则》(JTGT F20)于 2015 年 8 月 1 日正式施行，原《公路路面基层施工技术规范》同时废止，因此在软件应用过程中，应注意规范的更新。

### 5.1.2 主要计算内容

根据现行《城镇道路路面设计规范》(CJJ 169)，该程序共包括以下 7 个子程序：

（1）改建路段旧路面当量回弹模量计算程序 UOC（适用于沥青路面设计）；

（2）沥青路面及新建路基交通验收弯沉值计算程序（UMPC）；

（3）城镇道路沥青路面设计程序（URAPDS）；

（4）改建路段旧路面当量回弹模量计算程序 UOC1（适用于水泥混凝土路面设计）；

（5）新建单层水泥混凝土路面设计程序（UCPD1）；

（6）旧混凝土路面上加铺层设计程序（UCPD3）；

（7）基（垫）层或加铺层及新建路基交工验收弯沉值计算程序 UCPC。

结合《城镇道路路面设计规范》(CJJ 169)按照路面结构设计流程（沥青路面、水泥混凝土路面）利用上述设计程序完成新建沥青路面结构设计、路面竣工验收指标控制、旧沥青路面改建设计。

### 5.1.3 主菜单介绍

程序安装完成，点击按钮，弹出"城镇道路路面设计程序系统"窗口，如图 5-1-1 所示。

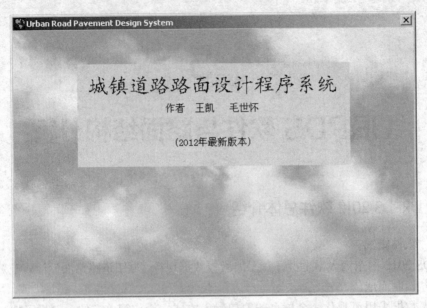

图 5-1-1 "城镇道路路面设计程序系统"窗口

　　本窗口的菜单有"路面设计与计算""已存盘文件查看修改与打印""车辆及材料数据库""系统使用说明""作者介绍""版权声明"和"退出系统"。

　　当单击"路面设计与计算"菜单时，会出现路面设计或计算程序的下拉子菜单，单击某一个下拉子菜单，即出现相应程序的主窗口，开始路面设计或计算。

　　当单击"已存盘文件查看修改与打印"菜单时，将出现"已存盘文件查看修改与打印"窗口，该窗口有四个命令按钮，即"查看文件"、"修改重存"、"打印"和"返回"。

　　当单击"车辆及材料数据库"菜单时，会出现"沥青路面车辆参数参考表"、"沥青路面材料代码与材料名称对照表"和"水泥混凝土路面基（垫）层材料代码与材料名称对照表"三个下拉子菜单。单击子菜单将出现相应的窗口，在窗口中分别显示上述表的内容，供用户查阅。

　　当单击"系统使用说明"菜单时，会出现两个下拉子菜单，即"系统总说明"和"系统主菜单窗口使用说明"子菜单，单击其中一个下拉子菜单，即出现"帮助（使用说明）"窗口，窗口中显示相应部分的内容，供用户查阅。

　　当单击"作者介绍"菜单时，会出现"作者介绍"窗口，窗口中显示"程序主要编制人员王凯情况介绍"。

　　当单击"版权声明"菜单时，会出现"版权声明"窗口，窗口中同时显示程序作者的姓名、联系电话、电子信箱和版权声明。

　　当单击"退出系统"菜单时，退出本程序系统，返回 Windows。

　　系统主菜单窗口如图 5-1-2 所示：

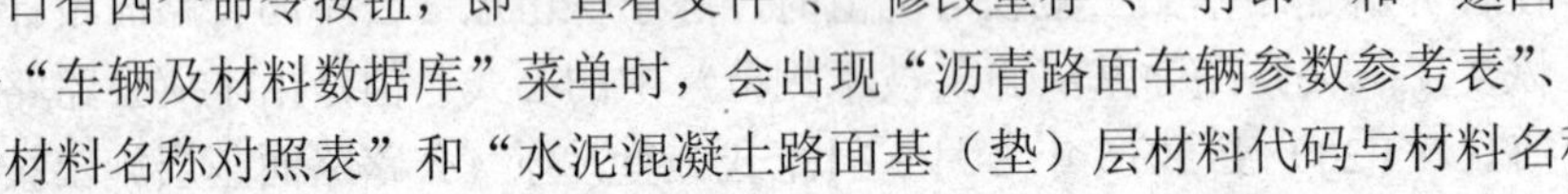

　　系统主菜单窗口
　　路面设计与计算　已存盘文件查看修改与打印　车辆及材料数据库　系统使用说明　作者介绍　版权声明　退出系统

图 5-1-2 系统主菜单

## 5.2 新建沥青路面结构设计

依据《城镇道路路面设计规范》（CJJ 169），新建路面结构设计宜按下列主要步骤进行：

（1）根据道路等级、使用要求、交通条件、投资水平、材料供应、施工技术等确定路面等级、面层类型，初拟路面结构整体结构类型；

（2）根据土质、水文状况、工程地质条件、施工条件等，将路基分段，确定土基回弹模量；

（3）收集调查交通量，计算设计基准期内一个方向上设计车道的累计当量轴次；

（4）进行路面结构组合设计，确定各层材料设计参数；

（5）根据道路等级和基层类型确定设计指标（设计弯沉、容许抗拉强度、容许抗剪强度、容许拉应变），根据面层类型、道路等级和变异水平等级确定可靠度系数；

（6）对于季节性冰冻地区应验算防冻厚度；

（7）按全寿命周期费用分析的理念进行技术经济对比，确定路面结构方案。

本节以新建沥青路面为例，采用多层弹性层状体系理论设计程序《城镇道路沥青路面设计（URAPDS）》进行计算分析，并利用《路基路面各结构层交通验收弯沉值计算（UMPC）》进行路面竣工验收验算。

### 5.2.1 基本资料

（1）自然地理条件

新建主干路所在城市地处 1-4-1 区，属于夏炎热冬温湿润地区，道路所处沿线地质为中液限黏性土，填方路基，属于中湿状态；年降雨量为 1100mm 左右，年平均气温在 20℃左右。主干路采用双向六车道，拟采用沥青路面结构。

（2）土基回弹模量的确定

设计路段路基处于中湿状态，主干路路基土回弹模量设计值为 40MPa，支路路基土回弹模量设计值为 25MPa。

（3）设计轴载

主干路沥青路面设计基准期 15 年，以设计弯沉值为设计指标时等效换算的累计当量轴次为 1800 万次，半刚性基层层底拉应力为设计指标时等效换算的累计当量轴次为 2200 万次。根据工程可行性研究报告，预测该主干路交通量年增长率为 5%。

根据现场统计分析，设计基准期内该路某大型交叉口同一位置停车的累计当量轴次为 $3.78 \times 10^6$，某大型公交停靠站累计当量轴次为 $1.92 \times 10^6$。

### 5.2.2 初拟路面结构

根据本地区的路用材料，结合已有的工程经验与典型结构，初拟路面结构组合方案。根据结构层的最小施工厚度、材料、水文、交通量等因素，初拟路面结构组合和各层厚度见表 5-2-1。

**表 5-2-1**　　　　　　　　　　　　主 干 路 路 面 结 构

| 路 面 结 构 | 厚度（cm） |
|---|---|
| SMA-13（SBS 改性沥青） | 4 |
| 中粒式沥青混凝土（AC-20） | 5 |

续表

| 路　面　结　构 | 厚度（cm） |
|---|---|
| 粗粒式沥青混凝土（AC-25） | 7 |
| 水泥稳定碎石 | 18 |
| 水泥稳定碎石（计算层） | ? |
| 级配碎石 | 15 |
| 路基 | — |

### 5.2.3　材料参数确定

各种材料的设计参数见表 5-2-2 和表 5-2-3。

**表 5-2-2**　　　　　主干路沥青层材料设计参数

| 材料名称 | 20℃抗压模量（MPa） | | 15℃抗压模量（MPa） | | 15℃劈裂强度（MPa） | 60℃抗压模量（MPa） | |
|---|---|---|---|---|---|---|---|
| | 均值 $E_p$ | 标准差 $\sigma$ | 均值 $E_p$ | 标准差 $\sigma$ | | 均值 $E_p$ | 标准差 $\sigma$ |
| SMA-13 | 1600 | 100 | 1800 | 100 | 1.7 | 320 | 20 |
| AC-20C | 1400 | 100 | 1600 | 100 | 1.0 | — | — |
| AC-25C | 1100 | 50 | 1200 | 50 | 0.8 | — | — |

**表 5-2-3**　　　　　主干路半刚性材料及其他设计参数

| 材　料　名　称 | 抗压回弹模量（MPa） | | | | 劈裂强度（MPa） |
|---|---|---|---|---|---|
| | 均值 $E_p$ | 标准差 $\sigma$ | $E_p-2\sigma$ | $E_p+2\sigma$ | |
| 水泥稳定碎石（5%） | 2850 | 675 | 1500 | 4200 | 0.5 |
| 水泥稳定碎石（4%） | 2450 | 575 | 1300 | 3600 | 0.4 |
| 级配碎石 | 200 | 0 | 200 | 200 | |
| 土基 | 40 | 0 | 40 | 40 | — |

### 5.2.4　路面结构计算

进入系统主菜单窗口，点击"路面设计与计算"→"沥青路面设计与计算"→"城镇道路沥青路面设计（URAPDS）"，弹出"城镇道路沥青路面设计程序（URAPDS）主窗口"，如图 5-2-1 所示。

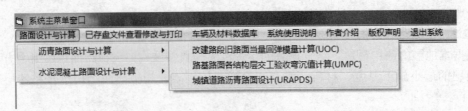

图 5-2-1　系统主菜单

#### 5.2.4.1　原始数据输入

原始数据输入共有两种方式：①人机对话键盘输入；②原有数据文件输入。

人机对话键盘输入即将所有基础资料按照对应的位置在本界面手工输入。

原有数据文件输入即将上一次"数据存盘"文件再次导入，或者导入*.dat 文件，完成数据输入工作。

在本算例中选择"人机对话键盘输入"方式。

**5.2.4.2 可靠度系数**

依据《城镇道路路面设计规范》（CJJ 169）5.4 节，对应变异水平等级为中级的主干路可靠度系数为 1.06～1.10，本算例取 1.1。

**5.2.4.3 交通量**

交通量共有两种输入方法：①直接输入累计当量轴次；②按通常步骤计算累计当量轴次。

路面结构设计时已完成《交通量预测报告》或已知累计当量轴次，可采用直接输入累计当量轴次方式；当已知标准轴载及被换算车型的各级轴载可以按照通常步骤计算累计当量轴次。

（1）本算例已给出以设计弯沉值为设计指标时等效换算的累计当量轴次和以半刚性基层层底拉应力为设计指标时等效换算的累计当量轴次。因此采用"直接输入累计当量轴次"方式，数值为 $2.2 \times 10^7$。

> **提示**
>
> 算例给出了以设计弯沉值为设计指标时等效换算的累计当量轴次和以半刚性基层层底拉应力为设计指标时等效换算的累计当量轴次。

但依据《城镇道路路面设计规范》（CJJ 169）5.4 节路面结构设计指标与要求：快速路、主干路和次干路应采用路表弯沉值、半刚性材料基层层底拉应力、沥青层剪应力为设计指标，因此此处交通量选择应选择以半刚性基层层底拉应力为设计指标时等效换算的累计当量轴次。

累计当量轴次数值输入后，点击 [累计当量轴次及交通等级的计算、确定和输出...] 按钮，完成累计当量轴次计算。

计算完成后在 [累计当量轴次及交通等级的计算、确定和输出...] 下方显示：

当以设计弯沉值、沥青层剪应力和沥青层层底拉应变为设计指标时，设计基准期内一个车道上的累计当量轴次 $N_{e1}=1.8E+07$，属重交通等级。

当以半刚性材料结构层层底拉应力为设计指标时，设计基准期内一个车道上的累计当量轴次 $N_{e2}=2.2E+07$，属重交通等级。

（2）交叉口累计基准期内同一位置的累计当量轴次，依据资料，输入 3780000。

（3）停车站设计基准期内同一位置停车的累计当量轴次，依据资料，输入 1920000。

**5.2.4.4 路面设计类型及设计内容**

路面设计类型选择为"新建路面设计"。

路面设计内容：依据《城镇道路路面设计规范》（CJJ 169）5.4 节路面结构设计指标与要求：快速路、主干路和次干路应采用路表弯沉值、半刚性材料基层层底拉应力、沥青层剪应力为设计指标，因此此处选择"根据设计弯沉值、容许剪应力、容许拉应变和容许拉应力设计"。

##### 5.2.4.5 路面基层类型

依据初拟路面结构类型，路面基层类型选择为"半刚性基层沥青路面（半刚性基层层底基层上柔性结构总厚度小于 180mm，基层类型系数 $A_b$=1.0）"

##### 5.2.4.6 路面设计参数输入

（1）新建或加铺路面的层数，输入 6，点击右侧 路面结构参数输入... 按钮，弹出"沥青路面结构参数输入窗口（之二）"，输入表 5-2-2、表 5-2-3 中的材料参数，其中初拟路面结构底基层（计算层）厚度为 30cm，进行路面结构结构层厚度计算。如图 5-2-2 所示，点击 确 定 按钮，完成路面设计参数输入。

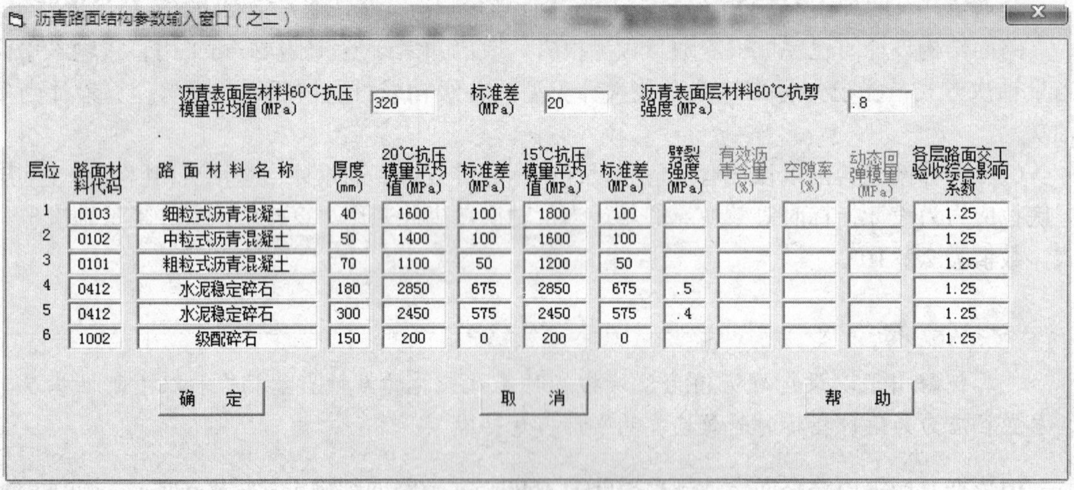

沥青路面结构参数输入窗口（之二）

沥青表面层材料60℃抗压模量平均值(MPa) 320　标准差(MPa) 20　沥青表面层材料60℃抗剪强度(MPa) .8

| 层位 | 路面材料代码 | 路面材料名称 | 厚度(mm) | 20℃抗压模量平均值(MPa) | 标准差(MPa) | 15℃抗压模量平均值(MPa) | 标准差(MPa) | 劈裂强度(MPa) | 有效沥青含量(%) | 空隙率(%) | 动态回弹模量(MPa) | 各层路面交工验收综合影响系数 |
|---|---|---|---|---|---|---|---|---|---|---|---|---|
| 1 | 0103 | 细粒式沥青混凝土 | 40 | 1600 | 100 | 1800 | 100 | | | | | 1.25 |
| 2 | 0102 | 中粒式沥青混凝土 | 50 | 1400 | 100 | 1600 | 100 | | | | | 1.25 |
| 3 | 0101 | 粗粒式沥青混凝土 | 70 | 1100 | 50 | 1200 | 50 | | | | | 1.25 |
| 4 | 0412 | 水泥稳定碎石 | 180 | 2850 | 675 | 2850 | 675 | .5 | | | | 1.25 |
| 5 | 0412 | 水泥稳定碎石 | 300 | 2450 | 575 | 2450 | 575 | .4 | | | | 1.25 |
| 6 | 1002 | 级配碎石 | 150 | 200 | 0 | 200 | 0 | | | | | 1.25 |

确 定　　取 消　　帮 助

图 5-2-2 路面结构参数输入

注 本次计算考虑了设计参数标准差，依据《城镇道路路面设计规范》（CJJ 169）：

a．在各路面结构层材料参数选择时，应考虑模量的最不利组合，规范对取值有明确规定；

b．本算例计算，路面结构参数输入中按照各原始参数输入，在软件内已对计算模量值进行了处理；若材料参数完整的情况下，采用其他弹性层状体系理论软件进行路面结构计算（验算），应按沥青混合料材料设计参数考虑标准差和保证率系数后完成数据输入。

（2）面层类型系数，输入 1。

（3）路面设计层位，位于底基层，输入 5。

（4）设计最小厚度。

依据《城镇道路路面设计规范》（CJJ 169）表 4-3-3-2，各类结构层压实最小厚度控制在一定范围内。本算例为半刚性水泥稳定类基层，输入 150。

（5）基层类型系数，输入 1。

（6）新建路基回弹模量，依据设计资料，输入 40。

（7）新建路基交工验收综合影响系数，取 1.25。

由于新建路基回弹模量设计值是最不利季节时的模量值，而路基路面交工验收时，可能在非不利季节进行，此时的路基模量偏高，导致实测交工验收弯沉值偏小。

因此在程序计算中，将路基模量先乘以考虑不利季节影响因素的"综合影响系数"K，然后再代入公式计算，使路基路面交工验收的弯沉计算值复核实际情况。

"综合影响系数" *K* 的取值一般为 1.0～2.0，可根据当地的经验确定。

#### 5.2.4.7 验算防冻厚度

在冰冻地区，沥青路面总厚度应不小于《城镇道路路面设计规范》（CJJ 169）表 3-2-6-2 中规定。

对于非冰冻地区，无须进行防冻厚度验算。

本道路处于 1-4-1 区，无须进行防冻厚度验算。

路面结构基本数据输入完成后，如图 5-2-3 所示。

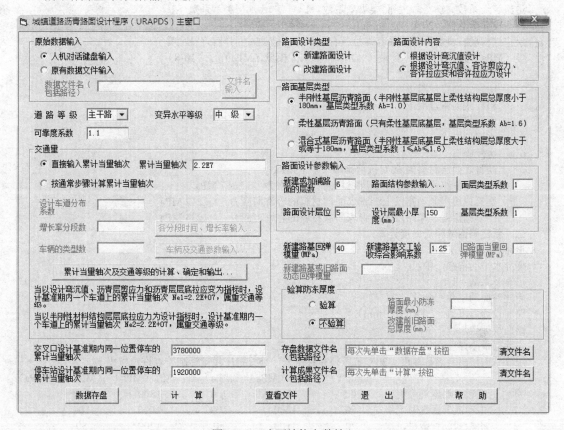

图 5-2-3　路面结构参数输入

#### 5.2.4.8 路面结构层厚度计算

当路面结构参数输入完成后，点击 数据存盘 ，可将路面结构计算数据保存成 dat 格式文件。

点击 计 算 按钮，进行路面结构层厚度计算，弹出"另存为"对话框，保存数据为"主干路.txt"，即可将计算结果保存为 txt 文件。结果见附件 1。

附件 1：

```
************************************
*城镇道路新建路面设计成果文件汇总*
************************************
```

**一、设计弯沉值、容许拉应力和容许剪应力计算**
当以设计弯沉值和沥青层剪应力为设计指标时：

设计基准期内一个车道上的累计当量轴次：2.2E+07

属重交通等级

当以半刚性材料结构层层底拉应力为设计指标时：

设计基准期内一个车道上的累计当量轴次：2.2E+07

属重交通等级

路面设计交通等级为重交通等级

交叉口设计基准期内同一位置停车的累计当量轴次　　3780000

停车站设计基准期内同一位置停车的累计当量轴次　　1920000

道路等级主干路

道路等级系数　1　　　　　面层类型系数　1　　　　　基层类型系数　1

路面设计弯沉值：20.4（0.01mm）

| 层位 | 结构层材料名称 | 劈裂强度（MPa） | 容许拉应力（MPa） | 有效沥青含量（%） | 空隙率（%） | 动态回弹模量（MPa） | 容许拉应变（10-8） |
|---|---|---|---|---|---|---|---|
| 1 | 细粒式沥青混凝土 | | | | | | |
| 2 | 中粒式沥青混凝土 | | | | | | |
| 3 | 粗粒式沥青混凝土 | | | | | | |
| 4 | 水泥稳定碎石 | .5 | .222 | | | | |
| 5 | 水泥稳定碎石 | .4 | .178 | | | | |
| 6 | 级配碎石 | | | | | | |

沥青表面层材料的60℃抗剪强度　　.8 MPa

一般行驶路段上沥青表面层材料的容许剪应力　　.667 MPa

交叉口缓慢制动路段上沥青表面层材料的容许剪应力　　.212 MPa

停车站缓慢制动路段上沥青表面层材料的容许剪应力　　.234 MPa

## 二、新建路面结构层厚度计算

道路等级：主干路

变异水平的等级：中级

可靠度系数：1.1

新建路面的层数：6

路面设计弯沉值：20.4（0.01mm）

路面设计层层位：5

设计层最小厚度：150（mm）

| 层位 | 结构层材料名称 | 厚度（mm） | 20℃抗压模量平均值（MPa） | 标准差（MPa） | 15℃抗压模量平均值（MPa） | 标准差（MPa） | 容许拉应力（MPa） |
|---|---|---|---|---|---|---|---|
| 1 | 细粒式沥青混凝土 | 40 | 1600 | 100 | 1800 | 100 | |
| 2 | 中粒式沥青混凝土 | 50 | 1400 | 100 | 1600 | 100 | |
| 3 | 粗粒式沥青混凝土 | 70 | 1100 | 50 | 1200 | 50 | |
| 4 | 水泥稳定碎石 | 180 | 2850 | 675 | 2850 | 675 | .222 |
| 5 | 水泥稳定碎石 | ? | 2450 | 575 | 2450 | 575 | .178 |
| 6 | 级配碎石 | 150 | 200 | 0 | 200 | 0 | |
| 7 | 新建路基 | | 40 | | | | |

沥青表面层材料的60℃抗压回弹模量平均值　　320MPa

沥青表面层材料的60℃抗压回弹模量标准差　　20MPa

按设计弯沉值计算设计层厚度：

　　　　LD=20.4（0.01mm）

　　　　H(5)=300mm　　　　LS=20.41（0.01mm）

　　　　H(5)=350mm　　　　LS=18.68（0.01mm）

　　　　H(5)=300mm（仅考虑弯沉）

按容许拉应力计算设计层厚度：

　　　　H(5)=300mm（第4层底面拉应力计算满足设计要求）

　　　　H(5)=300mm　　　　σ(5)=.183MPa

　　　　H(5)=350mm　　　　σ(5)=.159MPa

H(5)=310mm（第5层底面拉应力计算满足设计要求）

路面设计层厚度：

H(5)=300mm（仅考虑弯沉）

H(5)=310mm（同时考虑弯沉和拉应力）

### 三、按容许剪应力检验沥青表面层材料抗剪性能

（1）一般行驶路段上沥青表面层材料的容许剪应力 .667 MPa

交叉口缓慢制动路段上沥青表面层材料的容许剪应力 .212 MPa

停车站缓慢制动路段上沥青表面层材料的容许剪应力 .234 MPa

（2）一般行驶路段上沥青表面层的最大剪应力 .483 MPa

交叉口缓慢制动路段上沥青表面层的最大剪应力 .266 MPa

停车站缓慢制动路段上沥青表面层的最大剪应力 .266 MPa

（3）一般行驶路段上沥青表面层材料的抗剪强度满足设计要求

交叉口缓慢制动路段上沥青表面层材料的抗剪强度不满足设计要求

停车站缓慢制动路段上沥青表面层材料的抗剪强度不满足设计要求

### 四、交工验收弯沉值计算（未考虑可靠度系数）

| 层位 | 结构层材料名称 | 厚度（mm） | 20℃抗压模量平均值（MPa） | 标准差（MPa） | 综合影响系数 |
|---|---|---|---|---|---|
| 1 | 细粒式沥青混凝土 | 40 | 1600 | 100 | 1.25 |
| 2 | 中粒式沥青混凝土 | 50 | 1400 | 100 | 1.25 |
| 3 | 粗粒式沥青混凝土 | 70 | 1100 | 50 | 1.25 |
| 4 | 水泥稳定碎石 | 180 | 2850 | 675 | 1.25 |
| 5 | 水泥稳定碎石 | 310 | 2450 | 575 | 1.25 |
| 6 | 级配碎石 | 150 | 200 | 0 | 1.25 |
| 7 | 新建路基 | | 40 | | 1.25 |

计算新建路面各结构层及路基顶面交工验收弯沉值：

第1层路面顶面交工验收弯沉值 LS=16.79（0.01mm）

第2层路面顶面交工验收弯沉值 LS=18.03（0.01mm）

第3层路面顶面交工验收弯沉值 LS=19.67（0.01mm）

第4层路面顶面交工验收弯沉值 LS=22.27（0.01mm）

第5层路面顶面交工验收弯沉值 LS=38.96（0.01mm）

第6层路面顶面交工验收弯沉值 LS=206.73（0.01mm）

路基顶面交工验收弯沉值 LS=186.31（0.01mm）（根据《公路沥青路面设计规范》公式计算）

LS= 237.26（0.01mm）（根据《公路路面基层施工技术细则》（JTGT F20—2015）公式计算）

#### 5.2.5 计算结果

1）同时考虑弯沉和弯拉应力指标时，底基层（第5层）计算厚度为310mm。

2）一般行驶路段上沥青表面层材料的抗剪强度满足设计要求。

3）交叉口缓慢制动路段上沥青表面层材料的抗剪强度不满足设计要求，需采取其他措施（如增加抗车辙剂、增加聚酯纤维），提高交叉口路段沥青表面层材料抗剪强度。

4）停车站缓慢制动路段上沥青表面层材料的抗剪强度不满足设计要求，需采取其他措施（如增加抗车辙剂、增加聚酯纤维），提高交叉口路段沥青表面层材料抗剪强度。

## 5.3 路面竣工验收

进入系统主菜单窗口，点击"路面设计与计算"→"沥青路面设计与计算"→"路基路面结构层交工验收弯沉值计算（UMPC）"，弹出"沥青路面及新建路基交工验收弯沉值计算程序（UMPC）主窗口"，如图5-3-1所示。

系统主菜单窗口
路面设计与计算
已存盘文件查看修改与打印
车辆及材料数据库
系统使用说明
作者介绍
版权声明
退出系统
沥青路面设计与计算
水泥混凝土路面设计与计算
改建路段旧路面当量回弹模量计算(UOC)
路基路面各结构层交工验收弯沉值计算(UMPC)
城镇道路沥青路面设计(URAPDS)

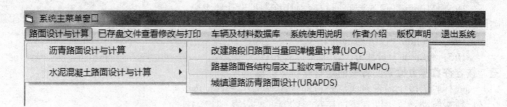

图 5-3-1　系统主菜单

### 5.3.1　原始数据输入

原始数据输入共有两种方式：①人机对话键盘输入；②原有数据文件输入。

人机对话键盘输入即将所有基础资料按照对应的位置在本界面手工输入。

原有数据文件输入即将上一次“数据存盘”文件再次导入，或者导入*.dat 文件，完成数据输入工作。

在本算例中选择“人机对话键盘输入”方式。

### 5.3.2　计算类型与计算内容

计算类型选择为“新建路面计算”。

计算内容选择为“计算路基路面各层顶面交工验收弯沉值”。

### 5.3.3　路面结构参数

1）道路等级选择为“主干路”。

2）新建或加铺路面层数选择为“5”，点击右侧 路面参数输入... 按钮，弹出“沥青路面结构参数输入窗口（之一）”，输入各路面结构参数，如图 5-3-2 所示。

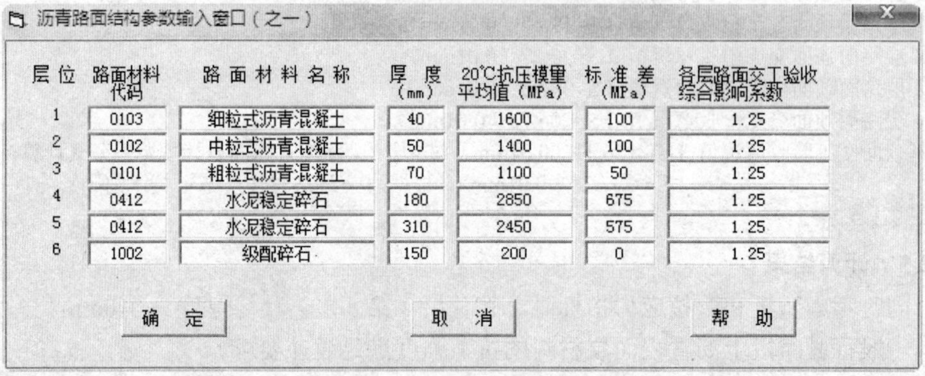

沥青路面结构参数输入窗口（之一）
层位 路面材料代码 路面材料名称 厚度（mm） 20℃抗压模量平均值（MPa） 标准差（MPa） 各层路面交工验收综合影响系数
1 0103 细粒式沥青混凝土 40 1600 100 1.25
2 0102 中粒式沥青混凝土 50 1400 100 1.25
3 0101 粗粒式沥青混凝土 70 1100 50 1.25
4 0412 水泥稳定碎石 180 2850 675 1.25
5 0412 水泥稳定碎石 310 2450 575 1.25
6 1002 级配碎石 150 200 0 1.25
确定
取消
帮助

图 5-3-2　各路面结构层材料参数输入

3）新建路基或旧路面回弹模量输入 40。

4）新建路基交工验收综合影响系数输入 1.25。

### 5.3.4　路面竣工验收验算

当路面结构参数输入完成后，点击 数据存盘 ，可将路面竣工验收验算数据保存成 dat 格式文件。

点击 计　算 按钮，进行路面竣工验算，弹出“另存为”对话框，保存数据为“主干路竣工验收.txt”，即可将计算结果保存为 txt 文件。结果见附件 2。

附件 2:

交工验收弯沉值计算（未考虑可靠度系数）

道路等级：主干路

新建路面的层数：6

测定车后轴轴载：100kN

| 层位 | 结构层材料名称 | 厚度（mm） | 20℃抗压模量平均值（MPa） | 标准差（MPa） | 综合影响系数 |
|---|---|---|---|---|---|
| 1 | 细粒式沥青混凝土 | 40 | 1600 | 100 | 1.25 |
| 2 | 中粒式沥青混凝土 | 50 | 1400 | 100 | 1.25 |
| 3 | 粗粒式沥青混凝土 | 70 | 1100 | 50 | 1.25 |
| 4 | 水泥稳定碎石 | 180 | 2850 | 675 | 1.25 |
| 5 | 水泥稳定碎石 | 310 | 2450 | 575 | 1.25 |
| 6 | 级配碎石 | 150 | 200 | 0 | 1.25 |
| 7 | 新建路基 | | 40 | | 1.25 |

计算新建路面各结构层及路基顶面交工验收弯沉值：

第 1 层路面顶面交工验收弯沉值 LS=16.79（0.01mm）

第 2 层路面顶面交工验收弯沉值 LS=18.03（0.01mm）

第 3 层路面顶面交工验收弯沉值 LS=19.67（0.01mm）

第 4 层路面顶面交工验收弯沉值 LS=22.27（0.01mm）

第 5 层路面顶面交工验收弯沉值 LS=38.96（0.01mm）

第 6 层路面顶面交工验收弯沉值 LS=206.73（0.01mm）

路基顶面交工验收弯沉值 LS=186.31（0.01mm）（根据《公路沥青路面设计规范》公式计算）

　　　　　　　　　　　　 LS= 237.26（0.01mm）（根据《公路路面基层施工技术细则》公式计算）

## 5.4 改建路段旧路面当量回弹模量计算程序（UOC）

沥青路面随着使用时间的延续，其使用性能和承载能力不断降低，超过设计使用年限后便不能满足正常行车通行的要求，而需要补强或改建。路面补强设计工作包括现有路面结构状况调查、弯沉评定以及补强厚度计算。当原有路面需要提高等级时，对不符合技术标准的路段应先进行线形改善，改线路段应按新建路面设计。加宽路面、提高路基、调整纵坡的路段应视具体情况按新建或改建路面设计。在原有路面上补强设计时，按新建路面设计。路面补强设计工作包括现有路面结构状况调查、弯沉评定以及补强厚度计算。

针对 UOC 程序特点，本节仅针对沥青路面加铺层设计进行介绍，并重点包括沥青路面弯沉评定、沥青旧路面当量回弹模量计算。针对水泥混凝土路面加铺沥青混凝土路面将在"旧混凝土路面上加铺层设计程序（UCPD3）"进行详细介绍。

### 5.4.1 现有路面结构状况调查

沥青路面加铺层设计前应先调查旧路面现状，其目的主要是了解路面现有结构状况和强度，分析路面损坏原因，对路面破损程度进行分段评价。旧路面的主要调查分析宜包括以下主要内容：

（1）交通调查。对交通量和车型组成进行实地观测。通过调查分析预估交通量增长趋势，确定年平均增长率。

（2）路基状况调查。调查沿线路基土质、填挖高度、地面排水情况、地下水位，以确定路基土组成和干湿类型。

（3）路面状况调查。调查破损情况包括裂缝率、车辙深度、修补面积等；评价旧路面结构承载能力；进行分层钻孔取样和试验，采集沥青混合料和基层、路基的样品，分析破坏原因，判断其破坏层位和利用的可能性。

（4）路面修建和养护历史查询。

### 5.4.2 弯沉评定

旧路面弯沉评定依据《公路路基路面现场测试规程》（JTG E60—2008）采用贝克曼梁测定。由于路面在一年内的不同时期具有不同的强度，而经补强设计的路面必须保证在最不利季节具有良好的使用状态，因此原有路面的弯沉值应在不利季节测定，若在非不利季节测定，应按各地季节影响系数进行修正。如在原砂石路面上加铺沥青面层时，因补强后对路基的湿度有影响，路基和基层中水分蒸发较以前困难，导致路基和基层中湿度增加，强度降低，弯沉增大，因此还应根据当地经验进行湿度影响的修正。针对旧沥青混凝土路面，还应根据实测温度作温度修正。

#### 5.4.2.1 旧沥青路面弯沉评定原则

在确定原路面计算弯沉时，应将全线分段，并遵循以下原则：

（1）同一路段路基的干湿类型与土质基本相同。

（2）同一路段内各测点的弯沉值比较接近，若局部路段弯沉值很大，应先进行修补处理，再进行补强设计。此时，该段计算代表弯沉值可不考虑个别弯沉值大的点。

（3）各路段的最小长度应与施工方法相适应。一般不小于 1km。在水文、土质条件复杂或需特殊处理的路段，其分段长度可视实际情况确定。

在对原有路面进行弯沉检测时，每一车道、每路段的测点数不小于 20 点，且应以标准轴载车辆配备贝克曼梁进行测定，或用落锤式弯沉仪进行测定（FWD）。

#### 5.4.2.2 贝克曼梁测定旧沥青路面回弹弯沉方法

（1）检测设备

1）检测车：（按《公路路基路面现场测试规程》（JTG E60）中 BZZ-100 等级检测）

①为后单轴四轮，单侧轮间距大于 3cm，各后轮胎气压按规定充气至 0.707MPa；

②加载砂石，确认时称重轴载符合规范的 100±1kN 的要求；

③单轮接地面积测量：在平整水泥路面上用千斤顶抬起后轴，铺好复印纸后缓缓放下，在厘米方格纸上留下左右轮接地面积。经计算机 CAD 量取计算：

左侧平均：单轮接地面积 $S$（cm$^2$），计算当量圆直径 $D$（cm）；

右侧平均：单轮接地面积 $S$（cm$^2$），计算当量圆直径 $D$（cm）。

并检验是否满足《公路路基路面现场测试规程》（JTG E60）中 21.30±0.5cm 的规定。

2）百分表：在校准实验室检定的有效期内，测前检查灵敏状况良好。

3）弯沉仪：采用总长为 5.4m 的贝克曼梁弯沉仪进行弯沉检测；贝克曼梁的最大误差满足《公路路基路面现场测试规程》（JTG E60）规定。

（2）检测方法

沥青路面测试时弯沉仪测试点位于车轮正下方前 3cm 左右，注意避开沥青路面横向裂缝明显破损的位置（离开 2m 以上），安装百分表于贝克曼梁尾部，稳定后测试车缓慢驶离，记录最大读数为初读数，待路面回弹稳定后，记录最小读数为终读数，即读出回弹峰值。

测试步骤详见《公路路基路面现场测试规程》（JTG E60）。

1）弯沉计算

①路面测点的回弹弯沉值按下式计算：

$$l_t = (l_1 - l_2) \times 2 \tag{5-4-1}$$

式中　$l_t$——在路面温度 $t$ 时的回弹弯沉值（0.01mm）；

　　　$l_1$——车轮中心邻近弯沉值测头时百分表的最大读数（0.01mm）；

　　　$l_2$——汽车驶出弯沉影响半径后百分表的最终读数（0.01mm）。

②当沥青面层厚度大于 5cm 的沥青路面，回弹弯沉值应进行温度修正。温度修正及回弹弯沉的计算参见《公路路基路面现场测试规程》（JTG E60）。

2）路段弯沉评定

①路段弯沉平均值计算

$$\bar{l}_t = \sum l_t \div N \tag{5-4-2}$$

②弯沉标准差计算

$$S = \sqrt{\sum (\bar{l}_t - l_t)^2 \div (N-1)} \tag{5-4-3}$$

③异常点舍弃

参照《公路路基路面现场测试规程》（JTG E60）有关弯沉检测规定，在 3 倍标准差以外的测试点予以舍弃，并提醒设计人员注意根据其弯沉值进行附近路段的路基补强。

④路段弯沉评定

根据舍弃异常点后的检测弯沉值，计算弯沉平均值、弯沉标准差，依据《城镇道路路面设计规范》（CJJ 169）路段代表弯沉：

$$l_t' = (\bar{l}_t + Z_a S) K_1 K_2 K_3 \tag{5-4-4}$$

式中　$l_t'$——旧路面的计算弯沉代表值（0.01mm）；

　　　$K_1$——季节影响系数，可根据当地经验确定；

　　　$K_2$——湿度影响系数，根据当地经验确定；

　　　$K_3$——温度修正系数，可根据当地经验确定；

　　　$Z_a$——与保证率有关的系数，快速路、主干路 $Z_a$=1.645，其他等级道路沥青路面 $Z_a$=1.5。

### 5.4.3　加铺层设计

#### 5.4.3.1　旧沥青路面处理原则、加铺层设计原则

（1）旧沥青路面处理原则

1）沥青路面整体强度基本符合要求，车辙深度小于 10mm，轻度裂缝而平整度及抗滑性能差时，可直接加铺罩面层、恢复表面使用功能。

2）对中度、重度裂缝段宜视具体情况铣刨路面，否则应进行灌缝、修补坑槽等处理，必要时采取防裂措施后再加铺沥青层。对沥青层网裂、龟裂或沥青老化的路段应进行铣刨并清除干净，并设黏层沥青后，再加铺沥青层。

3）对整体强度不足或破损严重的路段，视路面破损程度确定挖除深度、范围以及加铺层的结构和厚度。

（2）加铺层设计原则

1）当强度不足时，才进行补强设计，设计方法与新建路面相同。

2）加铺层的结构设计，应根据旧路面综合评价，道路等级、交通量，考虑与周围环境相协调，结合纵、横断面调坡设计等因素，选用直接加铺或开挖旧路至某一结构层位，采取

加铺一层或多层沥青补强层，或加铺半刚性基层、贫混凝土基层等结构层设计方案。

**5.4.3.2　加铺层设计步骤**

加铺层厚度与结构组合应与纵横断面设计相结合，路面厚度设计应考虑路面纵坡是否顺适、与周围环境是否协调等情况进行综合分析确定。

加铺层的结构类型，而可根据道路等级、交通量和已有经验，选用一层或多层沥青混合料或半刚性基层、组合基层、柔性基层、贫混凝土基层等结构。

加铺层设计可按以下步骤进行：

（1）原路面当量回弹模量

用理论法进行路面的补强计算时，需要将原路面计算弯沉值换算成综合回弹模量值。进行这种换算时，将原路基路面体系看作为计算弯沉相等的均质体，同时考虑承载板测定回弹模量与弯沉测定回弹模量之间的差异。各路段的当量回弹模量应根据各路段的计算弯沉值，按下式计算：

$$E_t = 1000 \frac{2p\delta}{l_0'} m_1 m_2 \tag{5-4-5}$$

式中　$E_t$——旧路面的当量回弹模量（MPa）。

$p$——测定车轮的平均垂直荷载（MPa）。

$\delta$——测定用标准车双圆荷载单轮传压面当量圆的半径（cm）。

$m_1$——用标准轴载的汽车在旧路面上测得的弯沉值与用承载板在相同压强条件下所测得的回弹变形值之比，即轮板对比值；应根据各地的对比试验结果论证确定，在没有对比试验资料的情况下，可取 $m_1=1.1$ 进行计算。

$m_2$——旧路面当量回弹模量扩大系数。计算与旧路面接触的补强层层底拉应力时，$m_2$ 按下式计算；计算其他补强层层底拉应力、拉应变及弯沉值时，$m_2=1.0$。

引入修正系数是因为按照拉应力验算的原则，在进行与旧路面接触的补强层层底拉应力验算时，计算层与结构层（即旧路面面层）的材料参数应维持不变。但旧路面当量回弹模量相当于在弯沉等效的基础上将由数层不同材料组成的旧路面等效视作一均质弹性半空间体时所对应的等效模量。显然，该模量值不同于和计算层相邻的原路面面层的回弹模量，因此，在进行与旧路面接触的补强层层底拉应力验算时，应对旧路面当量回弹模量进行修正。

$$m_2 = e^{0.037\frac{h'}{\delta}\left(\frac{E_{n-1}}{p}\right)^{0.25}} \tag{5-4-6}$$

式中　$E_{n-1}$——与旧路面接触层材料的抗压模量（MPa）；

$h'$——各补强层换算为与旧路面接触层 $E_{n-1}$ 相当的等效总厚度（cm）。

等效总厚度按下式计算：

$$h' = \sum_{i=1}^{n-1} h_i (E_i / E_{n-1})^{0.25} \tag{5-4-7}$$

式中　$E_i$——第 $i$ 层补强层材料的抗压回弹模量（MPa）；

$h_i$——第 $i$ 层补强层的厚度（cm）；

$n-1$——补强层层数。

（2）拟订路面结构

拟订几种可行的结构组合及设计层，并确定各补强层的材料参数。

拟订路面结构层需注意以下几点：

1）提高原道路等级：对不符合技术标准的路段应先进行线形改善，改线路段应按新建路面拟定路面结构。

2）加宽路面、抬高路基及调整纵坡：应根据实际情况合理选择，是按新建路面拟定路面结构或按改建拟定路面结构。

3）原有路面补强：按改建拟定路面结构。

各补强层的材料参数确定方法与新建沥青路面结构材料参数确定方法一致。

（3）确定设计指标

拟定路面结构后，应根据加铺层的类型和道路等级确定设计指标。设计指标确定与新建沥青路面结构设计指标确定一致。

1）当以路表回弹弯沉作为设计指标时，弯沉综合修正系数宜按下式计算：

$$F = 1.45 \left( \frac{l_s}{2000\delta} \right)^{0.61} \left( \frac{E_t}{p} \right)^{0.61} \tag{5-4-8}$$

式中　$p$——标准轴载下的轮胎接地压强（MPa）；

$\delta$——当量圆半径（cm）；

$E_t$——旧路面的当量回弹模量（MPa）；

$F$——弯沉综合修正系数。

2）当以路表弯沉值、半刚性基层层底弯拉应力、沥青层剪应力为设计指标时，仍按新建路面设计方法进行计算。

（4）设计层厚度计算

确定设计指标后，基于弹性层状体系理论，依据《城镇道路路面设计规范》（CJJ 169）中相关内容或采用 URAPDS 程序计算设计层厚度。

对于季节性冰冻地区的中、潮湿路段应进行防冻厚度验算。

（5）技术经济比较

进行技术经济比较，选定最佳路面结构方案。

### 5.4.4　需要注意的问题

（1）路面检测与加铺层结构设计

依据原有路面检测资料，按《城镇道路养护技术规范》（CJJ 36—2016）的规定，对路面破损状况、行驶质量、强度及抗滑性能进行质量评价，并根据施工要求参考养护对策进行罩面或加铺层设计。

（2）薄层罩面与旧路补强设计

①薄层罩面是提高旧沥青面层服务功能的措施，一般单层沥青混合料罩面厚度选用 30～50mm；

②磨耗层是一种构造深度较大、抗滑性能较好的薄层结构；

③超薄磨耗层一般厚度为 20～25mm；

④旧沥青路面处理也可选用稀浆封层、微表处或养护剂等处治措施；

⑤旧路补强不等同于新建路面设计（当强度不足时，设计方法与新建路面相同），其目的是为满足一定时间内交通需要，因此旧路补强设计应根据道路等级、交通量、改扩建规划

和已有经验确定适当的设计基准期。

（3）旧路面裂缝处理

当旧路面有较多裂缝时，为减缓反射裂缝，可在调平层上或补强层之间铺设土工合成材料，起到加筋、减裂、隔离软弱夹层等作用。

### 5.4.5 改建路段旧路面当量回弹模量计算实例

#### 5.4.5.1 背景资料

某主干路为沥青混凝土路面，采用贝克曼梁（测定车后轴载为100kN）在外界环境温度为20℃时对改建路段旧路面进行弯沉测定（共27个测点），结果见表5-4-1。

表5-4-1　　　　　　　　　　　弯沉检测数据表

| 测点 | 现场测定值（读数差） | 主点弯沉（0.01mm） | 测点 | 现场测定值（读数差） | 主点弯沉（0.01mm） | 测点 | 现场测定值（读数差） | 主点弯沉（0.01mm） |
|---|---|---|---|---|---|---|---|---|
| 1 | 6 | 12 | 10 | 8 | 16 | 19 | 10 | 20 |
| 2 | 12 | 24 | 11 | 10 | 20 | 20 | 4 | 8 |
| 3 | 8 | 16 | 12 | 8 | 16 | 21 | 6 | 12 |
| 4 | 6 | 12 | 13 | 10 | 20 | 22 | 10 | 20 |
| 5 | 14 | 28 | 14 | 12 | 24 | 23 | 10 | 20 |
| 6 | 6 | 12 | 15 | 4 | 8 | 24 | 8 | 16 |
| 7 | 4 | 8 | 16 | 2 | 4 | 25 | 2 | 4 |
| 8 | 16 | 32 | 17 | 12 | 24 | 26 | 8 | 16 |
| 9 | 12 | 24 | 18 | 10 | 20 | 27 | 4 | 8 |

#### 5.4.5.2 计算方法一（手工计算）

（1）弯沉代表值计算

依据《公路路基路面现场测试规程》（JTG E60）贝克曼梁测定路基路面回弹弯沉试验方法，计算弯沉代表值 $\overline{l}_t$ 结果见表5-4-2。其中季节影响系数 $K_1=1.0$，湿度影响系数 $K_2=1.0$。

从表中可以看出此路段代表弯沉值 $\overline{l}_t$ 为28.04（0.01mm）。

表5-4-2　　　　　　　　　　　代表弯沉值计算表

| | |
|---|---|
| 1. 测试环境：环境温度20℃ | 本路段车道主点弯沉评定 |
| 2. 路面材料：沥青混凝面层、无机结合料稳定类基层 | 1. 测试点数 $N=27$ 评定点 $N=27$ |
| 3. 由于沥青路段沥青厚度大于5cm，所以要作温度修正。 | 2. 弯沉平均值 $\overline{l}_t$ |
| 沥青温度修正系数：$K_3=0.99$ | $$\overline{l}_t=\left(\sum l_t\right)\div N=16.44$$ |
| 4. 测点异常：标志"1"的点为该点弯沉＞38.1（验前代表弯沉），不参与评定 | 3. 弯沉标准差 $S$ |
| | $$S=\sqrt{\left[\sum(\overline{l}_t-l_t)^2/(N-1)\right]}=7.22$$ |
| 5. 本表单位：0.01mm | 4. 保证率系数 $Z_a=1.645$（主干路） |
| 弯沉平均值　　　　　16.44 | 5. 代表弯沉 $l_t'$ |
| 弯沉平均值+3倍标准差　　38.10 | $$l_t'=\overline{l}_t+Z_aSK_1K_2K_3=28.04$$ |
| | （单位：0.01mm） |

| 测点 | 现场测定值（读数差） | 主点弯沉（0.01mm） | 均方差 $(\overline{l_t}-l_i)^2$ | 弯沉标准差 | 测点异常标记 |
|---|---|---|---|---|---|
| 1 | 6 | 12 | 19.75 | | |
| 2 | 12 | 24 | 57.09 | | |
| 3 | 8 | 16 | 0.20 | | |
| 4 | 6 | 12 | 19.75 | | |
| 5 | 14 | 28 | 133.53 | | |
| 6 | 6 | 12 | 19.75 | | |
| 7 | 4 | 8 | 71.31 | | |
| 8 | 16 | 32 | 241.98 | | |
| 9 | 12 | 24 | 57.09 | | |
| 10 | 8 | 16 | 0.20 | | |
| 11 | 10 | 20 | 12.64 | | |
| 12 | 8 | 16 | 0.20 | | |
| 13 | 10 | 20 | 12.64 | | |
| 14 | 12 | 24 | 57.09 | 7.22 | |
| 15 | 4 | 8 | 71.31 | | |
| 16 | 2 | 4 | 154.86 | | |
| 17 | 12 | 24 | 57.09 | | |
| 18 | 10 | 20 | 12.64 | | |
| 19 | 10 | 20 | 12.64 | | |
| 20 | 4 | 8 | 71.31 | | |
| 21 | 6 | 12 | 19.75 | | |
| 22 | 10 | 20 | 12.64 | | |
| 23 | 10 | 20 | 12.64 | | |
| 24 | 8 | 16 | 0.20 | | |
| 25 | 2 | 4 | 154.86 | | |
| 26 | 8 | 16 | 0.20 | | |
| 27 | 4 | 8 | 71.31 | | |

（2）旧路面当量回弹模量计算

旧路面当量回弹模量计算：

$$E_t = 1000 \frac{2p\delta}{l_0'} m_1 m_2 = 1000 \times \frac{2 \times 0.7 \times 10.65}{28.04} \times 1.1 \times 1.0 = 585.01\,(\text{MPa})$$

**5.4.5.3 计算方法二（UOC 程序计算）**

进入系统主菜单窗口，点击"路面设计与计算"→"沥青路面设计与计算"→"改建路段旧路面当量回弹模量计算（UOC）"，弹出"改建路段旧路面当量回弹模量计算程序（UOC）主窗口"，如图 5-4-1 所示。

（1）原始数据输入

原始数据输入共有两种方式：①人机对话键盘输入；②原有数据文件输入。

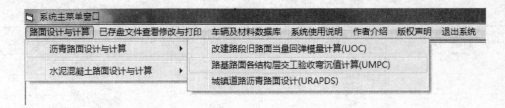

图 5-4-1 系统主菜单

人机对话键盘输入即将所有基础资料按照对应的位置在本界面手工输入。

原有数据文件输入即将上一次"数据存盘"文件再次导入，或者导入*.dat 文件，完成数据输入工作。

在本算例中选择"人机对话键盘输入"方式。

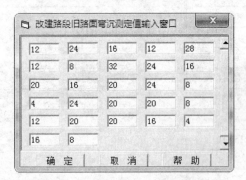

图 5-4-2 弯沉测定值输入

（2）旧路面弯沉测定

采用贝克曼梁（测定车后轴载 80～130kN）对改建路段进行弯沉测定。由于本次弯沉检测采用 BZZ-100 标准轴载车，因此测定车轴载取 100，测定值个数取 27，并点击右侧 弯沉测定值输入... 按钮，将表 5-4-1 中弯沉测定值输入表中，如图 5-4-2 所示。

（3）加铺路面类型与旧路面基层类型

1）加铺路面类型：加铺沥青路面。

2）旧路面基层类型：无机结合料稳定类基层。

（4）其他参数

道路等级：城市主干路；

季节影响系数 $K_1=1$；

湿度影响系数 $K_2=1$；

改建路段旧路面沥青面层厚度：120mm；

测定时路表温度与测定前 5d 日平均气温的平均值之和：50℃。

 提 示

待改建路段旧路面沥青面层厚度为 12cm，由于厚度＞5cm，因此需要进行温度修正，通过温度修正后，依据《公路路基路面现场测试规程》（JTG E60）图 T0951-2 可以计算出测定时路表温度与测定前 5d 日平均气温的平均值之和为 50℃。

（5）当量回弹模量计算

所有数据输入完成后，如图 5-4-3 所示。

点击 计 算 按钮，弹出另存为对话框，将计算文件保存为 txt 文件，计算结果见附件 3。

附件 3

改建路段旧路面当量回弹模量计算
旧路面路表实测弯沉值（0.01mm）

| | | | | | | | | | |
|---|---|---|---|---|---|---|---|---|---|
| 12 | 24 | 16 | 12 | 28 | 12 | 8 | 32 | 24 | 16 |
| 20 | 16 | 20 | 24 | 8 | 4 | 24 | 20 | 20 | 8 |

12    20    20    16    4    16    8

旧路面有效弯沉数：27
旧路面实测弯沉平均值：16（0.01mm）
旧路面实测弯沉标准差：7（0.01mm）

测定汽车轴载　　100kN
改建道路等级主干路
与保证率有关的系数　　1.645
旧路面沥青面层厚度　　120（mm）
测定时路表温度与测定前 5d 日平均气温的平均值之和　　50（℃）
旧路面基层类型：无机结合料稳定类基层
季节影响系数　1　　　　湿度影响系数　1　　　　温度修正系数　1.01
旧路面各路段的计算弯沉值：28（0.01mm）
旧路面的当量回弹模量：585.8（MPa）

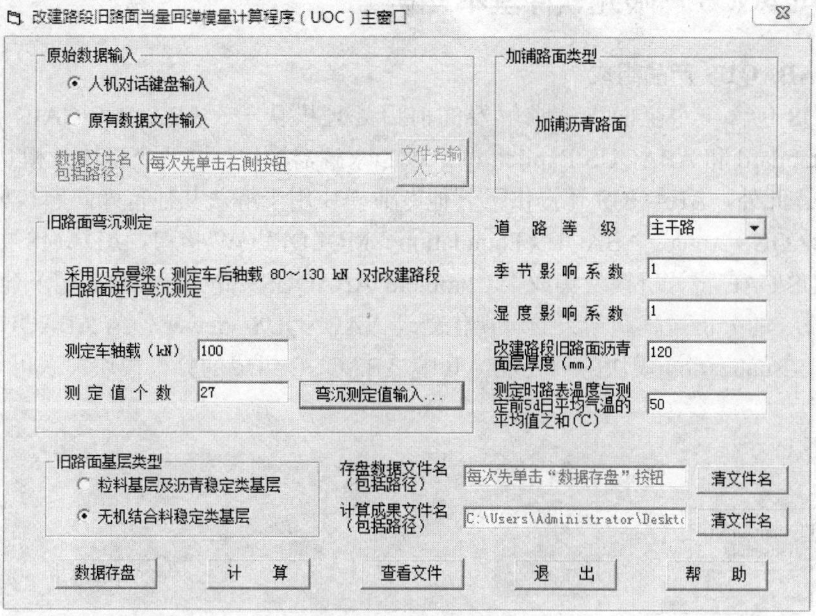

图 5-4-3　当量回弹模量数据输入

### 5.4.5.4　结果对比

利用《城镇道路路面设计规范》（CJJ 169）5.6 节计算规则计算出旧路面当量回弹模量为585.01MPa；利用 UOC 程序计算得到旧路面当量回弹模量为 585.8MPa。两种计算由于计算原则与方法相同，结果也基本相同。

# 6

# ABAQUS 有限元软件与路面结构分析

## 6.1 ABAQUS 有限元软件总体介绍

## 6.2 ABAQUS 有限元软件基本知识

### 6.2.1 ABAQUS 产品组成

ABAQUS 包含一个全面支持求解器的前后处理模块——ABAQUS/CAE，同时还包括 ABAQUS/Standard 和 ABAQUS/Explicit 两个核心求解器模块，这两个模块是相互补充、集成的分析模块。此外，ABAQUS 还提供了其他专业模块用于解决其他特殊问题，如 ABAQUS/Design、ABAQUS/Aqua、ABAQUS/Foundation、MOLDFLOW 接口、ADAMS 接口等。

ABAQUS/CAE 将分析模块集成于 Complete ABAQUS Environment，用于建模、管理、监控 ABAQUS 的分析过程和结果的可视化处理。ABAQUS/Viewer 作为 ABAQUS/CAE 的子模块，用于 Visualization 模块的后处理，其中 ABAQUS 组成的分析模块关系可以用图 6-2-1 表示。

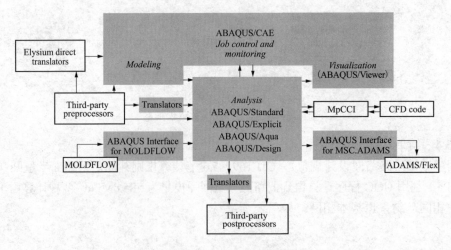

图 6-2-1 ABAQUS 的组成

（1）ABAQUS/CAE

ABAQUS/CAE（Complete ABAQUS Environment）广泛支持 ABAQUS 分析功能，并且为用户提供了一个人机交互式的使用环境，可以将建模、分析、作业管理和结果评估无缝集成，为可用的 ABAQUS 求解器提供最完整的界面。用户可以通过简单操作完成模型构建、材料特性、分析步、荷载、接触等定义，并且可以通过后处理即可视化功能完成结果分析。

（2）ABAQUS/Viewer

ABAQUS/Viewer 作为 ABAQUS/CAE 的子模块，主要用于 Visualization 模块的后处理。

（3）ABAQUS/Standard

ABAQUS/Standard 是一个通用分析模块，它能够求解广泛领域的线形和非线性问题，包括静态分析、动态分析，以及复杂的非线性耦合物理场分析，在每一个求解增量步中，ABAQUS/Standard 隐式地求解方程组。

（4）ABAQUS/Explicit

ABAQUS/Explicit 可以进行显式动态分析，它适用于求解复杂非线性动力学问题和准静态问题，特别是模拟短暂、瞬时的动态事件，如冲击、爆炸问题。此外，它对处理接触条件变化的高度非线性问题也非常有效，如模拟成型问题。

### 6.2.2 ABAQUS/CAE 简介

#### 6.2.2.1 ABAQUS 分析步骤

ABAQUS 有限元分析包括三个分析步骤：前处理（ABAQUS/CAE）、模拟计算（ABAQUS/standard 或 ABAQUS/Explicit）和后处理（ABAQUS/Viewer 或 ABAQUS/CAE）。三个分析步骤通过以下方法实现。

（1）前处理（ABAQUS/CAE）

在前处理阶段需要定义物理问题的模型，并生成一个 ABAQUS 输入文件。ABAQUS/CAE 是 ABAQUS 的交互式绘图环境，可以生成 ABAQUS 模型，交互式地提交和监控分析作业，并显示分析结果。ABAQUS 分为若干个分析模块，每一个模块定义了模拟过程的一个方面，例如定义几何形状、材料性质及划分网格等。建模完成后，ABAQUS/CAE 可以生成 ABAQUS 输入文件，提交给 ABAQUS/Standard 或 ABAQUS/Explicit。

有一定基础的用户也可利用其他前处理器（如 MSC. PATRAN、Hypermesh、FEMAP 等）来建模，但 ABAQUS 的很多特有功能（如定义面、接触对和连接件等）只有 ABAQUS/CAE 才能支持，这也是 ABAQUS 优势之一。

（2）模拟计算（ABAQUS/standard 或 ABAQUS/Explicit）

在模拟计算阶段，利用 ABAQUS/standard 或 ABAQUS/Explicit 求解输入文件中所定义的数值模型，通常以后台方式运行，分析结果保存在二进制文件中，以便于后处理。完成一个求解过程所需的时间取决于问题的复杂程度和计算机的运算能力，可以从几秒到几天不等。

（3）后处理（ABAQUS/Viewer 或 ABAQUS/CAE）

ABAQUS/CAE 的后处理部分又称为 ABAQUS/Viewer，用于读入分析结果数据，以多种方式显示分析结果，包括彩色云图、动画、变形图和 XY 曲线等。

#### 6.2.2.2 ABAQUS/CAE 简介

ABAUQS/CAE 主窗口如图 6-2-2 所示。包括以下几部分组成。

（1）标题栏

标题栏显示了正在运行 ABAQUS/CAE 版本，当前模型所保存路径及模型数据库名称。

（2）菜单栏

ABAQUS/CAE 中每种功能模块所对应的建模内容不同，菜单栏内容是有所区别，通过对菜单栏的操作可实现所有功能，具体内容详见 ABAQUS/CAE 用户手册。

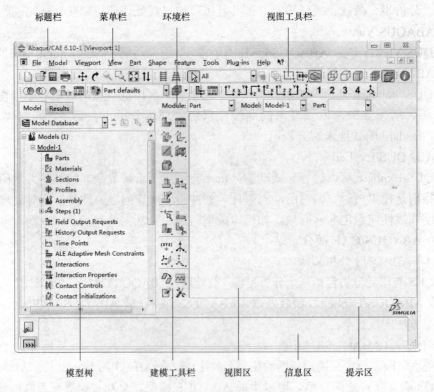

图 6-2-2 ABAQUS/CAE 主窗口

（3）环境栏

ABAQUS/CAE 环境栏包含了所有的功能模块，每一模块完成建模的一种特定功能，通过环境栏中的 Module 列表，可切换各功能模块。一个 ABAQUS/CAE 模型中可包含多个模型，环境栏中 Model 选项即显示当前模型，Part 选项则是当前模型下的部件（一个模型可有一个或多个）。

（4）视图工具栏

视图工具栏提供了菜单访问的快捷方式，这些功能也可通过菜单直接访问，视图工具栏为用户提供视图区模型多个角度、多种方式的可视化操作。

如 允许用户从不同角度、不同位置显示模型的全部或局部区域，方便用户进行模型定义和视图； 允许用户有选择的显示模型的区域，方便复杂模型的边界条件及荷载定义。

视图工具栏中快捷方式可通过菜单栏 View→Toolbars 调用和隐藏。

（5）建模工具栏

建模工具栏显示在当前功能模块（Module）下模型的建立、编辑、定义等操作，熟练掌握建模工具栏的应用可提高建模效率。

（6）模型树

模型树（Model Tree）是 ABAQUS 6.5 以上版本新增内容，以结构化方式显示了整个 Module 的所有内容，通过模型树的展开和隐藏可以查阅整个模型的图形化描述，如部件、材料、分析步、荷载和输出定义等。

在一些特别的情况下，模型树将非常有用，如对部分部件进行删除操作后，可能会影响到装配体的状态，导致运算结果无法收敛，这时在模型树中依次点击 Model Database→Models→Model-1→Assembly→Instances，在子目录中将出现一个或多个红"×"，选中红"×"对应内容，右键删除，即可解决删除操作后计算无法收敛问题，由此可见利用模型树可以找出删除操作无法收敛的原因。

（7）视图区

视图区是一个可无限放大和缩小的屏幕，ABAQUS/CAE 为用户提供了一种交互式绘图环境，模型建立、定义均可在图形中显示，提高建模的效率。

当进入后处理模块（ABAQUS/Viewer），视图区可显示 ABAQUS/CAE 模型分析结果部分，包括彩色云图、动画、变形图和 XY 曲线等，如图 6-2-3 所示，其中视图区图例、状态栏、标题栏、视图方向（坐标）为后处理模块视图区主要内容。

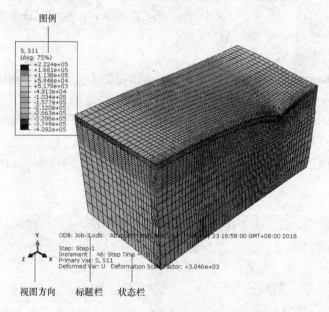

图 6-2-3　ABAQUS/CAE 视图区组成

（8）提示区

提示区为用户下一步操作提供提示，提高建模的准确性。例如在创建一个集合（Set）时，提示区将提醒用户选择对应的对象；在分割一个部件时，提示区将提示用户选择切割方式，以便决定下一步操作。

（9）信息区

信息区将显示状态信息和警告，这也是命令行接口（Command line interface）的位置，两者可通过主窗口左下角 （Message area）和 （Command line interface）图标相互切换。

ABAQUS/CAE 在信息区显示状态和警告信息，可采用鼠标拖拽操作改变其大小，也可采用滚动条查阅信息区信息。

### 6.2.3　ABAQUS/CAE 分析模块（Module）

一个 ABAQUS/CAE 模型中可以包含多个模型，一个模型 Module（模块）列表中包含 10

个功能模块，点击窗口顶部环境栏可查看相关模块，如图 6-2-4 所示，这些模块的次序也是

ABAQUS/CAE 推荐建模顺序，当然用户也可根据需要选择适当的建模次序。

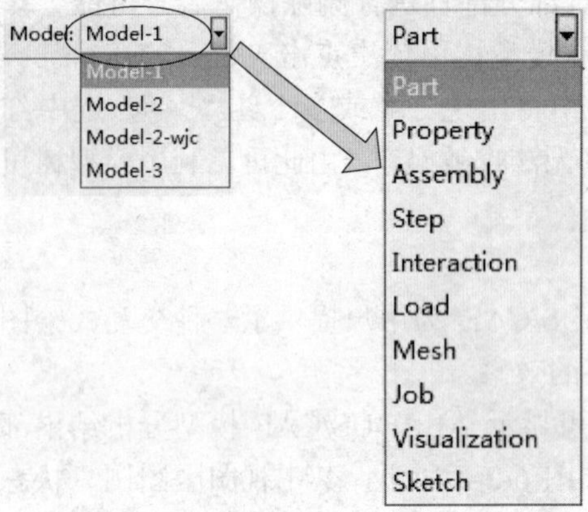

一般情况下，材料、边界条件及荷载等直接定义在几何模型上，而不是定义在单元和节点上，这样在修改网格时，不必重新定义材料和边界条件等模型参数。当然用户可根据需要首先划分网格，用于优化几何模型，这种情况下修改几何模型，之前定义好的边界条件、荷载及接触等均失效，需重新定义。

图 6-2-4　ABAQUS/CAE 分析模块

平面利用拉伸、旋转等功能可生成三维部件。

#### 6.2.3.1　Sketch 模块

使用 Sketch 模块可以绘制部件二维平面，包括实体部件、梁、区域等，利用草图模块绘制的二维平面利用拉伸、旋转等功能可生成三维部件。

（1）Sketch 模块进入方式

1）进入环境栏 Module 列表，选择 Sketch 模块，点击左侧工具栏　（Create Sketch），输入创建草图名称，即可进入绘图环境。

2）进入环境栏 Module 列表，选择 Part 模块，点击左侧工具栏　（Create Part），设定 Part 创建参数，即可进入绘图环境。

3）在 Part、Assembly 和 Mesh 模块中点击　（Partition Face：Sketch），也可进入 Sketch 模块进行某个面的切分。

（2）草图绘制工具

进入草图绘制环境后，左侧绘图工具栏提供了以下绘图功能，用户可根据需要在右侧绘图区完成草图二维平面的绘制。

1）绘制点、线、圆、矩形、倒角和样条曲线等基本图形单元。

2）绘制水平线、垂直线、斜线和圆等用户绘图定位的辅助线。

3）尺寸标注。

4）通过移动顶点或改变尺寸修改平面。

5）复制图形。

利用　（Partition Face：Sketch）功能分割模型某个面，进入草图方式有两种：自动计算（Auto-Calculate）和指定（Specify）两种方式。采用 Auto-Calculate 方式，选择模型某个面进入草图环境坐标是通过软件自动计算的；采用 Specify 方式，用户可以指定进入草图环境的坐标位置和方向。推荐采用 Specify 方式进行草图绘制。

同许多 CAD 系统类似，ABAQUS/CAE 也是基于部件和部件实体装配体设计，在 Sketch 模块下点击主菜单 File→Import→Sketch，可以导入以下格式的二维 CAD 文件：AutoCAD（.dxf）、IGES（.igs）、ACIS（.sat）和 STEP（.stp）。

#### 6.2.3.2　Part 模块

ABAQUS/CAE 模型由一个或多个部件构成，用户可在 Part 模块中创建和修改部件，进入 Assembly 模块进行组装。ABAQUS/CAE 中的部件有两种：几何部件（native part）和网格

部件（orphan mesh part）。几何部件是基于"特征"的（feature-based），特征（feature）包含了部件的几何信息、设计意图和生成规则；网格部件不包含特征，只包含关于节点、单元、面、集合（Set）的信息。

两种部件各有优点，几何部件提高了几何模型的修改效率，修改网格时无须重新定义材料、荷载及边界条件；网格部件直接使用划分好的网格，便于用户对节点和单元进行编辑。在实际分析过程中，几何部件和网格部件往往均共存于模型中，用户可以对几何部件进行操作，也可以处理单纯的节点和单元数据，接触、荷载以及边界条件即可以施加在几何部件上，也可以直接施加在单元的节点、边或面上。这种允许几何部件与网格部件混合使用的建模环境，为用户分析特定问题提供了极大的方便。

（1）Part 模块的功能

在 Part 模块中可以创建、编辑和管理模型中的各个部件，具体包括以下功能：

1）主菜单 Part：可创建柔体部件（deformable part）、离散刚体部件（discrete rigid part）或解析刚体部件（analytical rigid part），对它们进行复制、重命名、删除、锁定和解除锁定等操作。

2）主菜单 Shape：通过创建拉伸（extrude）、旋转（revolve）、扫掠（sweep）、倒角（round/fillet）和放样（loft）等特征来定义部件的几何形状。

3）主菜单 Tools：定义集合、基准和刚体部件的参考点，用于分割部件。

（2）部件创建

在 Part 模块下点击菜单栏 Part→Create 可创建 3D、2D、轴对称（Axisymmetric）三种几何模型，类型可以为柔性部件（Deformable）、离散刚体（Discrete rigid）、解析刚体（Analytical rigid）。几何属性（Shape）可以为：实体（Solid）、壳体（Shell）、线（Wire）和点（Point），如图 6-2-5 所示。

（3）道路工程建模

对于道路工程常用的几何模型有 3D、2D 平面，对于某些具有对称性质的材料或路面结构，也可以采用轴对称模型进行建模；根据研究对象，路面结构材料中水泥混凝土、沥青混凝土、水泥稳定碎石、大粒径沥青碎石、土基一般采用 Solid 建模；对于传力杆、钢筋等单元根据模型分析部位不同可以采用 solid 单元或 Wire 单元；对于路面结构中的初始裂纹可以通过 Wire 进行定义。

在 Part 模块下可利用拉伸、旋转、倒角等功能对部件调整。

**6.2.3.3　Property 模块**

该模块主要用于定义模型所使用的本构关系。ABAQUS/CAE 与其他软件不同，不能直接指定单元或几何部件的材料特性，而是要首先定义相应的截面属性（Section），然后指定截面属性的材料，再把此截面属性赋予相应的部件。注意这里的"截面属性"包含的是广义的部件特性，而不是通常意义上的梁或板的截面形状。下面简单介绍 Property 模块的主要内容。

1）主菜单 Material：创建和管理材料。

图 6-2-5　Create Part 对话框

2）主菜单 Section：创建和管理截面属性。

3）主菜单 Profile：创建和管理梁截面。

4）主菜单 Special→Skin：在三维物体的某一个面或轴对称物体上的一条边上附上一层皮肤，这种皮肤的材料可以与物体原来的材料不同。

5）主菜单 Assign：指定部件的截面、取向（Orientation）、法线方向和切线方向。

ABAQUS 定义了多种材料本构关系及失效准则模型，主要包括以下内容。

（1）弹性材料模型

1）线弹性：可以定义弹性模型、泊松比等弹性特性。

2）正交各向异性：具有多种典型失效理论，用于复合材料结构分析。

3）多孔结构弹性：用于模拟土壤和可压缩泡沫的弹性行为。

4）亚弹性：可以考虑应变对模量的影响。

5）超弹性：可以模拟橡胶类材料的大应变影响。

6）黏弹性：时域和频域的黏弹性材料模型。

（2）塑性材料模型

1）金属塑性：符合 Mises 屈服准则的各向同性塑性模型，以及遵循 Hill 准则的各向异性塑性模型。

2）铸铁塑性：拉伸为 Rankine 屈服准则，压缩为 Mises 屈服准则。

3）蠕变：考虑时间硬化和应变硬化定律的各向同性和各向异性蠕变模型。

4）扩展的 Drucker-Prager 模型：适于模拟沙土等粒状材料的不相关流动。

5）Capped Drucker-Prager 模型：适于地质、隧道挖掘等领域。

6）Cam-Clay 模型：适于黏土类材料的模拟。

7）Mohr-Coulomb 模型：与 Capped Drucker-Prager 模型类似，但可考虑不光滑小表面情况。

8）泡沫类材料模型：可模拟高度压缩材料，可应用于消费品包装及车辆安全装置等领域。

9）混凝土材料模型：使用混凝土弹塑性破坏理论。

10）渗透性材料模型：提供了各向同性和各向异性材料的渗透性模型，其特性与孔隙比率、饱和度和流速有关。

（3）其他材料模型

其他材料模型包括密度、热膨胀特性、热导率、电导率、比热容、压电特性、阻尼以及用户自定义材料特性等。

#### 6.2.3.4 Assembly 模块

每个部件都被创建在自己的局部坐标系中，在模型中相互独立。使用 Assembly 模块中可以为各个部件创建实体（Instance），并在整个坐标系中为这些实体定位，形成一个完整的装配体。

实体是部件在装配体中的一种映射，用户重复创建多个实体，并通过布尔运算为同一 Part 不同实体分别赋予材料参数，具体操作：Assembly→Instance→Merge/Cut。用户可以为一个部件重复地创建多个实体，每个实体总是保持着和相应部件的联系。如果在 Part 模块中修改了部件的形状尺寸，或在 Property 模块中修改了部件的材料特性，这个映射相应的实体也会自动修改，不能直接对实体进行上述修改。

整个模型只包含一个装配体，一个装配体可由一个或多个实体构成。如果模型中只有一个部件，可以只为这一个部件创建一个实体，而这个实体本身就构成了整个装配体。

在 Assembly 模块中主要包括以下内容。

（1）主菜单 Instance：创建实体，通过平移和旋转来为实体定位，把多个实体合并（Merge）为一个新的部件，或者把一个实体切割（Cut）为多个新的部件。

（2）主菜单 Constraint：通过建立各个实体间的位置关系来为实体定位，包括面与面平行（Parallel Face）、面与面相对（Face to Face）、边与边平行（Parallel Edge）、边与边相对（Edge to Edge）、轴重合（Coaxial）、点重合（Coincident Point）、坐标系平行（Parallel CSYS）等。

**6.2.3.5　Step 模块**

Step 模块主要完成以下操作：创建分析步、设定输出数据、设定自适应网格和控制求解过程。

（1）创建分析步

利用主菜单 Step 下各个子菜单可完成分析步的创建和管理。ABAQUS/CAE 的分析过程是由一系列分析步组成的，其中包括两种分析步。

1）Initial Step（初始分析步）

ABAQUS/CAE 中初始分析步只有一个，它不能被编辑、替换、复制和删除，但用户可对初始分析步中的边界条件和相互作用进行编辑和处理。

2）Analysis Step（后续分析步）

此分析步是由用户创建，位于初始分析步之后，持续分析某一特定的过程。后续分析步创建类型有以下两大类。

①通用分析步（General Analysis Step）：用于线性及非线性分析，常用的通用分析步包括：

Static，General：利用 ABAQUS/Standard 进行静力分析。

Dynamics，Implicit：利用 ABAQUS/Standard 进行隐式动力分析

Dynamics，Explicit：利用 ABAQUS/Explicit 进行显示动态分析。

②线性摄动分析步（Linear Perturbation Step）：只能用于分析线性问题。在 ABAQUS/Explicit 中不能使用线性摄动分析步。包括：

Buckle：线性特征值屈服。

Frequency：频率提取分析。

Modal dynamics：瞬时模态动态分析。

Random response：随机响应分析。

Response spectrum：反应谱分析。

Steady-state dynamics：稳态动态分析。

后续分析步创建：

点击 ⏴⏵（Create Step），弹出 Edit Step 对话框，如图 6-2-6 所示。用户可根据建模需要选择分析步类型，点击 Continue... 按钮，进行分析步参数设定，进入 Basic 选项卡，设定默认分析步时间（Time period），Nlgeom（几何非线性开关）将决定分析过程中是否考虑几何非线性对结果的影响，若在某个分析步中出现大位移、大转动、初始应力、几何钢化或突然翻转等问题，则需要在这个分析步中将几何非线性开关设置为 On。

提 示

在静力分析中，如果模型中不包含阻尼或与速率相关的材料性质，"时间"就没有实际的物理意义，一般都把分析步时间设定为默认的 1。

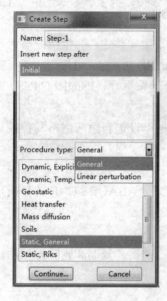

进入 Increment 选项卡，如图 6-2-7 所示，进行时间增量步设定。

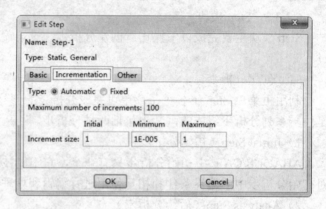

图 6-2-6　分析步类型选择　　　　图 6-2-7　时间增量步设定

a．Automatic（增量步类型）：增量步大小由软件控制，根据分析结果收敛情况自动增大或减小增量步。

b．Maximum number of increments（允许增量步最大数目）：当分析达到最大增量步，迭代结果不收敛，则分析步中止。

c．Initial（初始增量步大小）：对于简单的问题，可以直接令初始增量步等于分析步时间，对于复杂的非线性问题可尝试减小初始增量步。

d．Minimum（允许最小增量步）：一般使用软件默认值，若不收敛可尝试减小最小增量步，当减小最小增量步不能真正解决问题时，应该查找 MSG 文件，了解模型是否存在刚体位移、过约束、接触、网格过于粗糙或过于细化等问题。

e．Maximum（允许最大增量步）：一般采用默认值，但若模型收敛性较好，可适当减小允许最大增量步，以获取更多数据点，便于模型过程分析。

（2）设定输出数据

ABAQUS/CAE 将分析结果写入 ODB 文件中，每创建一个分析步，ABAQUS/CAE 就自动生成一个该分析步的输出要求，用户可不改变任何输出设置，获取系统默认的输出结果，当然用户可根据分析结果需要，设定输出数据类型和数量。

ODB 输出结果包含以下两种：

1）Field Output（场变量输出结果）：用于输出结果来自整个模型或模型大部分区域，被写入数据库的频率相对较低。当模型通过主求解器模块计算完成后，进入 Visualization 模块，可以生成彩色云图、变形位移图、矢量图和 XY 图。如果希望一个分析步结束时刻输出整个模型所有节点的位移则需要定义场变量输出。

进入 Step 模块，点击左侧工具栏（Create Field Output），设置场变量输出名称，并点击 Continue... 按钮，弹出 Edit Field Output Request 对话框，可以控制场变量输出结果，如图 6-2-8 所示，场变量输出参数含义如下。

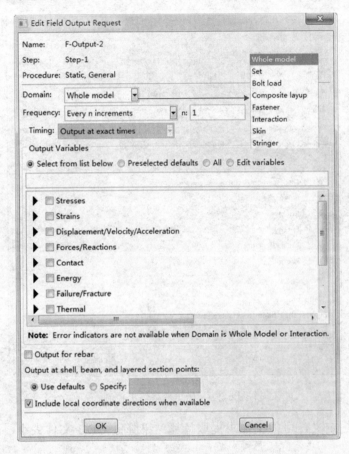

图 6-2-8　场变量输出控制

①Domain（范围）：场变量输出是整个模型还是特定区域，可以设定的范围为 Whole model（整个模型）、Set（集合）、Bolt load（螺栓载荷）、Composite layup（复合材料层板）、Fastener（焊点）、Interaction（接触）、Skin（皮肤）、Stringer（梁）。

②Frequency（频率）：场变量数据输出频率，可根据希望得到数据点数量和总分析步数目设定。若场变量输出设置为 Frequency：Evenly Spaced time intervals：20，即在一个分析步中以 20 个均匀的时间间隔输出场变量分析结果（包括应力、应变、位移等），当分析步时间为 0.02s，则每隔 0.02s/20 次=0.001s 输出一次，写入到 ODB 文件的是 0.001s，0.002s…时的位移结果，因此看不到 0.015s 时刻的数据。

③输出参量：用户可根据需要设定输出数据的类型（应力、应变、位移、力等）。

2）History Output（历史变量输出结果）：这些变量输出结果来自于模型的一小部分区域，被写入输出数据库的频率相对较高，用来在 Visualization 模块中生成 XY 图。如果希望输出某个节点在所有增量步上的位移，则需要定义历史变量输出。

进入 Step 模块，点击左侧工具栏 （Create History Output），设置历史变量输出名称，并点击 Continue... 按钮，弹出 Edit History Output Request 对话框，可以控制历史变量输出结果，如图 6-2-9 所示。

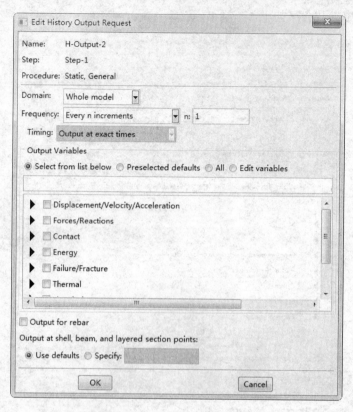

图 6-2-9　历史变量输出控制

通过输出变量定义，可根据需求提取计算结果降低 ODB 文件大小，节省计算机储存空间。

**6.2.3.6**　Interaction 模块

Interaction 模块中，用户可根据需要定义模型之间的接触（Tie）、约束（Constraint）、耦合（Coupling）等相互作用。主要包括以下内容：

1）主菜单 Interaction：定义模型各个部分之间或者模型与外部环境之间的力学或热相互作用，如接触、弹性地基、热辐射等。

2）主菜单 Constraint：定义模型各个部位之间的约束关系。

3）主菜单 Connector：定义模型中的两点之间或者模型与地面之间的连接单元，模拟固定连接、铰接等。

4）主菜单 Special→Inertia：定义惯量，包括点质量/惯量、非结构质量和热容。

5）主菜单 Special→Crack：定义裂纹及裂缝。

6）主菜单 Special→Springs/Dashpots：定义模型中的两点之间或模型与地面之间的弹簧和阻尼器。

7）主菜单 Tools：包括定义 Set（集合）、Surface（面）、Amplitude（幅值）等。

（1）接触

利用部件组装装配体，当未在两组界面之间设定接触关系，则 ABAQUS/CAE 认定二者之间变形连续，因此模拟在接触关系下的分析，必须在相应的分析步设定接触关系。

（2）约束

在 Interaction 模块中，约束用于定义模型各个部分自由度之间的约束关系，具体包括以下类型：

1）Tie（绑定约束）：模型中两个面完全连接在一起，分析过程中不再分开。

2）Rigid Body（刚体约束）：在模型的某个区域和一个参考点之间建立刚性连接，此区域变为一个刚体，各个节点之间相对位置不会因为变形而发生变化。

3）Display Body（显示体约束）：与刚体约束类似，受到此约束的实体仅用于图形显示，不参与分析过程。

4）Coupling（耦合约束）：在模型的某个区域和参考点之间建立约束。

（3）绑定接触（Tie Contact）和绑定约束（Tie Constraint）

绑定约束在模型初始状态中定义，在整个模型过程中都不会发生改变。绑定接触可在某个分析步中定义，在这个分析步之间，两个面之间没有建立联系，从建立的这个分析步开始才绑定在一起。

定义 Tie Contact：Interaction 模块中，主菜单 Interaction→Create，设为 Surface to Surface Contact（不选 No adjustment）。

绑定约束优点是分析过程中不再考虑从面节点的自由度，也不需要判断从面节点的接触状态，计算时间会大大缩短。

绑定接触优点是 ABAQUS 可根据模型的未变形状态确定哪些从面节点位于调整区域并将其与主面上的对应节点创建相应的约束。

定义 Tie Constraint：Interaction 模块中，主菜单 Constraint→Create，设为 Tie。

### 6.2.3.7 Load 模块

Load 模块主要用于定义荷载、边界条件、场变量（Field）和荷载状况（Load Case）。

（1）荷载

点击左侧工具栏 （Create Load），可定义以下几种荷载类型，如图 6-2-10 所示。

1）Concentrated Force：施加在节点或几何实体顶点上的集中力，表示为力在三个方向上的分量。

2）Moment：施加在节点或几何实体顶点上的弯矩，表示为力在三个方向上的分量。

3）Pressure：单位面积上的荷载。

4）Shell Edge Load：施加在板壳上的力或弯矩。

5）Surface Traction：施加在面上的单位面积荷载，可以是剪力或任意方向上的力，通过一个向量来描述力的方向。

6）Pipe Pressure：施加在管子内部或外部的压强。

7）Body Force：单位体积上的力。

8）Line Load：施加在梁上的单位长度线荷载。

图 6-2-10　Create Load 对话框

9）Gravity：以固定方向施加在整个模型上的均匀加速度，例如重力。

10）Bolt Load：螺栓或紧固件上的紧固力，或其长度的变化。

11）Generalized Plane Strain：广义平面应变荷载。

12）Rotational Body Force：由于模型旋转产生的体力，需要指定角速度或角加速度，以及旋转轴。

13）Connector Force：施加在连接单元上的力。

14）Connector Moment：施加在连接单元上的弯矩。

（2）边界条件

利用主菜单 BC 可以定义以下类型的边界条件：对称/反对称/固支、位移/转角、速度/角速度、加速度/角加速度、连接单元位移/速度/加速度、温度、声音压力、孔隙压力、电势、质量集中。

荷载和边界条件的施加与分析步有关，用户必须指定荷载和边界条件在哪些分析步中起作用。进入 Load 模块，点击菜单栏 Load→Manager，弹出 Load Manager 对话框，可以看出 Load-1 是在分析步 Step-1 中起作用，如图 6-2-11 所示；点击主菜单 BC→Manager，可以看到边界条件 X、X-AIX、Y、Z 在初始分析步中就开始起作用，并延续到分析步 Step-1 中，如图 6-2-12 所示。

图 6-2-11　荷载施加　　　　　　　　　图 6-2-12　边界条件施加

（3）场变量和荷载状况

使用主菜单 Field 可以定义场变量（包括初始速度场和温度场变量）。有些变量也与分析步有关，有些仅作用于分析的开始阶段。

使用主菜单 Load Case 可以定义荷载状况，荷载状况是由一系列荷载和边界条件组成，用于静力摄动分析和稳态动力分析。

**6.2.3.8　Mesh 模块**

有限元分析的本质就是将无限自由度的问题转换成有限自由度的问题，将连续模型转化为离散模型来分析，通过简化来得到结果。但是离散模型的数目越多，最终得到的结果越接近真实情况，Mesh 模块为用户提供了将分析模型离散化的平台，用户可根据建模需要设定网格的密度、大小、形状等参数。

在 ABAQUS 的 Mesh 模块中，主要包含以下内容。

（1）布置网格种子：可设置全局种子（Global seed）或设置边界上的种子（Edge seed），方便控制节点位置和密度。

（2）设置单元形状：选择主菜单 Mesh→Controls，可设置部件、实体或几何区域的单元形状。对于三维问题，单元形状包括六面体（Hex）、六面体为主—楔形单元为辅单元（Hex-dominated）、四面体单元（Tet）和楔形单元（Wedge）。

（3）设置单元类型：ABAQUS 单元库中提供了丰富的单元类型，几乎可以模拟实际工程中任何几何形状的有限元模型，在分析过程中选择不同的单元类型，得到的结果往往会有很大差异。

（4）网格划分技术：ABAQUS 提供了三种网格划分技术：结构化网格（Structured）、扫掠网格（Sweep）、自由网格（Free）。

（5）网格划分算法：ABAQUS 提供了两种算法，分别是中性轴算法（Medial Axis）和进阶算法（Advancing Front）。中性轴算法首先把划分网格的区域分为一些简单的区域，然后使用结构网格划分技术来为这些简单的区域划分网格。进阶算法是首先在边界上生成四边形网格，再向区域内部扩展。

（6）检查网格质量：选择主菜单 Mesh→Verify，可为部件、实体和几何区域检查网格质量。检查完成后弹出 Verify Mesh 对话框，方便用户检查错误。

希望网格划分更加合理，需要掌握以下几步。

（1）设置网格参数，指定网格属性：用户可根据 ABAQUS 提供的大量工具指定不同的网格特性，如网格密度、网格形状和网格类型。

（2）生成网格：Mesh 模块提供了许多生成网格的技术。采用不同的网格生成技术，最后对划分网控制的水平也是不同的。

（3）改善网格：Mesh 模块提供了许多优化网格的工具。利用边界种子设定调整精制区域的网格密度；利用分割工具将复杂模型分割成简单区域进行操作；利用编辑网格工具，对网格进行调整。

（4）优化网格：用户可对某些区域自动重新划分网格的秩序。

（5）检查网格质量：可以提供给用户检查区域网格的质量、节点和单元信息。

### 6.2.3.9　Job 模块

Job 模块主要包括创建和编辑分析作业，提交作业分析，生成 INP 文件，监控分析作业的运行状况，终止分析作业的运行。

（1）创建和编辑分析作业

在 Job 模块中，选择主菜单 Job→Create，弹出 Create Job 对话框，如图 6-2-13 所示。用户可选择分析作业是基于模型，还是基于 INP 文件，选择后点击 Continue... 按钮，弹出 Edit Job 对话框，如图 6-2-14 所示，在此对话框中，用户可设定各项参数。

1）提交分析（Submission）选项卡：可设定分析作业的类型、运行的模式和提交的时间。

2）通用参数（General）选项卡：可设定前处理输出数据、存放临时数据的文件夹和需要用到的子程序（.for）。

3）内存（Memory）选项卡：可设置分析过程中运行使用的内存。

4）并行分析（Parallelization）选项卡：可设定多 CPU 并行处理。

5）分析精度（Precision）选项卡：可设置分析精度。

（2）提交作业分析

选择主菜单 Job→Manager，弹出 Job Manager 对话框，如图 6-2-15 所示。点击 Submit，可提交作业分析；点击 Monitor，可进入监控分析作业对话框，如图 6-2-16 所示。

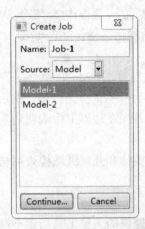

图 6-2-13　创建 Job

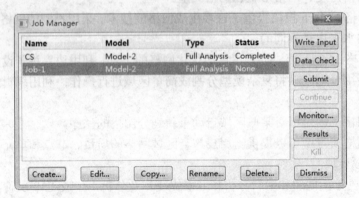

图 6-2-14　Job 参数设定

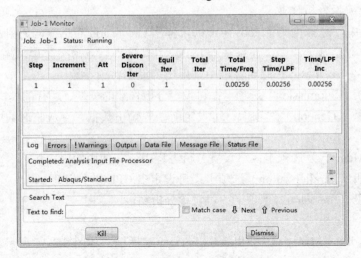

图 6-2-15　Job Manager 对话框

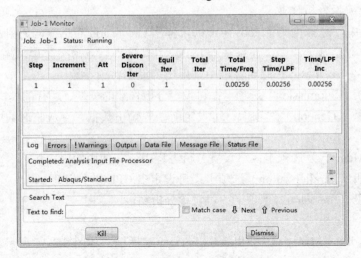

图 6-2-16　监控分析作业的运行状态

监控分析作业运行状态窗口部分参数含义：

1）Step：分析步编号。

2）Increment：增量步编号。

3）Att：迭代过程中的尝试（attempt）次数，每发生一次折减，Att 就增加 1。

4）Severe Discon Iter：严重不连续迭代的次数，简称 SDI。

5）Equil Iter：平衡迭代次数。

6）Total Iter：总的平衡迭代次数。

7）Total Time/Freq：总的分析步时间。

8）Step Time/LPF：当前分析步时间。

9）Time/FPF Inc：时间增量步长。

10）Log 选项卡：ABAQUS 记录文件（.log）中所记载的分析开始时间和结束时间。

11）Errors 和 Warnings 选项卡：ABAQUS 数据文件（.dat）和消息文件（.msg）中显示的错误和警告信息。

12）Output 选项卡：写入输入数据库中的数据信息。

#### 6.2.3.10　Visualization 模块

Visualization 模块是 ABAQUS/CAE 的后处理模块，主要包括变形图显示、输出变量云图显示、场变量结果输出、历史变量输出，同时可以通过数据编辑将后处理结果导入到外部文件（如 EXCEL、Origin）中，方便进一步编辑和处理。

## 6.3　沥青混凝土路面受力分析

半刚性基层主要采用水泥、石灰或工业废渣等无机结合料，对级配集料作稳定处理的基层结构。半刚性基层材料经适当养生结合料硬化之后，整个基层有板体效应，大大提高了路面结构的整体刚度。

柔性基层主要采用沥青处治的级配碎石和无结合料的级配碎石修筑的基层。柔性基层其力学特性与沥青面层一样都属于柔性结构，在应力、应变传递的协调过渡方面比较顺利，同时由于结构材料均为颗粒状材料级配成型，所以结构排水畅通，路面结构不易受到水损害。

我国沥青路面（包括半刚性基层和柔性基层）设计方法采用双圆垂直均布荷载作用下的多层弹性体系理论，以路表面回弹弯沉值和沥青混凝土层弯拉应力、半刚性材料曾弯拉应力为设计指标进行路面结构厚度设计。

本节利用 ABAQUS 有限元软件建立二维平面应变模型，对半刚性基层沥青路面进行路面结构分析。

#### 6.3.1　路面结构方案及模型建立

（1）路面结构方案

具有 6 层结构的半刚性沥青路面见表 6-3-1，路面总厚度为 71cm。在路面顶面作用标准行车荷载，即垂直压力为 0.7MPa，两载荷圆半径为 $1\delta$（10.65cm），圆心距为 $3\delta$（31.95cm）。求取轮隙中心点下沥青面层顶弯沉、轮隙中心点下上基层层底弯拉应力。

表 6-3-1 路面结构及材料参数

| 结构层 | 材 料 名 称 | 厚度（cm） | 弹性模量（MPa） | 泊松比 $\mu$ |
|---|---|---|---|---|
| 上面层 | 沥青玛琋脂 SMA | 4 | 1500 | 0.3 |
| 中面层 | 沥青混凝土 AC-20C | 5 | 1300 | 0.3 |
| 下面层 | 沥青混凝土 AC-25C | 7 | 1100 | 0.3 |
| 上基层 | 水泥稳定碎石 CTB1 | 20 | 2850 | 0.35 |
| 下基层 | 水泥稳定碎石 CTB2 | 20 | 2450 | 0.35 |
| 垫层 | 级配碎石 GM | 15 | 200 | 0.35 |
| 路基 | 路基 SG | — | 40 | 0.4 |

（2）模型建立

采用平面应变模型，几何模型如图 6-3-1 所示，模型深度取 3m，宽度取 6m。

### 6.3.2 路面结构计算及分析

#### 6.3.2.1 启动 ABAQUS/CAE

ABAQUS 中所有的运算均是通过命令调用相应的 ABAQUS 求解器进行的，ABAQUS 有限元软件的启动也不例外。一般 ABAQUS/CAE 启动有两种方式：

方法一：开始→ABAQUS 6.10-1→ABAQUS Command，弹出 DOS 窗口，在窗口中键入命令：*abq6101 cae*。

方法二：开始→ABAQUS 6.10-1→ABAQUS CAE。

> ★ 提 示
>
> 本内容是基于 ABAQUS 6.10 版本进行如下模型建立和分析，针对不同的版本下述操作可能会有细微差别。

上述两种方法启动如图 6-3-2 所示。

启动 ABAQUS/CAE 后，弹出 Start Session 对话框，点击 With standard/Explicit Model，进入主界面。

#### 6.3.2.2 创建部件

将 ABAQUS/CAE 窗口顶部的环境栏 Module: Part 设置为 Part（也是 ABAQUS/CAE 启动默认模块），可为模型定义各部分几何形体。沥青路面结构模型建立如下。

（1）创建部件

点击左侧工具栏 （Create Part）按钮，弹出 Create Part 对话框，如图 6-3-3 所示，将 Name 设置为 ASPHALT PAVEMENT，Modeling Space（模型空间）设置为 2D Planar

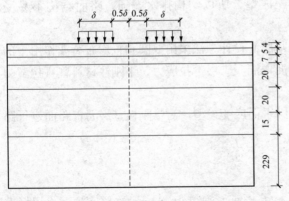

图 6-3-1 路面结构几何模型

（二维平面），其余参数保持默认值。点击 Continue... 按钮，进入绘图环境（Sketch）。

提 示

a. 关于 ABAQUS 有限元程序中单位尺寸定义，见表 6-3-2。

b. 针对半刚性基层沥青路面或柔性基层路面，也可采用轴对称模型进行模拟分析，模型选择要求详见本篇 1.2 章节，此时需将 Modeling Space（模型空间）设置为 Axisymmetric（轴对称）。

（2）绘制路面结构外轮廓

在绘图环境中，点击左侧工具区 □（Create Lines：Rectangle（4 Lines）），提示区显示"Pick a starting corner for the rectangle—or enter X，Y"，此时我们按照几何模型尺寸 3000mm（深）×6000mm（宽）进行绘制，以 X 轴方向为道路横向，Y 轴方向为道路深度方向，输入模型左上角坐标（0，0），键入 Enter 键；此时提示区显示"Pick a opposite

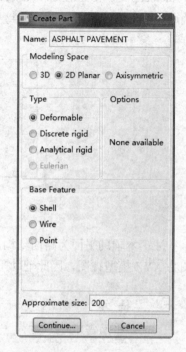

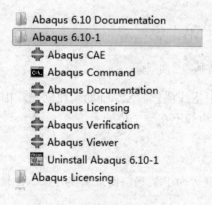

图 6-3-2　ABAQUS/CAE 启动　　　　图 6-3-3　Create Part 对话框

corner for the rectangle—or enter X，Y"，输入右下角坐标（6000，3000），键入 Enter 键，此时草图区域完成了整个路面结构模型外轮廓，点击键盘 Esc 键退出矩形绘制。

表 6-3-2　　　　　　　　　　ABAQUS 有限元软件常用尺寸单位

| 量 | 国际单位制（m） | 国际单位制（mm） | 英制单位（ft） | 英制单位（inch） |
|---|---|---|---|---|
| 长度 | m | mm | ft | in |
| 力 | N | N | lbf | lbf |
| 质量 | kg | tonne（$10^3$kg） | slug | lbf $s^2$/in |
| 时间 | s | s | s | s |
| 应力 | Pa（N/m$^2$） | MPa（N/mm$^2$） | lbf/ft$^2$ | psi（lbf/in$^2$） |
| 能量 | J | mJ（$10^{-3}$J） | ft lbf | in lbf |
| 密度 | kg/m$^3$ | tonne/mm$^3$ | slug/ft$^3$ | lbf $s^2$/in$^4$ |

此时提示区显示"Sketch the section for the planar shell"，点击右侧 Done 按钮，退出绘图环境，返回到 Part 模块下。

（3）剖分路面模型

本算例路面模型剖分采用辅助线（平面）进行剖分。采用辅助线（平面）剖分路面模型有如下优势：当调整路面结构各层厚度或进行路面结构厚度敏感性分析时可通过编辑辅助线（平面）特征，达到快速建模、修正模型的目的，提高工作效率。

1）创建 XZ 辅助平面（用于剖分路面结构层）

点击左侧工具栏 （Create Datum Plane：Offset From Principal Plane），提示区显示"Principal plane from which to offset："，点击右侧 XZ Plane 按钮，提示区显示"Offset："，键入 3000，辅助平面创建完成，如图 6-3-4 所示。

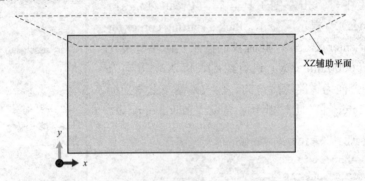

图 6-3-4  XZ 辅助平面创建

注：本辅助平面为路面结构层顶面（图中粗线位置）XZ 辅助平面创建，由于本模型视图为 XYZ 模型视图，因此辅助平面看起来与粗线不在一个位置。

**提示**

辅助平面需沿 Y 轴方向（路面结构深度方向）偏移，因此需要建立 XZ 辅助平面。

辅助平面偏移：长按工具栏 ，弹出 ，选择 （Create Datum Plane：Offset From Plane），提示区显示"Select a plane from which to offset"，选中刚刚建立的 XZ 辅助平面，提示区显示"How do you want to specify the offset？"，点击右侧 Enter Value 按钮，从视图区中可以看出偏移方向向上，如图 6-3-5 所示，提示区显示"Arrow shows the offset direction："，点击右侧 Flip 按钮，如图 6-3-6 所示偏移方向箭头朝下，点击右侧 OK 按钮，提示区显示"Offset："，输入 40，键入 Enter 键，则创建了上面层和中面层之间剖分辅助平面 1。

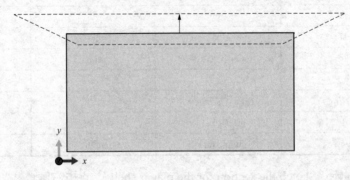

图 6-3-5  偏移方向向上

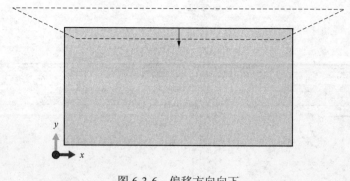

图 6-3-6　偏移方向向下

　　按照上述步骤分别创建中面层和下面层、下面层和上基层、上基层和下基层、下基层和垫层、垫层与土基之间的辅助平面 2～6。

　　创建完成后，点击顶部工具栏▤（Turn Perspective Off），则视图区显示如图 6-3-7 所示。

　　2）创建 YZ 辅助平面（便于载荷施加）

　　点击左侧工具栏▱（Create Datum Plane：Offset From Principal Plane），提示区显示"Principal plane from which to offset："，点击右侧 YZ Plane 按钮，提示区显示"Offset："，键入 3000，辅助平面 7 创建完成。

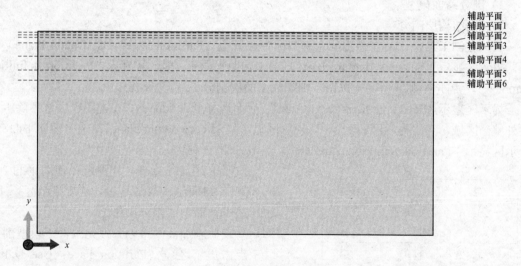

图 6-3-7　XZ 辅助平面创建

　　辅助平面偏移：长按工具栏▱，弹出▱▱▱▱▱▱▱▱▱，选择▱（Create Datum Plane：Offset From Plane），提示区显示"Select a plane from which to offset"，选中刚刚建立的 XZ 辅助平面，提示区显示"How do you want to specify the offset？"，点击右侧 Enter Value 按钮，从视图区中可以看出偏移方向向右，点击右侧 OK 按钮，提示区显示"Offset："，输入 53.25（即 0.5δ），键入 Enter 键，则创建了辅助平面 8。

　　再次利用辅助平面 8 向右偏移 106.5（即 1δ），则创建辅助平面 9；利用辅助平面 7 向左偏移创建辅助平面 10，再利用辅助平面 10 向左偏移 106.5（即 1δ），则创建辅助平面 11。辅助平面创建完成后如图 6-3-8 所示。

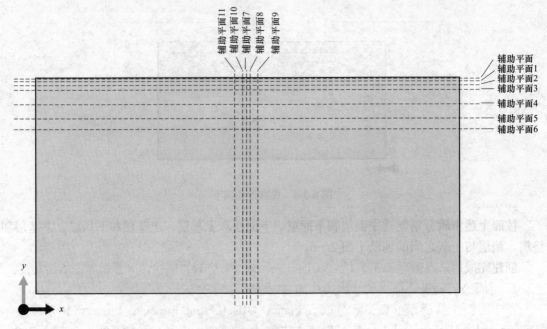

图 6-3-8　辅助平面创建

3）剖分路面模型

①路面结构层剖分

长按左侧工具栏 ，在弹出的系列图标中选择 （Partition Face：Use Datum Plane）按钮，提示区显示"Select a datum plane"，选中辅助平面1，提示区显示"Partition definition complete"，点击右侧 Create Partition 按钮，则完成上面层剖分。

提示区显示"Select the faces to partition"，后面选择 individually，在视图区中选中除上面层外整个区域，点击提示区右侧 Done ，提示区显示"Select a datum plane"，选中辅助平面2，提示区显示"Partition definition complete"，点击右侧 Create Partition ，则完成中面层剖分。

图 6-3-9　部件剖分示意

按照上述操作步骤，分别选择辅助平面3～6，完成各路面结构层的剖分。点击提示区 Done 按钮，退出辅助平面剖分操作。

②载荷施加及网格划分优化条件下模型剖分

点击提示区 （Partition Face：Use Datum Plane）按钮，提示区显示"Select the faces to partition"，选中上面层 AGHQ 区域，如图 6-3-9 所示，后面选择 individually，点击提示区右侧 Done ，提示区显示"Select a datum plane"，并点击在视图区中选择辅助平面 11，提示区显示"Partition definition complete"，点击右侧 Create Partition ，则完成上面层区域 1 剖分。

提示区显示"Select the faces to partition"，后面选择 individually，在视图区中选中上面层 BGLQ

区域，点击提示区右侧 Done，提示区显示 "Select a datum plane"，选中辅助平面 10，提示区显示 "Partition definition complete"，点击右侧 Create Partition，则完成上面层区域 2 剖分。

提示区显示 "Select the faces to partition"，后面选择 individually，在视图区中选中上面层 *CGMQ* 区域，点击提示区右侧 Done，提示区显示 "Select a datum plane"，选中辅助平面 7，提示区显示 "Partition definition complete"，点击右侧 Create Partition，则完成上面层区域 3 剖分。

提示区显示 "Select the faces to partition"，后面选择 individually，在视图区中选中上面层 *DGNQ* 区域，点击提示区右侧 Done，提示区显示 "Select a datum plane"，选中辅助平面 8，提示区显示 "Partition definition complete"，点击右侧 Create Partition，则完成上面层区域 4 剖分。

提示区显示 "Select the faces to partition"，后面选择 individually，在视图区中选中上面层 *EGOQ* 区域，点击提示区右侧 Done，提示区显示 "Select a datum plane"，选中辅助平面 9，提示区显示 "Partition definition complete"，点击右侧 Create Partition，则完成上面层区域 5 剖分。

通过上述步骤操作，完成上面层不同区域的剖分。

按照上述步骤，分别完成中面层、下面层、上基层、下基层、垫层、土基部分的区域划分。

**提 示**

为了便于网格划分和载荷施加，将每层按照荷载施加的部位进行剖分，提高模型建立的对称性和规则性。

### 6.3.2.3　创建材料和截面属性

将 ABAQUS/CAE 窗口顶部的环境栏 Module: 设置为 Property。按如下步骤创建材料和截面属性，并为部件赋予截面属性。

（1）创建材料

点击左侧工具栏 （Create Material）按钮，弹出 Edit Material 对话框，将 Name 设置为 SMA，依次点击对话框中的 Mechanical→Elasticity→Elastic。将 Young's Modulus（杨氏模量）设置为 1500，Poisson's Ratio（泊松比）设置为 0.3，点击 OK 按钮，完成材料 SMA 的创建，如图 6-3-10 所示。

按照上述步骤完成其他材料（AC-20C、AC-25C、CTB1、CTB2、GM、SG）的创建。

（2）创建截面属性

点击左侧工具栏 （Create Section）按钮，弹出 Create Section 对话框，将 Name 设置为 SMA，其余参数保持默认值，点击 Continue... 按钮，弹出 Edit Section 对话框。在 Material 后的下拉框中选择 SMA，点击 OK 按钮完成截面 SMA 的创建。

按上述步骤，创建 AC-20C、AC-25C、CTB1、CTB2、GM、SG 材料的截面属性。

（3）赋予截面属性

点击左侧工具栏 （Assign Section）按钮，提示区显示 "Select the regions to be assigned a section"，选中模型最上部分区域（上面层），再点击提示区 Done 按钮，弹出 Edit Section Assignment 对话框，如图 6-3-11 所示，在 Section 后面的下拉框中选择 SMA，点击 OK 按钮完成上面层 SMA 截面属性的赋予。

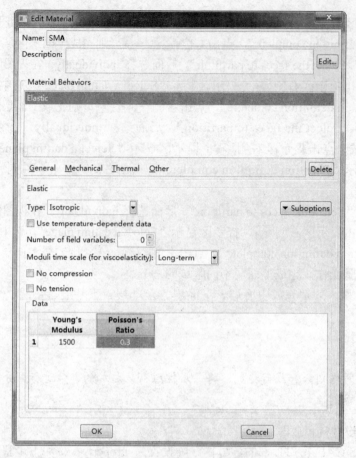

图 6-3-10　Edit Material 对话框

提　示

　　上面层的选择包括选中图 6-3-9 中区域 1～6，选中过程中可以使用键盘 shift 键多选。

　　按照上述步骤完成其他部件截面属性赋予，赋予完成后如图 6-3-11 所示。

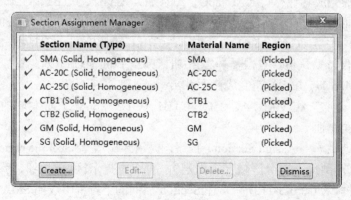

图 6-3-11　Section Assignment Manager 对话框

#### 6.3.2.4 创建装配体

将 ABAQUS/CAE 窗口顶部的环境栏 Module: 设置为 Assembly，进入装配体模块。

（1）创建装配体

点击左侧工具栏 （Instance Part）按钮，弹出 Create Instance 对话框，将 Instance Type 设置为 Independent（mesh on instance），点击 OK 按钮，以完成部件的实体化，如图 6-3-12 所示。

> **提 示**
>
> Dependent Instance（非独立实体）：非独立实体是 Part 功能模块中部件的指针，不能直接对非独立实体划分网格，只能对相应的部件划分网格。
>
> Independent Instance（独立实体）：独立实体是对 Part 功能模块中部件的复制，可直接对独立实体划分网格，而不能直接对相应的部件划分网格。

（2）定义 Set 集合

依次点击菜单 Tools→Set→Create，弹出 Create Set 对话框，将 Name 设置为 Pressure，点击 Continue... 按钮，提示区显示"Select the geometry for the set"，利用 shift 键框选图 6-3-9 中 *BC*、*EF* 线段，点击提示区 Done 按钮，完成 Pressure 集合定义。

长按顶部工具栏 ，弹出 ，选择 （Select Entities Inside the Drag Shape）。

打开 Set Manager 对话框，点击 Create... 按钮，弹出 Create Set 对话框，将 Name 设置为 Left，点击 Continue... 按钮，提示区显示"Select the geometry for the set"，框选图 6-3-13 中 *RS* 区域，选中左侧边线，点击提示区 Done，完成 Left 集合定义。

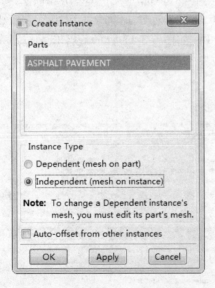

图 6-3-12　Create Instance 对话框

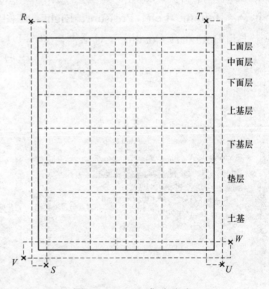

图 6-3-13　Set 集合定义

按上述步骤框选 *TU* 区域、*VW* 区域，分别完成 Right 集合、Bottom 集合的定义。

#### 6.3.2.5 创建分析步

将 ABAQUS/CAE 窗口顶部的环境栏 Module: 设置为 Step，进入分析步模块。

点击左侧工具栏 （Create Step）按钮，弹出 Create Step 对话框，参数保持默认值，点击 Continue... 按钮，弹出 Edit Step 对话框，切换到 Incrementation 选项卡，设置 Initial 值为 0.05，Maximum 值为 0.1，其余参数保持不变，如图 6-3-14 所示，点击 OK 按钮完成分析步的创建。

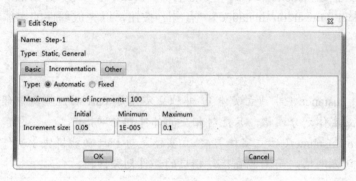

图 6-3-14　Edit Step 对话框

### 6.3.2.6　边界条件和载荷施加

将 ABAQUS/CAE 窗口顶部的环境栏 Module: 设置为 Load，进入荷载施加模块。

（1）边界条件定义

点击左侧工具栏 （Create Boundary Condition）按钮，弹出 Create Boundary Condition 对话框，将 Name 设置为 Left，Step 设为 Initial，Type for Selected Step 设为 Displacement/Rotation，点击 Continue... 按钮，如图 6-3-15 所示。提示区显示"Select regions for the boundary condition"，点击提示区右下角 Sets...，弹出 Region Selection 对话框，其中显示了先前定义的 4 个集合：Bottom、Left、Pressure、Right，如图 6-3-16 所示。选择 Left，点击 Continue... 按钮，弹出 Edit Boundary Condition 对话框，勾选 U1，输入 0，如图 6-3-17 所示。点击 OK 按钮完成模型左侧边界条件定义。

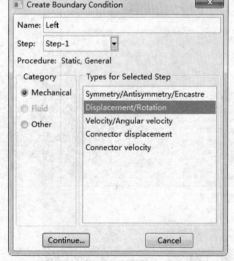
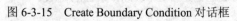
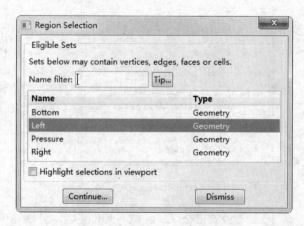

图 6-3-15　Create Boundary Condition 对话框　　　　图 6-3-16　Region Selection 对话框

按照相同步骤完成模型右侧边界条件定义的定义，其中模型右侧边界定义在 Create Boundary

Condition 对话框将 Name 设为 Right，Region Selection 对话中选择集合 Right，Edit Boundary Condition 对话框中勾选 U1；模型底部边界条件定义在 Create Boundary Condition 对话框将 Name 设为 Bottom，Region Selection 对话中选择集合 Bottom，Edit Boundary Condition 对话框中勾选 U1、U2、UR3。

（2）载荷施加

点击左侧工具栏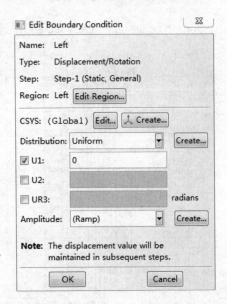（Create Load）按钮，弹出 Create Load 对话框，将 Name 设置为 Pressure，Type for Selected Step 设置为 Pressure，点击 Continue 按钮，提示区显示 "Select surfaces for the load"，同时选择图 6-3-9 中 $BC$、$EF$ 线段（选择 $BC$ 线段后，按住 shift 键，再次选中 $EF$ 线段），点击提示区 Done 按钮，弹出 Edit Load 对话框，在 Magnitude 后输入 0.117103MPa，点击 OK 按钮，完成载荷的施加。

图 6-3-17　Edit Boundary Condition

> **提示**
>
> 　　施加标准行车荷载，即轮胎接地压强为 0.7MPa，当简化为平面应变问题后，按照静力等效原则：轮胎接触压强 $p$ 对应的轮胎接地压力 $P=p\pi\delta^2$，施加在二维平面上的荷载转化后为 $P/(2\delta)=0.7\times3.14\times(0.1065)^2/(2\times0.1065)=0.117103$（MPa）。

#### 6.3.2.7　网格划分

将 ABAQUS/CAE 窗口顶部的环境栏 Module: 设置为 Mesh，进入网格划分模块。点击顶部工具栏将 Object 设置为 Assembly。

（1）边界种子定义

上面层深度方向边界种子定义：点击左侧工具栏（Seed Edges）按钮，提示区显示 "Select the regions to be assigned local seeds"，选择上面层深度方向上的线段，如图 6-3-9 所示（包括 $AH$、$BL$、$CM$、$DN$、$EO$、$FP$、$GQ$，选择线段 AH 后，按住 shift 键不放，依次选择 $BL$、$CM$、$DN$、$EO$、$FP$、$GQ$ 线段，）点击提示区 Done 按钮，弹出 Local Seeds 对话框，进入 Basic 选项卡，将 Method 设置为 By number，将 Sizing Controls 下 Number of elements 设置为 4，点击 OK 按钮完成上面层深度方向上的边界种子定义。

中面层、下面层、上基层、下基层、垫层深度方向边界种子定义：按照上述步骤完成上述各层深度方向边界种子定义，其中中面层边界种子定义中 Sizing Controls 下 Number of elements 设置为 5；下面层边界种子定义中 Sizing Controls 下 Number of elements 设置为 7；上基层边界种子定义中 Sizing Controls 下 Number of elements 设置为 12；上基层边界种子定义中 Sizing Controls 下 Number of elements 设置为 12，垫层边界种子定义中 Sizing Controls 下 Number of elements 设置为 9。

土基深度方向边界种子定义：长按顶部工具栏，弹出，选择（Select Entities Crossing the Drag Shape），将顶部工具栏 All 设置为 Edges。提示区显示 "Select the regions to be assigned local seeds"框选图 6-3-18 中 XY 范围，点击提示区 Done 按钮，弹出 Local Seeds 对话框，进入 Basic 选项卡，将 Method 设置为 By number，Bias 设置为 Single，此时视图区中土基深度方向上的箭头朝下，点击 Flip bias 右侧 Select... 按钮，提示区显示 "Select the edges where bias sense should be flipped"，再次按图 6-3-18 框选 XY 范围，点击 Done 按钮，则视图区中深度方向上的箭头朝上，如图 6-3-19 所示，返回 Local Seeds 对话框，将 Sizing Controls 下方 Number of elements 设置为 40，Bias ratio 设置为 10，点击 OK 按钮完成土基深度方向边界种子定义。点击提示区 Done 按钮，完成深度方向局部种子的定义。

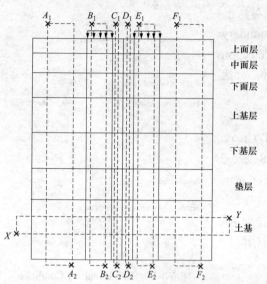

图 6-3-18 多对象选择示意图

点击左侧工具栏 （Seed Edges）按钮，提示区显示 "Select the regions to be assigned local seeds"，按图 6-3-18 框选 $C_1C_2$ 区域，点击提示区 Done 按钮，弹出 Local Seeds 对话框，进入 Basic 选项卡，将 Method 设置为 By number，将 Sizing Controls 下 Number of element 设置为 6，点击 OK 按钮，完成边界种子的定义。

按照相同步骤完成 $D_1D_2$、$E_1E_2$、$B_1B_2$ 区域边界种子定义，其中框选 $D_1D_2$ 区域时需将 Sizing Controls 下 Number of element 设置为 6；框选 $E_1E_2$ 区域时需将 Sizing Controls 下 Number of element 设置为 12；框选 $B_1B_2$ 区域时需将 Sizing Controls 下 Number of element 设置为 12。

提示区显示 "Select the regions to be assigned local seeds"框选图 6-3-18 中 $A_1A_2$ 范围，点击提示区 Done 按钮，弹出 Local Seeds 对话框，进入 Basic 选项卡，将 Method 设置为 By number，Bias 设置为 Single，将 Sizing Controls 下方 Number of elements 设置为 80，Bias ratio 设置为 10，点击 OK 按钮完成边界种子定义。

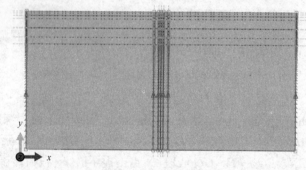

图 6-3-19 土基网格稀疏布置方向选择

按照相同步骤完成 $F_1F_2$ 区域边界种子定义。点击 Done 按钮，完成所有边界的种子定义。

 提 示

为荷载作用影响区划分较细的网格，对于提高应力结果的精度非常重要。

（2）网格控制

长按顶部工具栏 ，弹出 ，选择 （Select Entities Inside and Crossing the Drag Shape）。

点击左侧工具栏▤（Assign Mesh Controls）按钮，提示区显示"Select the regions to be assigned mesh controls"，在视图区中框选整个模型，点击提示区 Done 按钮，弹出 Mesh Controls 对话框，将 Technique 设置为 Structure，点击 OK 按钮，完成网格控制的定义。此时视图区中模型变为绿色。

（3）指定单元类型

点击左侧工具栏▤（Assign Element Type）按钮，提示区显示"Select the Regions to be assigned element types"，在视图区中选中整个模型，点击提示区 Done 按钮，弹出 Element Type 对话框，将 Geometric Order 设置为 Quadraic（二次单元），将 Family 设置为 Plane Strain，此时对话框中显示单元为 CPE8R（8 节点二次平面应变减缩积分单元），如图 6-3-20 所示，点击 OK 按钮，完成模型单元的定义。

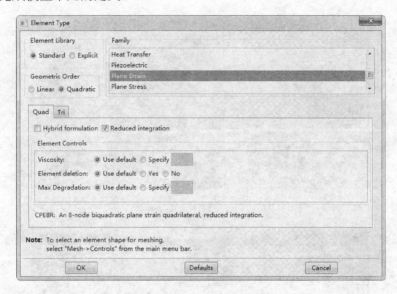

图 6-3-20　Element Type 对话框

（4）网格划分

点击左侧工具栏▤（Mesh Part Instance）按钮，提示区显示"OK to mesh the part instance"，在视图区中选择整个模型，点击提示区中的 Yes 按钮，完成网格划分，如图 6-3-21 所示。

**6.3.2.8** 创建并提交作业

将 ABAQUS/CAE 窗口顶部的环境栏 Module:设置为 Job，进入作业模块。

点击左侧工具栏▤（Create Job）按钮，弹出 Create Job 对话框，将 Name 设置为 Pavement，其他参数默认不变，点击 Continue... 按钮，弹出 Edit Job 对话框，保持默认参数不变，点击 OK 按钮，完成作业的创建。

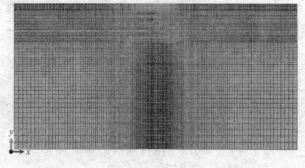

图 6-3-21　网格划分

点击左侧工具栏▤（Job Manager）按钮，弹出 Job Manager 对话框，如图 6-3-22 所示。点击右侧 Submit 按钮，提交作业。点击

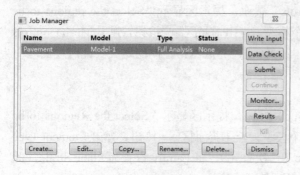

图 6-3-22　Job Manager 对话框

Monitor... 按钮，可随时监控作业的运行状态。

#### 6.3.2.9　后处理

点击 Job Manager 对话框中的 Results 按钮，自动进入 Visualization 模块，进行后处理。此时视图区显示了未变形的路面结构。

（1）云图显示

点击左侧工具栏 （Plot Contours on Deformed Shape），则视图区显示了路面结构变形后的彩色云图，如图 6-3-23 和图 6-3-24 所示。

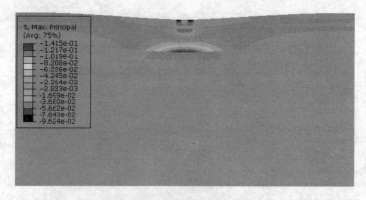

图 6-3-23　最大主应力云图

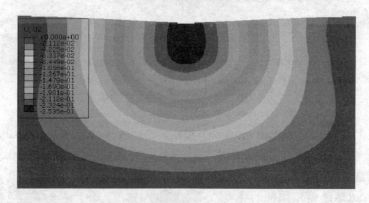

图 6-3-24　U2 应力云图

点击顶部工具栏 S ▼ Mises ▼ 中的倒三角箭头，输入 S 可以输出应力云图（包括 Max. Principal 最大主应力应力、Mises 应力云图、S11 弯拉应变、S12 剪应变）；输入 U 可以输出位移（包括 Magnitude 等效位移、U1 横向位移、U2 竖向位移）；输入 E 可以输出应变（包括 Max. In-Plane Principal 最大主应力应力、E11 弯拉应变、E12 剪应变）。

为了提取数据方便，将做如下处理：

1）视图区云图图例大小修改

点击菜单栏 Viewport→Viewport Annotation Options，弹出 Viewport Annotation Options 对话框，进入 Legend 选项卡，点击 Text 下方 Set Font... 按钮，弹出 Select Font 对话框，将 Size

设置为 12，点击 OK 按钮，此时视图区图例变大。

2）设定变形倍数

点击左侧工具栏 ▦ （Common Options）按钮，弹出 Common Options 对话框，进入 Basic 选项卡，将 Deformation Scale Factor 选为 Uniform，并将 Value 设置为 500，点击 OK 按钮完成变形倍数设定。

（2）查询 A 点弯沉

按图 1-1-10 路面荷载与计算点示意图查询 A 点弯沉。

点击菜单栏 Result→Field Output…，弹出 Field Output 对话框，将 Output Variable 设为 U，在 Invariant 中选择 Magnitude，Component 中选择 U2，如图 6-3-25 所示，点击 OK 按钮完成场变量输出结果定义。

点击顶部工具栏 ⓘ （Query information）按钮，弹出 Query 对话框，将 Visualization Module Queries 设置为 Probe values，弹出 Probe Values 对话框，将 Probe 设置为 Nodes，同时选中 U、U2 前的复选框，在视图区模型中移动鼠标，点选两轴轮载轮隙中点 A 点，此时在 Probe Value 对话框下部显示被选中 A 点的竖向位移 0.2489，即 24.89（0.01mm），如图 6-3-26 所示。

（3）查询下基层层底最大弯拉应力

点击顶部工具栏 ▦ （Create Display Group）按钮，弹出 Create Display Group 对话框，将 Item 设置为 Elements，Method 设置为 Material assignment，右侧选择 CTB2，点击底部 ⬤ （Replace），则视图区中仅显示下基层材料。

按照上述步骤查询如图 6-3-27 和图 6-3-28 所示，查询到下基层被选中点的最大主应力值为 0.0666MPa。

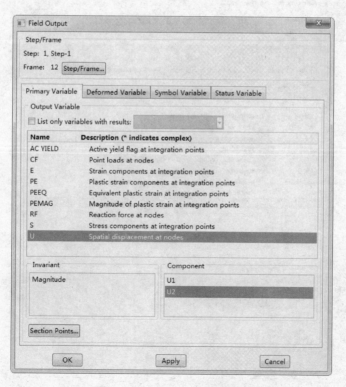

图 6-3-25 Field Output 对话框

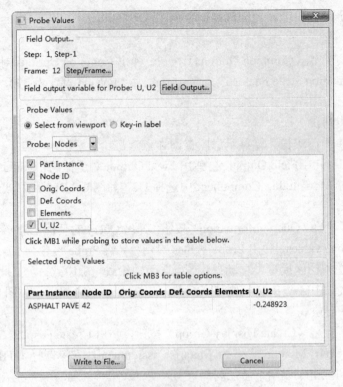

图 6-3-26 Probe Values 对话框

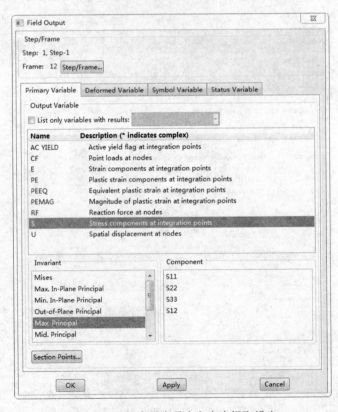

图 6-3-27 场变量中最大主应力提取设定

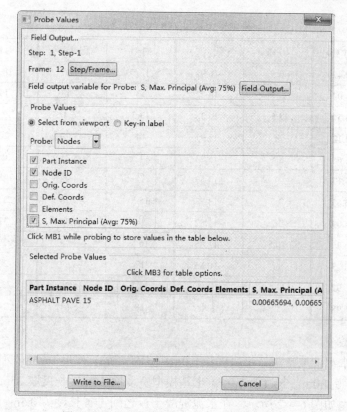

图 6-3-28　基层层底最大弯拉应力提取设定

## 6.4　水泥混凝土路面结构分析

水泥混凝土路面具有强度高、稳定性好、耐久性好、造价适当、养护费用小、抗滑性能好等优点，是我国公路建设主要路面结构形式之一。但水泥混凝土路面热胀冷缩现象极为明显，在温度和车辆荷载耦合作用下容易出现断板、错台、翘曲等病害，且刚性路面中的传力杆一端固定于混凝土板中，而另一端以接触形式伸入到相邻混凝土板中，刚性路面在温度及车辆荷载作用下，局部的接触压力使混凝土可能发生拉伸或压缩损伤。因此确定刚性路面传力杆剪切刚度时需要考虑混凝土、钢筋及接触的非线性。

本节主要采用 ABAQUS 有限元软件，模拟设置传力杆的水泥混凝土路面受力分析。

### 6.4.1　路面结构方案及模型建立

某地区代表性路面结构见表 6-4-1。冬天某日代表性气温见表 6-4-2，分析得到 24h 内最低温出现在早晨 6：00 时刻，不同深度下温度分布如图 6-4-1 所示。

表 6-4-1　　　　　　　　　　　　　水泥混凝土路面结构形式

| 水泥混凝土面层 | CC | 0.26m |
|---|---|---|
| 水泥稳定碎石基层 | base | 0.3m |
| 水泥稳定碎石底基层 | subbase | 0.3m |
| 土基 | soil | — |

表 6-4-2 某地冬天某日 24h 代表性气温

| 时刻 | 气温（℃） | 时刻 | 气温（℃） | 时刻 | 气温（℃） | 时刻 | 气温（℃） |
|---|---|---|---|---|---|---|---|
| 0.5 | −12.47 | 6.5 | −16.92 | 12.5 | −7.97 | 18.5 | −6.05 |
| 1 | −13.02 | 7 | −16.72 | 13 | −7.13 | 19 | −6.53 |
| 1.5 | −13.57 | 7.5 | −16.38 | 13.5 | −6.4 | 19.5 | −7.05 |
| 2 | −14.12 | 8 | −15.91 | 14 | −5.79 | 20 | −7.58 |
| 2.5 | −14.65 | 8.5 | −15.23 | 14.5 | −5.31 | 20.5 | −8.13 |
| 3 | −15.17 | 9 | −14.57 | 15 | −4.98 | 21 | −8.68 |
| 3.5 | −15.65 | 9.5 | −13.73 | 15.5 | −4.78 | 21.5 | −9.23 |
| 4 | −16.09 | 10 | −12.82 | 16 | −4.72 | 22 | −9.77 |
| 4.5 | −16.45 | 10.5 | −11.85 | 16.5 | −4.78 | 22.5 | −10.31 |
| 5 | −16.73 | 11 | −10.85 | 17 | −4.97 | 23 | −10.85 |
| 5.5 | −16.92 | 11.5 | −9.85 | 17.5 | −5.25 | 23.5 | −11.39 |
| 6 | −16.98 | 12 | −8.88 | 18 | −5.61 | 24 | −11.93 |

（1）尺寸参数

纵向取 5 块水泥混凝土板，每块板长 5.0m，宽度 4.0m，厚度 0.26m，基层和底基层厚度均为 0.3m，宽度为 4.0m，长度为 25m。土基模型宽度取 16m，长度取 25m，厚度为 5.0m。路面结构几何模型如图 6-4-2 所示。在水泥混凝土板之间设置长度为 0.5m、直径为 30mm 的传力杆，传力杆平面布置如图 6-4-3 所示，深度位于面层中部 0.13m 处。

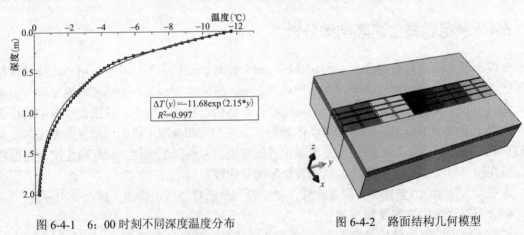

图 6-4-1  6：00 时刻不同深度温度分布    图 6-4-2  路面结构几何模型

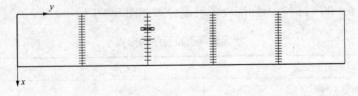

图 6-4-3  传力杆布置平面图

（2）路面材料参数

188

路面材料参数见表 6-4-3。

表 6-4-3                                    路 面 结 构 材 料 参 数

| 材料名称 | 材料代号 | 厚度（m） | 弹性模量（$10^6$Pa） | 泊松比 $\mu$ | 密度（kg/m³） |
|---|---|---|---|---|---|
| 钢筋 | steel | — | 210000 | 0.3 | 2500 |
| 水泥混凝土面层 | CC | 0.26 | 30000 | 0.2 | 2500 |
| 水稳碎石基层 | base | 0.3 | 1200 | 0.3 | 2500 |
| 水稳碎石底基层 | subbase | 0.3 | 1000 | 0.35 | 2500 |
| 压实路基 | soil | — | 30 | 0.35 | 2500 |

（3）荷载类型

定义水泥混凝土面层与基层之间的摩擦，需要考虑重力的作用，同时考虑路面结构上的行车荷载，荷载采用 BZZ-100 标准轴载，胎压 0.707MPa。荷载施加方式如图 6-4-4 所示。

（4）接触关系

5 块水泥混凝土板之间设置接触连接，所有接触连接采用摩擦系数 0.6。考虑到水泥混凝土路面设计中在路面面层与基层之间设置了下封层，对面层与基层之间的摩阻系数，根据《公路水泥混凝土路面设计规范》（JTG D40）选择混凝土面层与基层之间摩阻系数取值为 13。

### 6.4.2  路面结构计算及分析

#### 6.4.2.1  创建部件

将 ABAQUS 窗口环境设置为 Part 模块 Module: Part，可以按照下述分别建立 CC、base、subbase、steel、soil 等部件。

（1）创建 soil 部件

在 ABAQUS/CAE 环境下，点击左侧 ⌐（Create Part）按钮，弹出 Create Part 对话框，将 Name 设置为 soil，将 Modeling Space

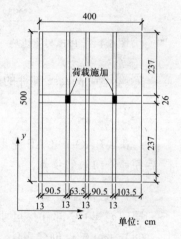

图 6-4-4  行车荷载施加示意图

设置为 3D Planar，Type 设置为 Deformable，Base Feature 设置为 Soild，Extrusion，默认 Approximate size 为 200，点击 Continue...，ABAQUS 自动进入 Sketch 绘图环境。

点击左侧工具栏 ⚡（Create Lines：connected）按钮，在提示区输入"0，0"，按 Enter 键确认，继续在提示区分别输入"16，25"，按 Enter 键确认，并设置 Z 坐标方向深度为 5，点击 Done 确定。当草图模型建立完成以后，按 Esc 键，再点击提示区中的 Done 按钮，弹出 Edit Base Extrusion 对话框，在 Depth 中输入 5，点击 OK 按钮，结束 soil 部件创建。

为 soil 部件设置辅助平面：在 soil 部件里切除面层、基层、底基层所在区域，需要为 soil 部件设置辅助平面。点击左侧工具栏 ⌐（Create Datum Plane：Offset From Principal Plane），选择 XY Plane，并在下方提示框中输入 4.14，点击 Enter 确认，同理分别将 YZ 平面分别偏移 4、10m，完成 soil 部件辅助平面的创建。

切割 soil 部件：点击左侧工具栏 ⌐（Create Cut：Extrude）按钮，提示区显示"Select a plane for the extrude cut"，选择 Auto-Calculate，并点击平面中 XZ 平面，提示区显示"Select an edge or axis that will appear"，继续选择"vertical and on the right"，并点击实体中任意平行于 Z 轴

的直线，ABAQUS 将自动进入绘图环境。

点击左侧工具栏（Create Lines：connected）按钮，在提示区输入"–8，2.5"，按 Enter 键确认，继续在提示区中分别输入"–2，–2.5""–2，–1.64""2，–1.64""2，–2.5""–2，–2.5"，将所有点连接为一个闭合区域，可以将需要切割的区域排除在外，并点击 Done 退出绘图环境。

图 6-4-5　Part 实体切割

此时 ABAQUS 界面弹出 Edit Cut Extrusion 对话框，如图 6-4-5 所示，选择 Through All，完全贯穿实体，点击 OK ，完成 soil 部件的切割。

（2）创建 base 部件

同理创建 base 部件，尺寸为（X，Y，Z）=（4，25，0.6），创建完成后进行辅助平面创建，点击左侧工具栏 （Create Datum Plane：Offset From Principal Plane），提示区显示"Principal plane from which to offset"，选择 XY Plane，输入偏移距离 0.3，完成辅助平面的创建。进行 base 部件的切割，点击 （Partition Cell：Use Datum Plane），提示区显示"Select a datum plane"，选择刚刚定义的辅助平面，点击提示区中的 Create Partition ，完成 base 部件的划分。

> 提 示
>
> 在 ABAQUS/CAE 中利用辅助平面切割部件是为了分别建立 base 和 subbase，简化后期部件组装的步骤。

（3）CC 部件创建

同理创建 CC 部件，尺寸为（X，Y，Z）=（4，5，0.26）。

（4）steel 部件创建

在 ABAQUS/CAE 环境下，点击左侧 （Create Part）按钮，弹出 Create Part 对话框，将 Name 设置为 soil，将 Modeling Space 设置为 3D Planar，Type 设置为 Deformable，Base Feature 设置为 Wire，Planar，默认 Approximate size 为 200，点击 Continue... ，ABAQUS 自动进入 Sketch 绘图环境。

点击左侧工具栏 （Create Lines：connected）按钮，在提示区输入"0，0"，按 Enter 键确认，继续在提示区输入"0.5，0"，按 Enter 键确认，点击 Done 确定，ABAQUS 自动退出绘图环境，并建立 steel 部件。

### 6.4.2.2　创建材料和截面属性

点击窗口左上角的 Module 列表，选择 Property，进入特性模块，并分别为材料定义材料和赋予截面属性。

（1）创建材料

点击左侧工具栏中的 （Create Material），弹出 Edit Material 对话框，在 Name 后输入 steel，点击对话框中的 Mechanical→Elasticity→Elastic，在表格中设置 Young's Modulus 为 210000E6，Poisson's Ratio 为 0.3，点击 General→Density，在表格中设置 Mass Density 为 2500，

点击 OK 按钮完成 steel 的材料定义。

按照上述步骤完成其他材料（CC、base、subbase、soil）的创建。

（2）创建截面属性

1）steel 截面属性的定义：点击左侧工具区 （Create Section），弹出 Create Section 对话框，将 Name 设置为 steel，将 Category 设置为 Beam，Type 设置为 Beam，点击 Continue。在弹出的 Edit Beam Section 对话框中 Profile name 后点击 Create，弹出 Create Profile 对话框，将 Shape 设置为 Circular，点击 Continue，弹出 Edit Profile 对话框，在 r 后输入 0.015，点击 OK 按钮，退出 Edit Profile 对话框，并在 Profile Name 后显示出刚才定义的 Profile-1，并在 Edit Beam Section 对话框 Basic 中 Material name 中选中 steel，保持其他参数不变，点击 OK 按钮，完成 steel 截面属性的定义。

为 steel 部件定义局部坐标系。点击 Assign→Beam Section Orientation，点击 steel 部件，点击提示区 Done 按钮，提示区显示 "Enter an approximate n1 direction" 保持默认不变，点击 Enter 键确认，点击提示区 OK 按钮，完成局部坐标系方向定义。

> **提示**
>
> 钢筋截面属性定义中，将钢筋看做梁单元，因此需要为梁单元定义梁的半径，在 Edit Profile 对话框中输入 0.015 即为钢筋半径的定义。

2）CC 截面属性的定义：点击左侧工具区 （Create Section），弹出 Create Section 对话框，在 Name 后输入 steel，将 Category 设置为 Solid，Type 设置为 Homogeneous，点击 Continue，弹出 Edit Section 对话框，在 Material 下拉菜单中选中 CC，点击 OK 按钮，完成 CC 截面属性定义。

按照同样步骤，创建 base、subbase、soil 等材料的截面属性。

（3）给部件赋予截面属性

点击左侧工具区 （Assign Section）按钮，提示区显示 "Select the regions to be assigned a section"，在视图区中点击相应区域，弹出 Edit Section Assignment 对话框，在 Section 框中选中相对应区域的名称，点击 OK 按钮，完成材料属性的赋予。

> **提示**
>
> 所谓在相应区域内完成相应材料的截面属性赋予，即在左上角 Part 下拉菜单中选中 CC，点击 Assign Section 按钮，进行上述操作，即可完成 CC 材料的截面属性赋予，当需要完成 steel 材料截面属性赋予，需要将左上角 Part 中改为 steel 材料，点击 Assign Section，进行上述操作，才能完成 steel 材料的截面属性赋予。当成功赋予截面属性后，部件会变为浅绿色。

### 6.4.2.3 定义装配体

由于建立的部件较多，将所有部件组装成一个完成的路面结构是一个烦琐过程，需要进行多个步骤。点击窗口左上角 Module 列表，选择 Assembly 模块，进入装配体组装界面。

（1）组装 base、subbase 和 soil 部件

1）组装 base 部件和 soil 部件：点击左侧工具栏 （Instance Part），按钮，弹出 Create

Instance 对话框，如图 6-4-6 所示，在 Parts 中选中 base、soil，保持其他参数不变，点击 OK 按钮，视图区显示土基 soil、底基层 subbase 和基层 base。

2）移动 base 部件到土基顶面：点击左侧工具栏（Translate Instance）按钮，提示区显示"Select the instances to translate"，选中 base 部件后点击 Done 按钮，提示区显示"Select a start point for the translation vector-or enter X，Y，Z"，提示在视图区中选择移动参考点还是输入移动参考点的坐标，当采用第一种方式，选择模型的角点如图 6-4-7 所示，选择参考点 1 后，提示区显示"Select an end point for the translation vector- or enter X，Y，Z"，点击参考点 2，如图 6-4-7 所示，点击 Enter 键确认，同时查看移动位置是否正确，确认无误后，点击提示区中的 OK 按钮，完成 base 部件的移动。

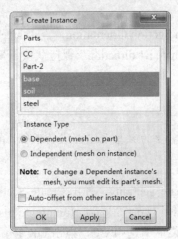

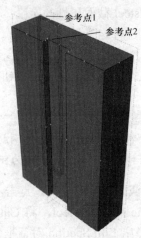

图 6-4-6  Create Instance 对话框　　　图 6-4-7  base 部件移动参考点选择

（2）组装 CC 部件

点击左侧工具栏（Instance Part），按钮，弹出 Create Instance 对话框，在 Parts 中选中 CC，保持其他参数不变，点击 OK 按钮，完成 CC 部件的组装。按照上述步骤将 CC 部件移动到相应位置。

点击（Linear Pattern）按钮，并选中视图区中的 CC 部件，提示区显示"Select the instances to pattern"，点击 Done 确认，弹出 Linear Pattern 对话框。输入图 6-4-8 中的数据，点击 OK 按钮，完成 CC 部件阵列。

> 提 示
> ①CC 部件组装过程中可以利用（Rotate View）进行模型旋转，方便部件的选择。
> ②进行 CC 部件阵列可以在 Linear Pattern 对话框中选择 Flip 键进行阵列方向选择。

（3）组装 steel 部件

为了方便 steel 部件的组装和阵列，首先将已组装部件进行平移，将图 6-4-9 所示参考移至（0，0，0）位置。具体步骤如下：点击左侧工具栏（Translate Instance）按钮，提示区显示"Select the instances to translate"，选中已组装所有实体后点击 Done 按钮，提示区显示"Select a start point for the translation vector-or enter X，Y，Z"，提示在视图区中选择移动参考点还是输入移动参考点的坐标，当采用第一种方式，选择模型的角点如图 6-4-9 所示，选择参考点 1 后，提示区显示"Select an end point for the translation vector-or enter X，Y，Z"，在提示区中输入"0，0，0"，点击提示区中 Done 按钮，完成已组装装配体的平移。

图 6-4-8　Linear Pattern 数据输入　　　图 6-4-9　装配体参考点 1 选择

1）组装 steel 部件：点击左侧工具栏 （Instance Part），按钮，弹出 Create Instance 对话框，在 Parts 中选中 steel，保持其他参数不变，点击 OK 按钮，完成 steel 部件的组装。

2）旋转 steel 部件：点击左侧工具栏 （Rotate Instance）按钮，提示区显示"Select the instances to rotate"，选择装配体中的钢筋实体，点击提示区中 Done 按钮，提示区显示"Select a start point for the axis of rotation-or enter X，Y，Z"，输入"0，0，0"，指定旋转的基点，点击 Enter 键，提示区显示"Select an end point for the axis of rotation-or enter X，Y，Z"，输入"0，0，–1"，点击 Enter 按钮，提示区显示"Angle of rotation"，输入-90，点击 Enter 键，可以将钢筋按照右手螺旋法则绕 Z 轴旋转至与 Y 轴平行。

3）steel 部件移动：点击左侧工具栏 （Translate Instance）按钮，提示区显示"Select the instances to translate"，选中装配体中 steel 部件，点击 Done 按钮，提示区显示"Select a start point for the translation vector-or enter X，Y，Z"，提示在视图区中选择移动参考点还是输入移动参考点的坐标，输入"0，0.25，0"，点击 Enter 键确认，提示区显示"Select an end point for the translation vector-or enter X，Y，Z"，提示区中输入"0.2，5，–0.13"，点击 Enter 键确认，并点击提示区 OK 按钮，完成 steel 部件的平移。

4）steel 部件阵列：点击 ⋮⋮⋮（Linear Pattern）按钮，并选中视图区中的 steel 部件，提示区显示"Select the instances to pattern"，点击 Done 确认，弹出 Linear Pattern 对话框。输入图 6-4-10 中的数据，点击 OK 按钮，完成 steel 部件阵列。

**6.4.2.4　划分网格**

进入 Mesh 功能模块，在 Module 列表中选择 Mesh 功能模块，在窗口顶部的环境栏中将 Object 选项设为 Part，可以分别对所有 Part 进行网格划分。

（1）部件切割

为了方便网格划分和荷载施加，避免网格划分畸形，对 CC 部件和 soil 部件进行切割，切割形式如图 6-4-11 所示。

点击左侧工具栏 （Create Datum Plane：Offset From Principal Plane），点击提示区 YZ Plane 按钮，输入 0.13，再次点击 XY Plane，输入 1.035，重复操作，分别输入 1.165、1.8、1.93、2.835、

2.965，点击 ESC 键完成 YZ 方向辅助平面创建。

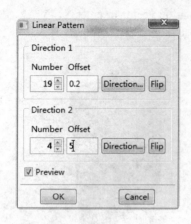

图 6-4-10　Linear Pattern 数据输入

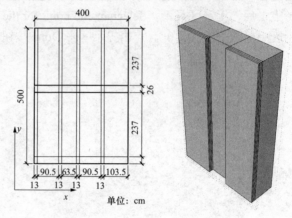

单位：cm

图 6-4-11　CC 部件、soil 部件切割

点击左侧工具栏 （Create Datum Plane：Offset From Principal Plane），点击提示区 XZ Plane 按钮，输入 0.26，再次点击 XY Plane，输入 2.63，重复操作，输入 2.89，点击 ESC 键完成 XZ 辅助平面创建。

点击左侧工具栏 （Partition Cell：Use Datum Plane），选中视图区中的任意辅助平面，点击 Create Partition，即可完成辅助平面所在平面的部件划分，第二次部件切割需要选中视图区中任意实体，点击提示区中 Done 按钮，选中需要切割的辅助平面，点击 Create Partition 即可完成此辅助平面位置的部件切割，依次完成所有辅助平面下部件切割。

（2）soil 部件网格划分

1）布置全局种子：点击工具栏 （Seed Part），弹出 Global Seeds 对话框，输入参数如图 6-4-12 所示，点击 OK 按钮，完成全局种子布置。

2）设置网格参数：点击左侧工具栏 （Assign Mesh Controls），在视图区选择整个模型，点击提示区 Done 按钮，弹出 Mesh Controls 对话框，参数设置如图 6-4-13 所示，点击 OK 按钮，点击提示区中 Done 按钮，完成整个网格参数设置。

3）指定单元类型：点击左侧工具栏 （Assign Element Type）按钮，在视图区选择整个模型，点击提示区 Done 按钮，弹出 Element Type 对话框，Family 设置为 3D Stress，点击 OK 按钮完成设置，如图 6-4-14 所示。

图 6-4-12　全局种子设置

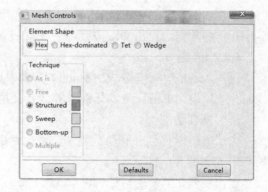

图 6-4-13　Mesh Controls 对话框

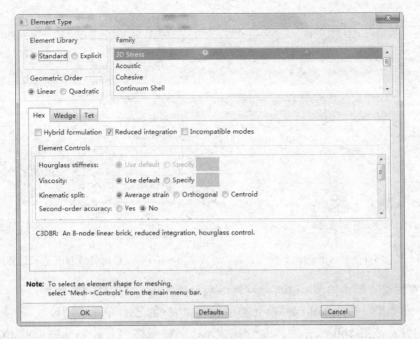

图 6-4-14　Element Type 对话框

4）划分网格：点击左侧工具栏 （Mesh Part）按钮，点击提示区 Yes 按钮，完成整个网格划分。完成网格划分的 soil 部件如图 6-4-15 所示。

（3）CC 部件网格划分

1）为 CC 部件布置全局种子：点击工具栏 （Seed Part），弹出 Global Seeds 对话框，输入参数如图 6-4-16 所示，点击 OK 按钮，完成全局种子布置。

2）布置边界种子：如图 6-4-11 所示，将 y 轴方向长度为 2.37m 所有边设置边界种子，点击左侧工具栏 （Seed Edges），提示区显示"Select the regions to be regions to be assigned local seeds"，在视图区选中 CC 部件所有长度为 2.37m 的边，点击 Enter 键确认，具体设置参数如图 6-4-17 所示。

按照上述步骤为边长 0.26m 边界布置种子，具体设置如图 6-4-18 所示。

按照上述步骤为边长 0.13m 边界布置种子，设置如图 6-4-19 所示。

图 6-4-15　soil 部件网格划分

图 6-4-16　CC 部件全局种子布置

图 6-4-17　CC 部件 2.37m 长边边界种子设置　　　图 6-4-18　CC 部件 0.26m 边长边界种子设置

3）设置网格参数：按照 soil 部件网格参数设置完成 CC 部件网格参数设置。

指定单元类型：按照 soil 部件单元类型设置完成 CC 部件单元类型设置。

网格划分：按照 soil 部件网格划分完成 CC 部件网格划分。划分完成的 CC 部件如图 6-4-20 所示。

图 6-4-19　CC 部件 0.13m 边长边界种子布置

图 6-4-20　CC 部件网格划分

图 6-4-21　base 部件全局种子布置

（4）base 部件网格划分

按照 soil 部件网格划分方式对 base 部件进行网格划分。全局种子布置如图 6-4-21 所示。网格划分结果如图 6-4-22 所示。

图 6-4-22　base 部件网格划分

（5）steel 部件网格划分

点击工具栏 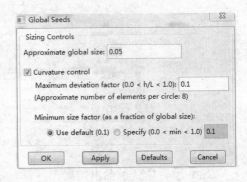（Seed Part），选中 steel 部件，弹出 Global Seeds 对话框，全局种子布置如图 6-4-23 所示，点击 OK 按钮完成全局种子布置。

点击左侧工具栏 （Assign Element Type），选中 steel 部件，弹出 Element Type 对话框，设置参数如图 6-4-24 所示，点击 OK 按钮，完成 steel 部件单元类型设置。

点击左侧工具栏 （Mesh Part），点击提示区 Yes 按钮，完成 steel 部件网格划分。

图 6-4-23　steel 部件全局种子设置

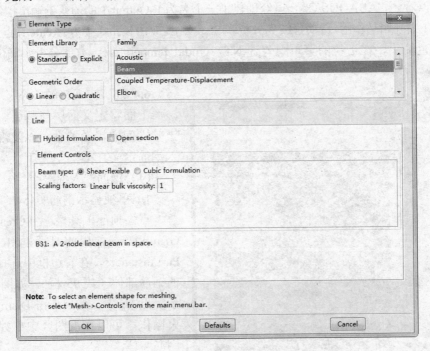

图 6-4-24　steel 部件单元类型设置

#### 6.4.2.5　设置分析步

下面将创建两个分析步，分别用来施加重力荷载和车辆荷载。

（1）创建第一个分析步

在 Module 列表中选择 Step 功能模块，点击左侧工具栏中的 （Create Step），弹出 Create step 对话框，保持参数不变，点击 Continue 按钮，在弹出的 Edit Step 对话框中，保持各参数不变，点击 OK 按钮完成 Step-1 分析步的创建。

（2）创建第二个分析步

再次点击 （Create Step），弹出 Create step 对话框，保持参数不变，点击 Continue 按钮，在弹出的 Edit Step 对话框中，保持各参数不变，点击 OK 按钮完成 Step-2 分析步的创建。

完成两个分析步创建后点击左侧工具栏 （Step Manager）查看已设置的分析步，如图 6-4-25 所示。

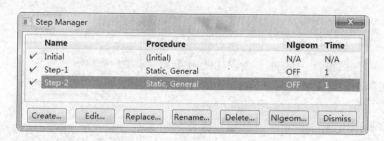

图 6-4-25　Step Manager 对话框

（3）设置场变量输出结果

点击左侧工具栏（Field Output Manager），在弹出的 Field Output Requests Manager 对话框中可以看到，ABAQUS/CAE 已经创建了一个名为 F-Output-1 的场变量输出控制，它在分析步 Step-1 中开始起作用，自动延续到分析步 Step-2 中。双击 Step-1 下方 Created，点击 Thermal 前面的黑色箭头，在下拉的菜单中勾选 NT，Nodal temperature，方便分析中输出温度场变化数据。

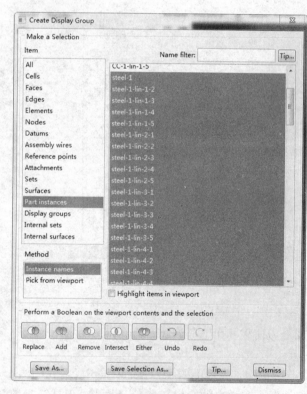

图 6-4-26　钢筋实体单独显示定义

#### 6.4.2.6　定义接触关系

下面将定义面层与基层、底基层与土基之间的接触关系，以及混凝土中嵌入钢筋定义。

（1）钢筋嵌入混凝土

1）单独显示钢筋实体

点击顶部工具栏（Create Display Group），在弹出的对话框 Item 中选择 Part instances，在右边框中选择所有定义的钢筋部件（共 95 根），如图 6-4-26 所示，点击，然后点击 Dismiss 按钮结束操作，可以在视图区中单独显示所有钢筋实体。

2）为所有钢筋定义 Set 集合

点击菜单栏 Tools→Set→Manager，弹出 Set Manager 对话框，在对话框中点击 Create，将 Name 改为 steel，点击 Continue 按钮，选中视图区中所有钢筋实体，点击提示区中 Done 按钮，完成钢筋 Set 集合定义。

定义完成后点击顶部工具栏（Replace All）按钮，此时在视图区中显示整个模型。

3）钢筋嵌入混凝土定义

点击左侧工具栏（Create Constraint），在弹出对话框中设置 Name 为 steel vs CC，点击 Continue 按钮，在右下方提示区点击 Sets... 按钮，弹出 Region Selection 对话框，选中刚才定义的 steel Set 集合，点击 Continue 按钮，下方提示区显示 "Select method for host region"，选中

Whole Model，弹出 Edit Constraint 对话框，保持参数不变，点击 OK 按钮，完成钢筋嵌入定义。

（2）定义面层与基层接触关系

1）定义面层 CC 与基层 base 之间接触关系

点击左侧工具栏（Create Interaction Property），在弹出的对话框中将 Name 设置为 IntProp-surf vs base，保持其他参数不变，点击 Continue 按钮，在弹出的对话框中点击 Mechanical→Tangential Behavior，点击 Friction formulation 设置为 Penalty，并在下方 Friction Coeff 下方输入 13，具体操作如图 6-4-27 所示。

2）定义底基层 subbase 与土基 soil 之间接触关系

按照上述方式定义底基层 subbase 与土基 soil 之间的接触关系，具体操作如图 6-4-28 所示。

点击菜单栏 Interaction→Find contact pairs→Search domain，设置参数如图 6-4-29 所示，点击 Find Contact Pairs 按钮，会在列表中显示出已搜索到的接触面，点击 OK 按钮，完成搜索。

3）修改接触面的接触参数

在前两步分别定义了面层与基层、底基层与土基的接触关系，需要对所有搜索到的接触面的接触关系进行修改。

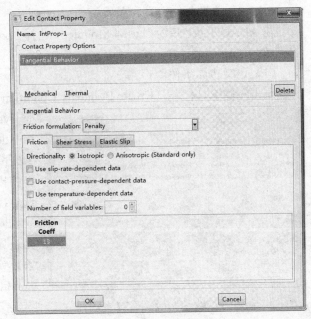

图 6-4-27　面层与基层接触关系定义

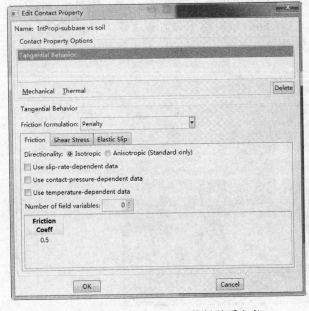

图 6-4-28　底基层与土基接触关系定义

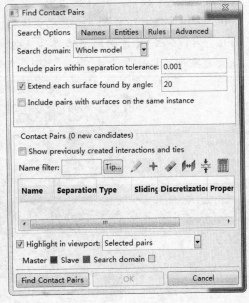

图 6-4-29　搜索接触面

点击左侧工具栏▦（Interaction Manager），弹出对话框，对话框中点击任何接触面 Initial 下方的 Create，弹出 Edit Interaction 对话框，将 CP-4-base-CC-1、CP-5-base-1-CC-1-lin-1-2、CP-6-base-1-CC-1-lin-1-3、CP-7-base-1-CC-1-lin-1-4、CP-8-base-1-CC-1-lin-1-5 的 Contact interaction property 修改为 IntProp-surf vs base，点击 OK 按钮，点击 Dismiss 按钮完成接触面的修改。

**6.4.2.7** 边界条件定义和荷载施加

在 ABAQUS/CAE 窗口顶部 Module 中选择 Load 模块，以便完成边界条件的定义和荷载的施加。

（1）定义边界条件

点击左侧工具栏▭（Create Boundary Condition），在弹出对话框中将 Name 设置为 U1，

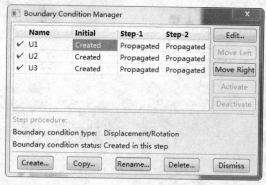

图 6-4-30 边界条件定义

将 Types for Selected Step 设置为 Displacement/Rotation，点击 Continue 按钮，选择整个模型与 YZ 平面平行的边界，点击提示区 Done 按钮，在弹出的 Edit Boundary Condition 对话框中勾选 U1，点击 OK 按钮完成 X 方向边界条件定义。

同理分别定义 Y 方向两个边界、Z 方向底面边界边界条件定义为 U2、U3。完成所有边界条件定义后可以在左侧工具栏▦（Boundary Condition Manager）对话框中查看已完成的边界定义，如图 6-4-30 所示。

**提示**

由于模型被切割成多个小方块，为了 X 方向边界选择，可以点击上方工具栏▫（Apply Front View）按钮，此时显示出 XY 平面，然后点击上方工具栏▨（Select Entities Inside the Drag Shape）按钮，框选左侧边界，按住 Shift 键同时点击右侧边界，如图 6-4-31 所示，可以完成 X 方向两个边界的选取。其他边界选取方法相同，采用这种选取方法可以大大减少边界选取步骤。

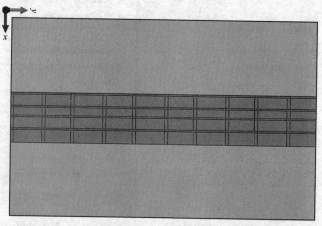

图 6-4-31 X 方向边界选择（顶边和底边为边界选择）

（2）施加外部荷载

在模型荷载施加中首先在 Step-中施加重力荷载，然后在 Step-2 中施加车辆荷载，从而完成整个模型外部荷载的施加。

1）重力荷载施加

点击左侧工具栏 （Create Load），弹出对话框，将 Step 后面下拉菜单中选择 Step-1，Types for Selected Step 选择 Gravity，保持其他参数不变，如图 6-4-32 所示，点击 Continue 按钮，选择整个模型，点击提示区 Done 按钮，弹出 Edit Load 按钮，在 CF3 中输入−10，如图 6-4-33 所示，点击 OK 按钮完成重力荷载施加。

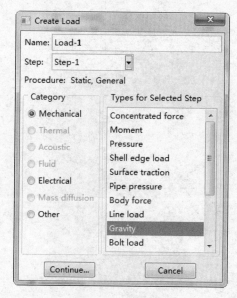

图 6-4-32　荷载作用方式选择

图 6-4-33　重力荷载施加

2）行车荷载施加

点击左侧工具栏 （Create Load），弹出对话框，将 Step 后面下拉菜单中选择 Step-2，Types for Selected Step 选择 Pressure，保持其他参数不变，点击 Continue 按钮，选择荷载施加区域如图 6-4-11 所示，施加板块位于五块板正中间一块（即第三块），点击提示区 Done 按钮，弹出 Edit Load 按钮，在 Magnitude 中输入 700000，点击 OK 按钮完成行车荷载施加。

（3）施加温度荷载

点击左侧工具栏 （Create Predefined Field），弹出 Create Predefined Field 对话框，Step 选择为 Initial，保持其他参数不变，点击 Continue 按钮，选择视图区整个模型，点击提示区中 Done 按钮，弹出 Edit Predefined Field 对话框，点击 Distribution 后方 Create 按钮，弹出 Create Expression Field 对话框，在对话框中输入−11.68*EXP（2.15*Z），如图 6-4-34 所示，点击 OK 按钮完成温度衰减函数的定义。

温度衰减函数定义完成后，返回 Edit Predefined Field 对话框，将 Distribution 设置为刚刚定义的衰减函数 Analytical Field-1，幅值 Magnitude 设置为 1，具体设置如图 6-4-35 所示，点击 OK 按钮完成温度荷载的施加。

**6.4.2.8**　创建并提交分析

在 ABAQUS/CAE 窗口顶部 Module 选择 Job 模块，创建并提交作业。

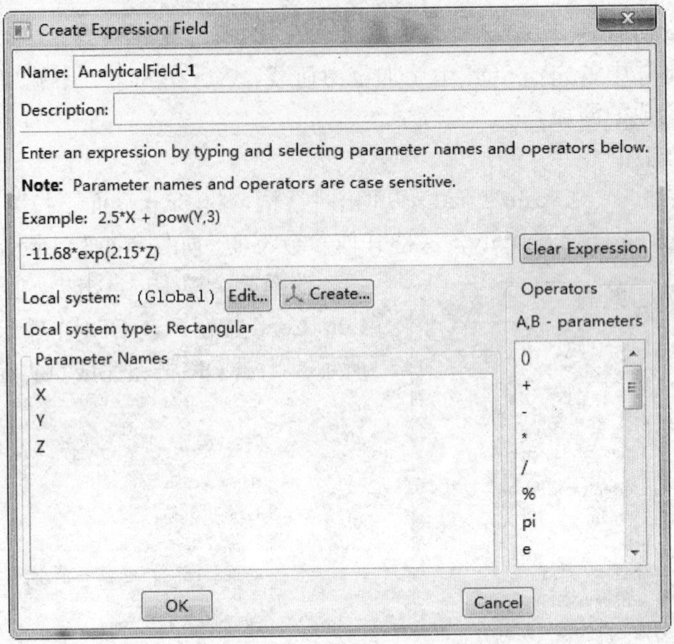

图 6-4-34　温度衰减函数定义

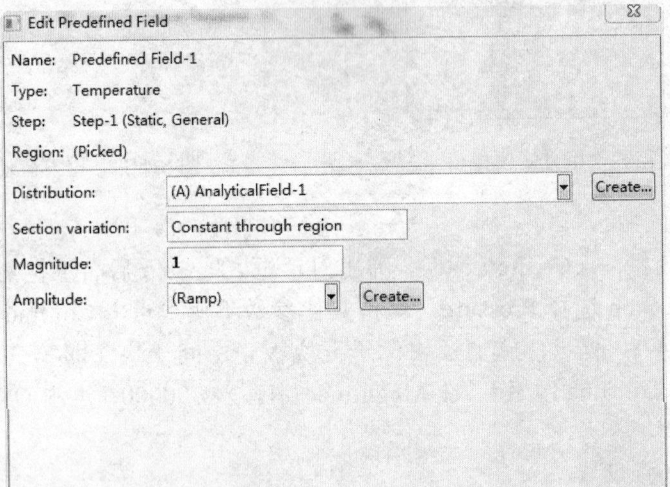

图 6-4-35　温度荷载施加

点击左侧工具栏 ▇ （Create Job），在弹出的对话框中将 Name 改为 whole，并点击 Continue 按钮，弹出 Edit Job 对话框，保持参数不变，点击 OK 按钮，完成作业的创建。

点击左侧工具栏 ▦ （Job Manager），弹出 Job Manager 对话框，如图 6-4-36 所示，点击对话框右侧的 Submit 按钮，提交作业分析。点击 Monitor 按钮，可以实时监控作业的运行状态。

**6.4.2.9　后处理**

计算完成后将 ABAQUS/CAE 窗口顶部 Module 选择 Visualization 模块，进入后处理。查看水泥混凝土板弯拉应力。

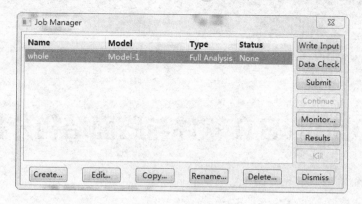

图 6-4-36　Job Manager 对话框

点击左侧工具栏 （Plot Contours on Deformed Shape）按钮，可以查看整个模型的应力云图。

点击顶部工具栏 （Create Display Group），弹出 Create Display Group 对话框，点击 Item 中 Part instances，并选中右侧 CC-1、CC-LIN-1-2、CC-LIN-1-3、CC-LIN-1-4、CC-LIN-1-5，点击下方 （Replace）按钮，点击 Dismiss 按钮，视图区中仅显示五块水泥混凝土板的应力云图。

点击上方顶部后处理下拉菜单选中 Primary S S11 ，可以查看水泥混凝土板横向应力分布，如图 6-4-37 所示。

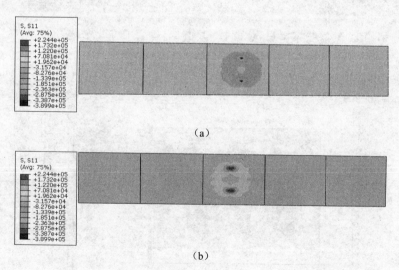

图 6-4-37　水泥混凝土板横向弯拉应力云图（顶面+底面）

从图中可以看出在标准轴载和温度荷载作用下，水泥混凝土板最大横向弯拉应力最大值达到 0.224MPa。

# 7

# Origin 8.0 软件与路面结构分析

## 7.1 Origin 8.0 软件总体介绍

Origin 是 Windows 平台下应用与科学作图和数据分析的软件，由 OriginLab 公司开发，其定位介于专业级和基础级之间，功能强大但操作简便，是广泛流行和国际科技出版界公认的标准作图软件。

Origin 开发历史较长（1991 至今），2007 年 10 月，OriginLab 公司结合广大用户在 7.5 版本使用习惯和经验，推出了 8.0 版本，主界面如图 7-1-1 所示。Origin 软件分为普通版（即 Origin）和专业版（即 OriginPro），两者区别为专业版本比普通版本多了一些数学分析模块，可运用于数据处理和分析，其他功能相差不大，本书采用的是 OriginPro 版本。

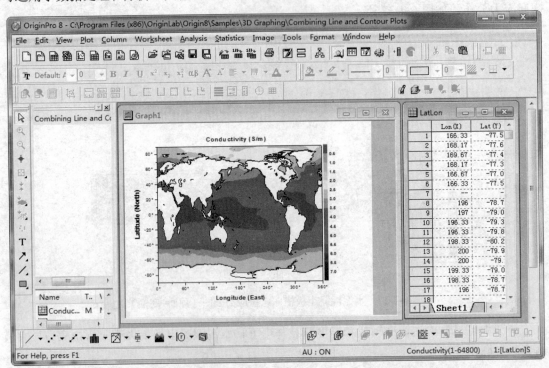

图 7-1-1 Origin 8.0 界面

Origin 软件主要用于图表绘制及数据处理，由于强大的数据处理及高端图表绘制，Origin 软件成为科研人员必备的工具之一。

Origin 软件使用起来十分简便，可以很容易地导入相关数据、并结合工作簿窗口对数据进行处理和分析，完成 3D 拟合、图形处理、数据分析等内容，广泛地用于材料学、工程学、光谱学、药理学及其他科学领域。

本书主要对 Origin 8.0 主要功能、和其他接口的衔接，帮助文档等内容进行总体介绍，并通过科研实例对软件使用进行详细介绍，提高 Origin 8.0 软件在道路工程数据分析中的应用能力。

### 7.1.1 Origin 8.0 软件主要功能

作为一款强大的数据处理及图形绘制工具，Origin 8.0 能够完成以下功能。

（1）数据表处理：包括电子表操作、数据的导入、数据的换算等；

（2）科技作图：包括基本作图图形、图形属性设置、多曲线多轴图形、多层图形等；

（3）数据分析：包括曲线拟合、教学运算、信号处理、光谱处理、数理统计、图像处理等；

（4）编程。

对于道路工程科研学习，一般能够完成数据表处理（包括数据导入）和简单的二维图形（点线图）的操作（特别是图形属性的设置）即可，对于其他复杂的二维三维图形，除非有需要，否则可以完全忽略。同时 Origin 数据图形处理过程中可以结合其他软件从而实现数据处理目的。

Origin 的系统框架如图 7-1-2 所示。

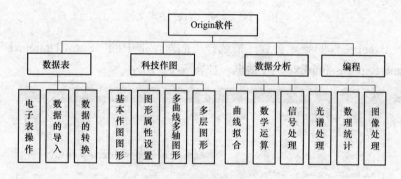

图 7-1-2 Origin 系统框架

### 7.1.2 Origin 帮助文件

打开 Origin 帮助主界面：点击菜单栏 Help，即可分别打开使用帮助（Origin）、X-函数（X-Functions）帮助、编程（Programming）帮助和教程（Tutorials）四个帮助文件。

有以下几种方法可以进入软件的帮助文档：①单击 Help 菜单的 Origin 命令，即可打开软件帮助系统，这个帮助系统已经集成了教程（Tutorials）和部分的 X-函数（X-Functions）帮助内容；②在使用软件过程中，单击 F1 功能键即可弹出帮助界面；③利用快速帮助（Quick Help）窗口，通过输入关键词，获取快速帮助（大部分是关于如何实现某项功能的具体指示）；④大部分窗口还带有 按钮，以实现即时帮助；⑤利用 Command 窗口调用帮助。

### 7.1.3 预留接口

Origin 提供了一个功能强大的数据导入平台，用于一步一步地引导用户处理各种格式和参数设置。单击菜单 File→Import→Import Wizard 即可打开导入。

在道路工程科研分析中，Origin 软件能够很好地与 Excel 集成，可以实现 Excel 数据和 Origin 数据切换和运用。

单击菜单栏 File→Import→Excel（XLS）菜单即可打开 Excel 文件导入对话框，然后添加一个或若干个 Excel 文件，如图 7-1-3 所示。

图 7-1-3　导入 Excel 格式文件

详细设置 Excel 文件的导入参数，需选择上面对话框中的"Show Options Dialog"选项，弹出 Import and Export：impExcel 对话框，如图 7-1-4 所示。

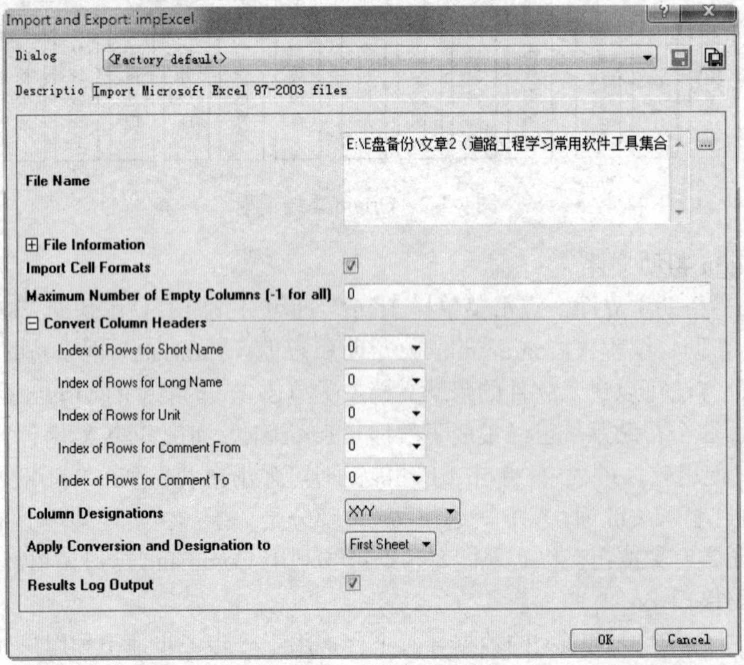

图 7-1-4　Excel 导入设置

设置完成后点击 OK 按钮，完成 Excel 数据导入，导入结果如图 7-1-5 所示。

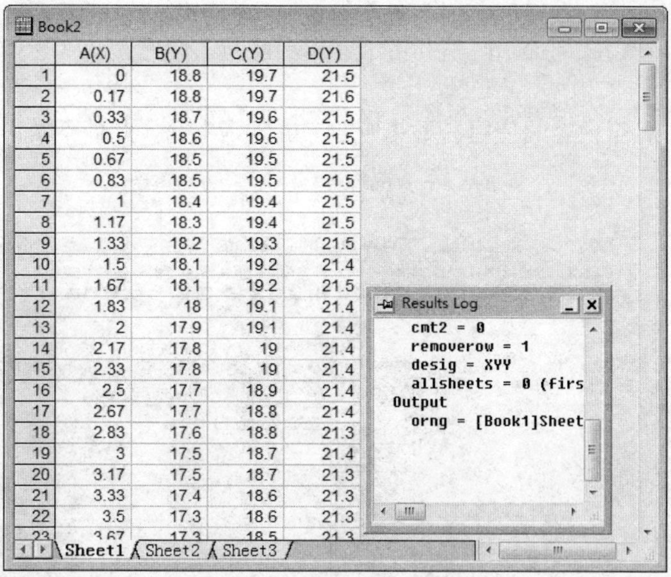

Book2

| | A(X) | B(Y) | C(Y) | D(Y) |
|---|---|---|---|---|
| 1 | 0 | 18.8 | 19.7 | 21.5 |
| 2 | 0.17 | 18.8 | 19.7 | 21.6 |
| 3 | 0.33 | 18.7 | 19.6 | 21.5 |
| 4 | 0.5 | 18.6 | 19.6 | 21.5 |
| 5 | 0.67 | 18.5 | 19.5 | 21.5 |
| 6 | 0.83 | 18.5 | 19.5 | 21.5 |
| 7 | 1 | 18.4 | 19.4 | 21.5 |
| 8 | 1.17 | 18.3 | 19.4 | 21.5 |
| 9 | 1.33 | 18.2 | 19.3 | 21.5 |
| 10 | 1.5 | 18.1 | 19.2 | 21.4 |
| 11 | 1.67 | 18.1 | 19.2 | 21.5 |
| 12 | 1.83 | 18 | 19.1 | 21.4 |
| 13 | 2 | 17.9 | 19.1 | 21.4 |
| 14 | 2.17 | 17.8 | 19 | 21.4 |
| 15 | 2.33 | 17.8 | 19 | 21.4 |
| 16 | 2.5 | 17.7 | 18.9 | 21.4 |
| 17 | 2.67 | 17.7 | 18.8 | 21.4 |
| 18 | 2.83 | 17.6 | 18.8 | 21.3 |
| 19 | 3 | 17.5 | 18.7 | 21.4 |
| 20 | 3.17 | 17.5 | 18.7 | 21.3 |
| 21 | 3.33 | 17.4 | 18.6 | 21.3 |
| 22 | 3.5 | 17.3 | 18.6 | 21.3 |
| 23 | 3.67 | 17.3 | 18.5 | 21.3 |



图 7-1-5　导入 Excel 结果

**提 示**

从图 7-1-5 中可以看出，示例中 Excel 文件为 3 组对比数据（X 轴数据相同），因此在图 7-1-4 中 column Designations 下拉菜单中选择 XYY 形式，当数据为两组实验数据（X 轴数据不等），则应该选择 XYXY 形式，其他数据形式可以根据需要选择。

对于坐标轴的设置也可通过其他设置完成，具体参见实例。

导入 Excel 文件的数据操作简便，导入后需设置表头和列。从图 7-1-5 中可以看出，Origin 提供了对 Excel 单元格格式的兼容性，当 Excel 中单元格使用带公式的数值，则 Origin 自动处理成对应的数值（不保留公式），导入后会失去一些 Excel 的特性。

### 7.1.4　软件工作环境

Origin 8.0 主窗口主要由标题栏、菜单栏、工具栏、绘图区、项目管理器、绘图快捷命令、提示区组成，如图 7-1-6 所示。

（1）标题栏。标题栏显示了 Origin 的版本、正在编辑中的文件名称及路径。

（2）菜单栏。菜单栏包含了 Origin 8.0 所有的功能，通过下拉菜单和子菜单可找到所有功能（工具栏中各命令均可以通过菜单栏实现）。

（3）工具栏。工具栏为用户提供了菜单访问的快捷方式，工具菜单方便常用功能快捷选择，提高数据处理效率。

（4）绘图区。绘图区是用户用于数据处理和图形处理的主要界面，绘图区根据处理窗口（工作簿窗口、矩阵窗口、Graph 窗口、Function graphs 窗口、Excel 工作簿窗口、Layout Pages 窗口、Note 窗口）不同，菜单栏显示的内容也不同。

道路工程数据分析和处理主要用到工作簿窗口和 Graph 窗口。

（5）项目管理器。窗口下部的项目管理器能够直观地反映出项目文件及其组成部分，各个内容均以模型树的形式列出，方便实现各个窗口间的切换。

（6）提示区。窗口底部提示区主要用于标出当前的工作内容，以及对鼠标指到某些菜单按钮时进行说明。

关于主窗口中各个内容的使用参见其他 Origin 参考书籍，此处不做详细介绍。

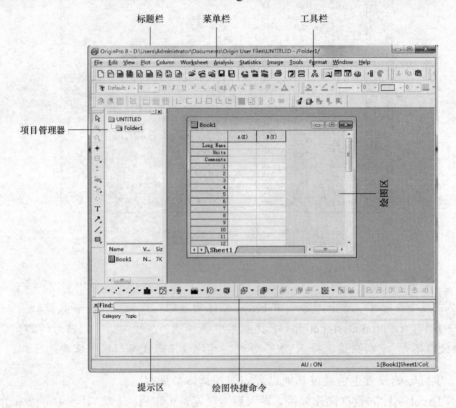

图 7-1-6　主窗口组成

## 7.2　极端天气数据分析

### 7.2.1　项目背景

对某地近 50 年来极端气候变化及其影响范围和影响程度的调查与评估，进行极端气候因素造成沥青路面损坏的现状调查，分析该地区沥青路面损坏与气候因素之间的相关性。

数据来源：http：//www.ncdc.noaa.gov/data-access/quick-links#FREE（美国国家海洋和大气管理局）。该网站免费为用户提供全球气温、降雨等资料，可以用于气候变化分析与评估。道路工程研究中可用于极端高温条件下路面车辙研究、极端低温条件下路面开裂研究等。

### 7.2.2　NOAA 气温、降雨数据搜集

打开 NOAA 主页，如图 7-2-1 所示。

选择 15 当日全球气象汇整报告，单击"Global Summary of the Day"，如图 7-2-2 所示。

进入用户许可界面，单击"I Agree to These Terms"，如图 7-2-3 所示，弹出国家（地区）数据选择对话框，如图 7-2-4 所示。进入下载页面，选择所需数据国家，此处 Country 选择

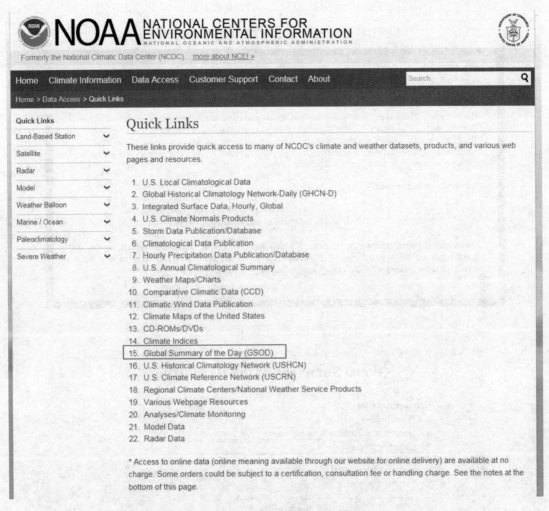

图 7-2-1 NOAA 数据下载首页

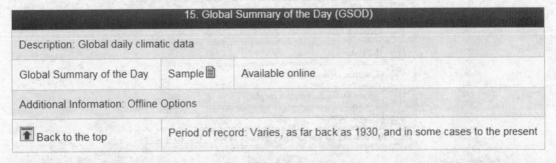

图 7-2-2 数据类型选择

China，并点击 Dataformatdocumentation 前的按钮，下载数据格式文件（数据格式文件给出各向数据的定义以及说明）。选择国家后继续点击 Continue，如图 7-2-5 所示，继续点击 Continue 按钮后选择中国某地区数据，此处选择南阳地区数据，如图 7-2-6 所示，再次点击 Continue 按钮。

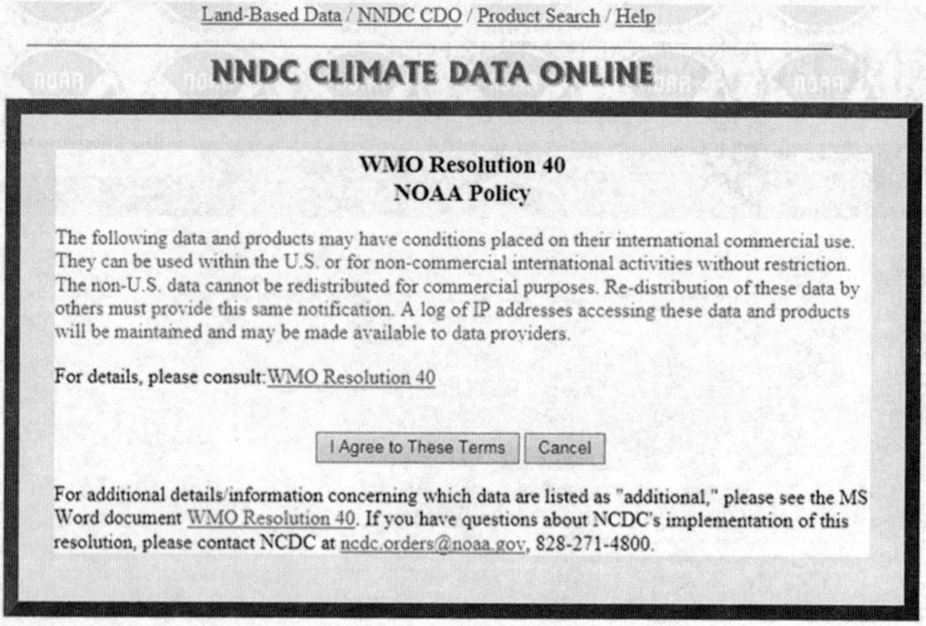

Land-Based Data / NNDC CDO / Product Search / Help

# NNDC CLIMATE DATA ONLINE

## WMO Resolution 40
## NOAA Policy

The following data and products may have conditions placed on their international commercial use. They can be used within the U.S. or for non-commercial international activities without restriction. The non-U.S. data cannot be redistributed for commercial purposes. Re-distribution of these data by others must provide this same notification. A log of IP addresses accessing these data and products will be maintained and may be made available to data providers.

For details, please consult: WMO Resolution 40

[ I Agree to These Terms ] [ Cancel ]

For additional details/information concerning which data are listed as "additional," please see the MS Word document WMO Resolution 40. If you have questions about NCDC's implementation of this resolution, please contact NCDC at ncdc.orders@noaa.gov, 828-271-4800.

图 7-2-3　下载许可

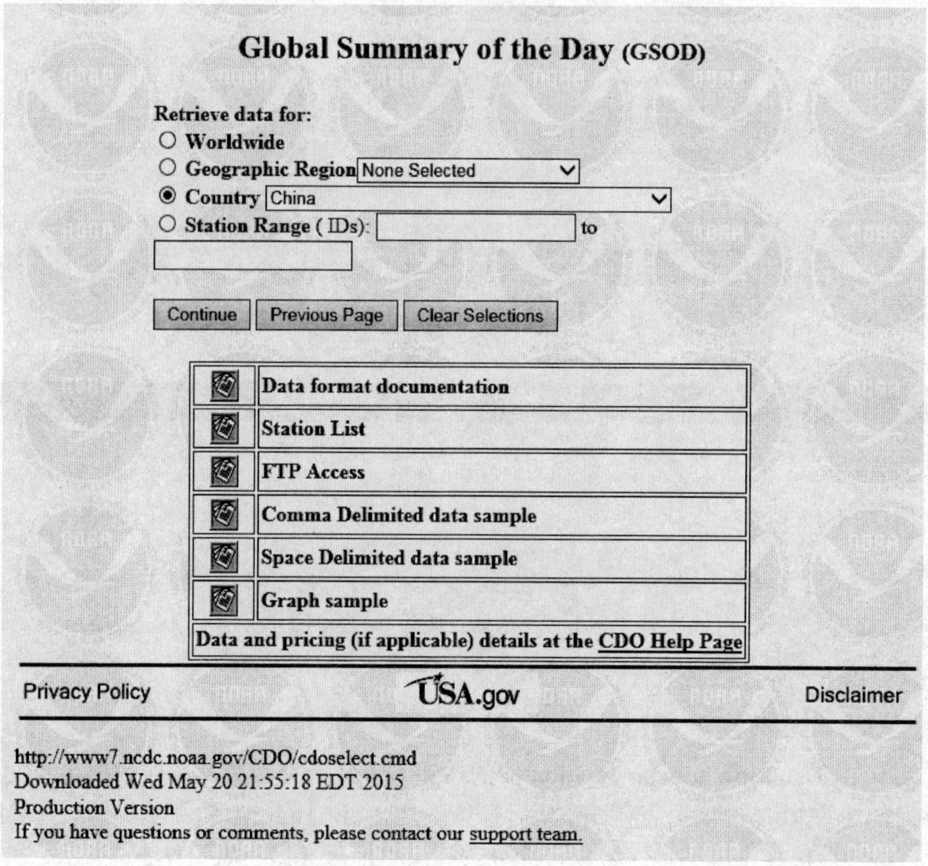

## Global Summary of the Day (GSOD)

**Retrieve data for:**
- ○ **Worldwide**
- ○ **Geographic Region** [ None Selected ▽ ]
- ◉ **Country** [ China ▽ ]
- ○ **Station Range ( IDs):** [ _____ ] to
  [ _____ ]

[ Continue ] [ Previous Page ] [ Clear Selections ]

| | |
|---|---|
| ▨ | **Data format documentation** |
| ▨ | **Station List** |
| ▨ | **FTP Access** |
| ▨ | **Comma Delimited data sample** |
| ▨ | **Space Delimited data sample** |
| ▨ | **Graph sample** |
| **Data and pricing (if applicable) details at the CDO Help Page** | |

Privacy Policy　　　　　　　　USA.gov　　　　　　　　Disclaimer

http://www7.ncdc.noaa.gov/CDO/cdoselect.cmd
Downloaded Wed May 20 21:55:18 EDT 2015
Production Version
If you have questions or comments, please contact our support team.

图 7-2-4　选择国家

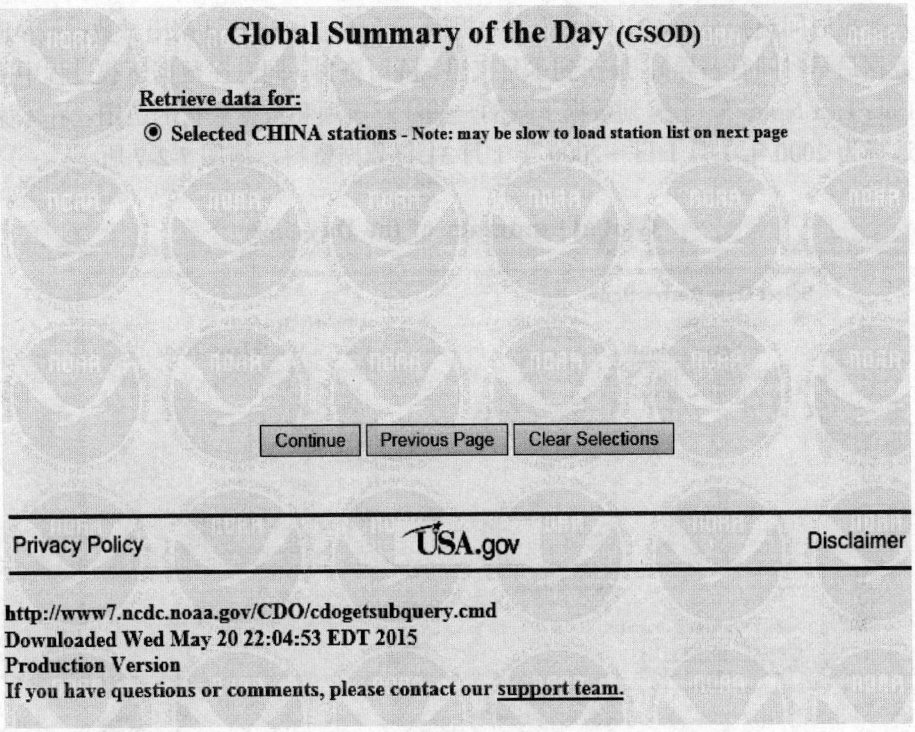

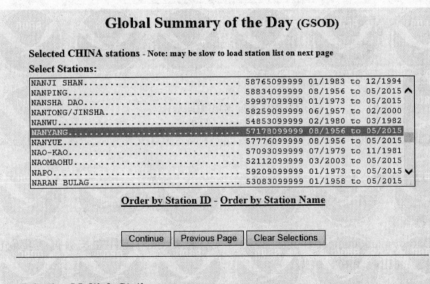

图 7-2-5  选择地区

## Global Summary of the Day (GSOD)

**Selected CHINA stations** - Note: may be slow to load station list on next page

**Select Stations:**

```
NANJI SHAN........................... 58765099999 01/1983 to 12/1994
NANPING.............................. 58834099999 08/1956 to 05/2015 ^
NANSHA DAO........................... 59997099999 01/1973 to 05/2015
NANTONG/JINSHA....................... 58259099999 06/1957 to 02/2000
NANWU................................ 54853099999 02/1980 to 03/1982
NANYANG.............................. 57178099999 08/1956 to 05/2015
NANYUE............................... 57776099999 08/1956 to 05/2015
NAO-KAO.............................. 57093099999 07/1979 to 11/1981
NAOMAOHU............................. 52112099999 03/2003 to 05/2015
NAPO................................. 59209099999 01/1973 to 05/2015 v
NARAN BULAG.......................... 53083099999 01/1958 to 05/2015
```

**Order by Station ID** - **Order by Station Name**

[ Continue ]  [ Previous Page ]  [ Clear Selections ]

### Selecting Multiple Stations

1. To select one station, just click on it.
2. To select multiple sequential stations, click on the first station, scroll down to the last station, hold the Shift key down and click on the last station.
3. To select multiple non-sequential stations, click on the first station, then hold the Control key down while clicking on additional stations. To deselect a station, hold the Control key down while clicking on that station.

图 7-2-6  南阳地区数据选择

进入数据时间选择页面，NOAA 为用户提供了最早到 1956 年（南阳站数据最早时间，不同测站数据最早时间有差异），最新到本月气温、降雨资料，同时在数据下载过程中需要阅读下方"Data List Notes"，了解到数据下载的一些注意事项和数据缺失的范围。在本案例中数据时间选择为 2000 年 1 月 1 日～2000 年 1 月 31 日数据资料，如图 7-2-7 所示。

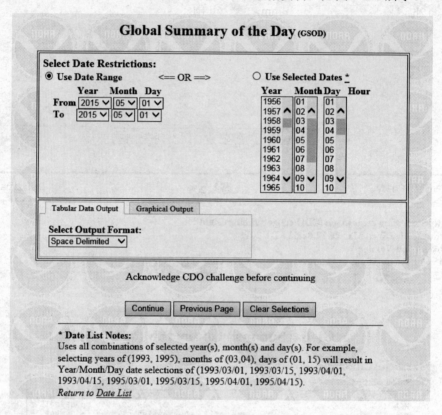

图 7-2-7　输出时间选择

所有数据均在网页中显示，全选数据复制并粘贴到 txt 文本中，命名为"数据.txt"（详见附件）。

### 7.2.3　导出数据分类

将"数据.txt"文件导入到 Excel 文件中，方便对数据进行处理。

（1）数据含义

根据 Dataformatdocumentation 下载的"文件格式.txt"文件在本数据中我们仅需关心 TEMP、MAX、MIN、PRCP 数据。

TEMP：日平均气温，华氏度；

MAX：日最高气温，华氏度；

MIN：日最低气温，华氏度；

PRCP：降雨量，英寸，其中数据后方 A 代表 6h 连续降水量总和；B 代表 2 个连续 6h 降雨量总和；C 代表 3 个连续 6h 降雨量总和；D 代表 4 个连续 6h 降雨量总和；E 代表 12h 降雨量总和；F 代表 2 个连续 12h 降雨量总和；G 代表 24h 连续降雨量总和；H 代表轻微降雨，无法统计量；I 代表有可能降雨但是没有捕捉到数据。

根据我国气象部门采用的降雨强度标准：

小雨：12h 内雨量小于 5mm，或者 24h 内雨量小于 10mm；

中雨：12h 内雨量为 5–14.9mm，或者 24h 内雨量为 10–24.9mm；

大雨：12h 内雨量为 15–29.9mm，或 24h 内雨量为 25–49.9mm。

暴雨：12h 内雨量等于和大于 30mm，或 24h 雨量等于和大于 50mm。

其中华氏度转摄氏度公式为：

摄氏度=（华氏度–32）/1.8

英寸转毫米公式为：

毫米=英寸×25.4

（2）数据分类处理

根据以上基本资料可以将南阳地区 2000 年 1 月 1 日～2000 年 1 月 31 日内最高温、最低温、平均气温、降雨量资料分列显示，以便后续数据提取及处理。

> 提 示
>
> 由于数据中含有"*"，在 Excel 文本中处理删除"*"可以利用 LEFT 公式实现，如"66.4*"可以编辑为"=LEFT（A1，4）"，其中 A1 为 66.4*所在文本框编号，4 为返回前 4 个字符。

对于降雨量数据，由于位数含有字母，在 Excel 文本中可以利用 LEFT 公式提取前方数字，利用 RIGHT 公式提取后方数字。例如"0.1C"可以编辑为"=LEFT（A1，3）"返回值为 0.1，编辑"=RIGHT（A1，1）"，返回值为 C。

### 7.2.4 Origin 绘制气温数据图

Origin 可绘制散点图、折线图，并利用散点数据进行拟合和数据分析，分析结果可直接导入到 Word 文档，导入到 Word 文档后还可对图形编辑及数据分析。

本案例仅以处理平均气温为例。

（1）导入数据，绘制图形

打开 Excel 文件，复制时间列、平均气温列数据；打开 Origin 软件，在 Book1 中 A（X）列，1 行对应的单元格内粘贴，即可将平均气温数据导入到 Origin 软件内（也可利用导入功能导入 Excel 数据），导入数据后如图 7-2-8 所示。

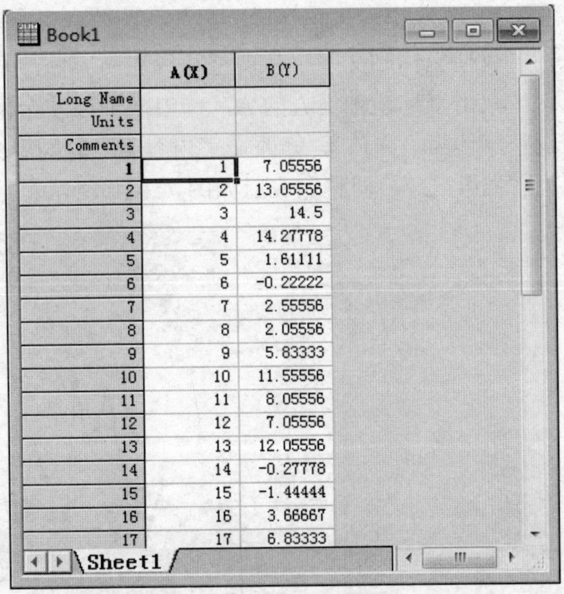

选中工作表中 A（X）和 B（Y）列，单击菜单命令 Plot→Line，在打开二级菜单中选择绘图方式。可供选择的绘图方式有折线图（Line）、水平阶梯图（Horizontal Step）、垂直阶梯图（Vertical Step）和样条曲线图（Spline Connected）四种，其中折线图、样条曲线图在道路工程中使用最广泛。

| | A(X) | B(Y) |
|---|---|---|
| Long Name | | |
| Units | | |
| Comments | | |
| 1 | 1 | 7.05556 |
| 2 | 2 | 13.05556 |
| 3 | 3 | 14.5 |
| 4 | 4 | 14.27778 |
| 5 | 5 | 1.61111 |
| 6 | 6 | -0.22222 |
| 7 | 7 | 2.55556 |
| 8 | 8 | 2.05556 |
| 9 | 9 | 5.83333 |
| 10 | 10 | 11.55556 |
| 11 | 11 | 8.05556 |
| 12 | 12 | 7.05556 |
| 13 | 13 | 12.05556 |
| 14 | 14 | -0.27778 |
| 15 | 15 | -1.44444 |
| 16 | 16 | 3.66667 |
| 17 | 17 | 6.83333 |

图 7-2-8 数据导入

视图区下方提供绘图快捷命令，单击工具✐绘制折线图。点击向下箭头弹出四种点线图绘制：点线符号（Line&Symbol）、折线图（Line Series）、两点线段图（2 Point Segment）、三点线段图（3 Point Segment）。

本案例绘图选择 line，其他图形绘制可依据所需要灵活运用，点击 Line 后，绘制后的图形如图 7-2-9 所示。

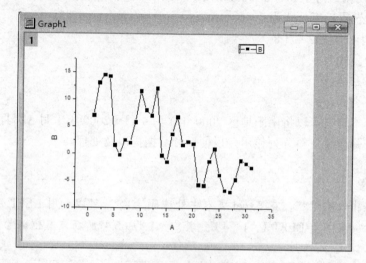

图 7-2-9　Line 图形绘制

（2）图形调整

完成 Line 图形绘制后，需对图形横纵坐标进行标注、坐标轴范围进行调整。

1）横纵坐标轴标注

包括坐标轴文字字体调整和标注内容修改。

双击坐标横轴下方的 A，选中横轴标注全部文字，点击左上方工具栏 ![宋体 22] 按钮，调整字体为"宋体"，修改文字内容为"时间/天"；同理完成纵坐标文本字体调整及内容调整为"温度/℃"，调整完成后如图 7-2-10 所示。

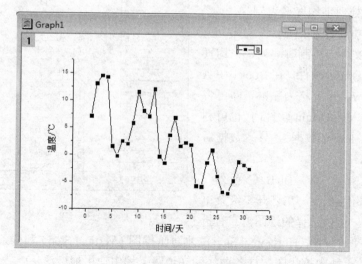

图 7-2-10　坐标轴标注调整

2）坐标轴范围调整

包括坐标横轴时间调整为 1~32，坐标轴刻度调整为 4，刻度线朝向图形一侧。

双击坐标横轴，弹出 X Axis-Layer 1 对话框，进入 Scale 选项卡，调整 From 后数值为 1，调整 To 后数值为 32，调整 Increment 后数值为 4，完成坐标横轴范围及标尺刻度调整，如图 7-2-11 所示。

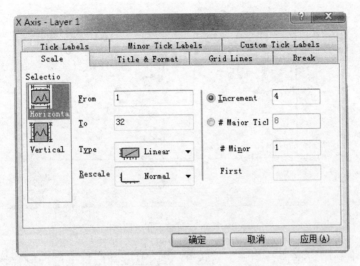

图 7-2-11　坐标横轴范围及标尺可图调整

进入 Title&Format 选项卡，将 Major 后标尺位置调整为 In，将 Minor 后标尺位置调整为 In，如图 7-2-12 所示。同理完成坐标纵轴标尺刻度方向调整。

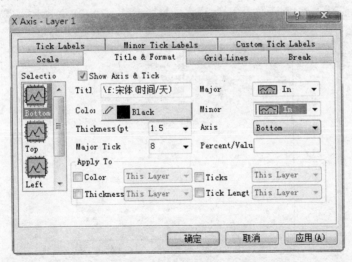

图 7-2-12　标尺刻度方向调整

调整完成后进入 Graph1 图形，选中图形左上角，利用 Delete 键删除，调整完成后的图形如图 7-2-13 所示。

3）数据分析

根据图 7-2-14 中数据，从图中可以看出该地区 1 月份内日平均气温随着时间呈逐渐降低

215

的趋势。如何描述这种趋势呢？

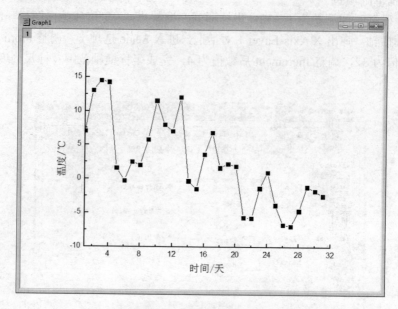

图 7-2-13　调整后的图形

　　在数据分析中利用数据拟合功能，对这 31 天内温度降低幅度进行拟合。

　　点击菜单栏 Analysis→Fitting→FitLinear→1<Last used>，即可利用 $y=a+b*x$ 完成线性拟合，并在图形中显示拟合结果（$a$、$b$ 值）、拟合相关度（R-Square）等结果，并将拟合得到的直线绘制在图中，如图 7-2-13 所示。

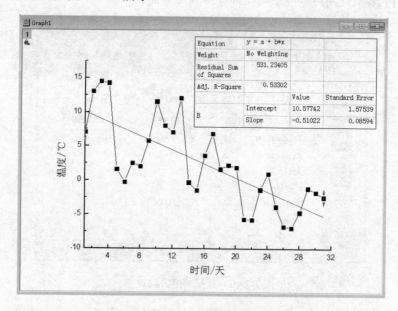

图 7-2-14　线性拟合结果

　　在极端天气研究中，往往需要对比分析，对于不同数据摆放到一起，从图形中仅能看到趋势，但是无法定量描述这种变化，采用拟合功能就能实现各种数据对比的量化，增加数据分析的有效性。

## 7.3　沥青混合料时温等效原理中数据分析应用

　　沥青材料是一种复杂的热流变材料，其变形与受力状态、温度、加载速率有关，因此在讨论沥青及沥青混合料这类工程材料的力学特性时，不仅要考虑材料的应力水平与应变水平之间的相互响应关系，同时也必须考虑材料本身承受的温度环境和加载时间。根据对黏弹性材料的研究，可认为这些力学行为具有相当明确的规律性。这种规律性不仅表现在材料应力-应变响应关系分别依赖于温度效应与时间性，也表现在材料力学行为中时间效应与温度效应的等效性及相互转化关系上。

　　利用这样的时间温度等效转换，我们可将一定时间范围内、温度范围内的试验测定结果拓延到更加广泛的时间温度空间中去。这将大大减少材料研究的试验工作量，并在相当程度上降低我们对于试验装置的技术要求。

　　本节依据道路工程沥青混合料温等效原理和 WLF 公式，利用 Origin 软件对蠕变柔量进行移位，得到某一温度条件下的蠕变柔量主曲线；并利用 Burgers 模型对蠕变柔量主曲线进行非线性拟合，为沥青混合料的蠕变分析研究提供参考。

### 7.3.1　时间温度换算法则

　　可建立一定的数学模型来定量的描述时间-温度等效效应，并把这一数量关系称为时间-温度换算法则。

　　通常采用时间 $t$ 的对数坐标讨论黏弹性力学行为的时间-温度换算法则。在图 7-3-1 中，给出了一种沥青混合料在蠕变试验中得到的不同温度条件下试件变形量 $\gamma$ 与时间 $t$ 的对数坐标关系。由该图可见，不同温度下的 $\gamma$-lg$t$ 曲线具有相同的几何形状。如果将某一温度下的 $\gamma$-lg$t$ 曲线沿水平方向平行地左右移动一定距离 lg$\alpha_T$，那么这一 $\gamma$-lg$t$ 曲线将与其他温度下的 $\gamma$-lg$t$ 曲线相互重合。称这一移动量 lg$\alpha_T$ 为移动因子，移动因子 lg$\alpha_T$ 仅与温度有关。

　　即　　　　　　　　　　　　　lg$\alpha_{t1}$–lg$\alpha_{t2}$=lg$\alpha_T$

### 7.3.2　移位因子计算方法

　　在实际试验中，为了得到各种黏弹性特征函数主曲线，需要定量求解出对应于参照温度 $T_0$ 的各种温度条件下的移位因子 lg$\alpha_T$。目前计算移位因子的主流方法主要有两种：WLF 公式和 Arrhenius 公式。

　　（1）WLF 公式

　　WLF 公式由 M. L. Williams、R. F. Lardel 和 J. D. Fesry 等三名学者提出，并以他们名字第一个字母组合命名。

　　WLF 公式为

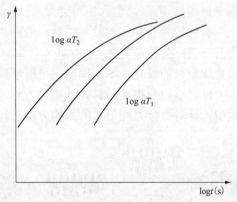

图 7-3-1　不同温度条件下试件变形量 $\gamma$ 与时间 $t$

$$\lg \alpha_T = -\frac{C_1(T-T_0)}{C_2+(T-T_0)} = -\frac{C_1\Delta T}{C_2+\Delta T} \qquad (7\text{-}3\text{-}1)$$

式中　$C_1$、$C_2$——材料参数；

$T_0$——参考温度。

（2）Arrhenius 公式

在沥青及沥青混合料低温性能与沥青路面低温开裂问题的研究中，使用最多的是 Arrhenius 公式。

Arrhenius 公式为

$$\lg \alpha_T = k_1 \left( \frac{1}{T} - \frac{1}{T_0} \right) \tag{7-3-2}$$

公式变形后得

$$\alpha_T = \alpha e^{\beta \left( \frac{1}{T} - \frac{1}{T_0} \right)} \tag{7-3-3}$$

式中 $\alpha$、$\beta$——材料参数，可通过试验数据拟合确定。

与 WLF 公式不同，Arrhenius 公式中的活化能对于沥青材料来说，大约在相当于软化点温度两侧发生转折，并可取为两个不同常数。因此，在低于软化点的温度范围内，Arrhenius 公式中的材料常数不依赖于温度变化。

### 7.3.3 Burgers 模型

#### 7.3.3.1 线黏弹性的一般原理

库克定律描述的是弹性力学变形特性是一种理想状态下力学行为，牛顿内摩擦定律描述的黏性流动变形也是一种理想状态下的力学行为，而沥青及沥青混合料是典型的黏弹性材料，兼具弹性和牛顿黏性的特点。由于黏性流动变形是时间、温度的函数，黏弹性材料的变形行为也将依赖于时间和温度。由于弹性材料的变形可以完全恢复，黏弹性材料的变形行为将不同于液体材料，其变形也将具有可恢复的特点。因此，需要研究黏弹性力学行为的数学描述。

对于承受一定外荷载的工程结构或者材料，其内部将产生抵抗荷载的应力，伴随应力作用也将产生应变。将这种应力作为一种输入，将其产生的应变称为对于应力输入的响应（如蠕变试验）。有时，输入也可能是应变，那么响应就是应力（如松弛试验）。

材料输入与响应的数学关系一般称为给定状态下的本构关系。其中输入与响应的基本分类有三类：弹簧与黏壶、kelvin 元件、Maxwell 元件——应力松弛。以上述简单元件为模型，组合成复杂的黏弹性本构模型，可以解释黏弹性材料的延迟弹性和松弛行为。

针对以模型描述的黏弹性本构方程，目前使用较为广泛的有两类：三元件模型、Burgers 模型；针对微分方程形式的本构方程，目前使用较为广泛的有：Maxwell 模型、Voigt 模型。

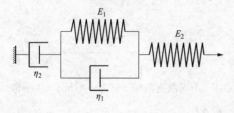

针对基本元件、各类模型基本理论，不熟悉这部分内容的读者可参考其他著作中相关内容，针对本案例的研究内容仅介绍 Burgers 模型基本理论。

图 7-3-2 Burgers 模型

#### 7.3.3.2 Burgers 模型本构方程

Burgers 模型由一个 Maxwell 模型和一个 Kelvin 模型串联而成，是一个四单元模型，如图 7-3-2 所示。

Burgers 模型的本构方程为

$$\sigma + p_1 \dot{\sigma} + p_2 \ddot{\sigma} = q_1 \dot{\varepsilon} + q_2 \ddot{\varepsilon} \tag{7-3-4}$$

这里 $p_1 = (\eta_1 E_1 + \eta_1 E_2 + \eta_2 E_1)/E_1 E_2$；$p_2 = \eta_1 \eta_2 / E_1 E_2$；$q_1 = \eta_1$；$q_2 = \eta_1 \eta_2 / E_2$，代入式（7-3-4）可得

$$E_1 E_2 \sigma + (\eta_1 E_1 + \eta_1 E_2 + \eta_2 E_1)\dot{\sigma} = E_1 E_2 \eta_1 \dot{\varepsilon} + E_1 \eta_1 \eta_2 \ddot{\varepsilon} \tag{7-3-5}$$

（1）蠕变

给材料一个应力输入 $\sigma = \Delta(t)\sigma_0$，代入式（7-3-4）可得蠕变应变：

$$\varepsilon(t) = \sigma_0 \left[ \frac{p_1 q_1}{q_1^2} + \frac{t}{q_1} + \left( \frac{p_2}{q_2} - \frac{p_1 q_1 - q_2}{q_1^2} \right) e^{-\lambda t} \right] \tag{7-3-6}$$

式中，$\lambda = q_1 / q_2$。

将 $p_1$、$p_2$、$q_1$、$q_2$ 代入式（7-3-6）可得

$$\varepsilon(t) = \sigma_0 \left[ \frac{1}{E_1} + \frac{t}{\eta_1} + \frac{1}{E_2}\left( 1 - e^{-t\frac{E_2}{\eta_2}} \right) \right] \tag{7-3-7}$$

式中，$\lambda = E_2 / \eta_2$。

Burgers 模型的蠕变曲线如图 7-3-3 所示，即具有瞬时弹性，又显示无穷远时间的流动。事实上，这一蠕变曲线是 $[M]$ 和 $[K]$ 的蠕变曲线的简单加和。从蠕变方程可知，即使应力 $\sigma_0$ 很小，应变 $\varepsilon$ 也会无限增加，故 Burgers 模型是液体模型。

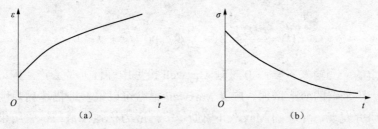

图 7-3-3　Burgers 模型的力学响应

（a）徐变曲线；（b）松弛曲线

（2）应力松弛

给材料一个应变输入 $\varepsilon = \varepsilon_0 \Delta(t)$，代入式（7-3-4）可以推出材料的松弛应力：

$$\sigma(t) = \frac{\varepsilon_0}{\sqrt{p_1^2 - 4p_2}} [(-q_1 + \alpha q_2)e^{-\lambda t} + (q_1 - \beta q_2)e^{-\beta t}] \tag{7-3-8}$$

其中 $\alpha = \frac{1}{2p_2}(p_1 + \sqrt{p_1^2 - 4p_2})$；$\beta = \frac{1}{2p_2}(p_1 \sqrt{p_1^2 - 4p_2})$。

$t = 0$ 时，Burgers 模型立即产生瞬时应力 $E_1 \varepsilon_0$，随后应力逐渐衰减，在无限长时间内，模型应力可以完全松弛，残留应力为零。

（3）Burgers 模型蠕变柔量

$$J(t) = \frac{1}{E_1} + \frac{t}{\eta_1} + \frac{1}{E_2}\left( 1 - e^{-\frac{E_2}{\eta_2}t} \right) \tag{7-3-9}$$

### 7.3.4　Maxwell 模型

Maxwell 模型由弹性元件和阻尼器组成，如图 7-3-4 所示。给出一个应力输入，弹性元件

和阻尼器产生的应变分别为 $\varepsilon_1$ 和 $\varepsilon_2$，模型总应变为 $\varepsilon = \varepsilon_1 + \varepsilon_2$。

组成黏弹性力学模型的元件越多，越能准确地描述黏弹性材料的力学行为。广义 Maxwell 模型由 $N$ 个并联的 Maxwell 元件组成，如图 7-3-5 所示。

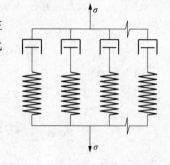

图 7-3-4　Maxwell 模型　　　　　　图 7-3-5　广义 Maxwell 模型

对广义 Maxwell 模型施加阶跃应变时，每一个 Maxwell 元件都有同样大小的阶跃应变。则

$$\sigma_i = \varepsilon_0 E_i \exp(-t/\tau_i) \qquad (7\text{-}3\text{-}10)$$

故

$$\sigma(t) = \varepsilon_0 E_e + \sum_{i=1}^{n} \varepsilon_0 E_i \exp(-t/\tau_i) = \varepsilon_0 \left[ E_e + \sum_{i=1}^{n} E_i \exp(-t/\tau_i) \right] \qquad (7\text{-}3\text{-}11)$$

或

$$E(t) = \frac{\sigma(t)}{\varepsilon_0} = E_e + \sum_{i=1}^{n} E_i \exp(-t/\tau_i) \quad t \geq 0 \qquad (7\text{-}3\text{-}12)$$

给模型一定的应变输入 $\varepsilon_0$，$t = 0$ 时刻 Maxwell 模型中弹性元件会产生瞬时应变 $E_i\varepsilon_0$，随着时间的增加，阻尼器的变形增加。广义 Maxwell 模型可以很好地描述黏弹性材料的应力松弛特性，通过研究发现，并联的 Maxwell 模型越多，应力松弛模量与试验结果吻合越好。

沥青混合料在其工作温度范围内具有黏弹性特性，学者在研究其黏弹性特性时均采用 Burgers 模型，普遍认为 Burgers 模型能够很好地模拟黏弹性材料的蠕变和应力松弛特性，导致以往研究中均选择 Burgers 模型的松弛函数作为拟合函数，但大量试验研究发现，Burgers 模型仅能反应短期应力松弛特性，当时间尺度较大时，Burgers 模型与试验曲线表现出巨大的差异。

对沥青混合料本构模型理论进行总结，认为广义 Maxwell 模型可以很好地描述沥青混合料的黏弹性特性。并且 Prony 级数与广义 Maxwell 模型的松弛函数具有相似性，利用 Prony 级数拟合试验曲线可以得到沥青混合料黏弹性松弛特性，将其导入到 ABAQUS 有限元即可进行黏弹性材料的定义。

### 7.3.5　蠕变试验及图形绘制

#### 7.3.5.1　蠕变试验

为了更好地研究沥青混合料的应力、应变变化规律，可以在不同温度条件下进行沥青混合料相关试验。利用高低温弯曲蠕变仪在不同温度下进行沥青混合料的弯曲蠕变试验，结合 Maxwell 模型，利用 Maxwell 模型模拟沥青混合料的蠕变性能。

蠕变是指在恒定应力作用下，应变随时间的延长而增加的过程。要进行蠕变试验，首先在试件上瞬间施加一个应力，然后保持恒定，即

$$\sigma(t) = 0 , \quad t \leqslant 0 \qquad\qquad (7\text{-}3\text{-}13)$$

$$\sigma(t) = \sigma_0 , \quad t > 0 \qquad\qquad (7\text{-}3\text{-}14)$$

利用高低温弯曲蠕变仪进行不同温度（$t=0℃$、$t=5℃$、$t=10℃$ 和 $t=15℃$）沥青蠕变试验，可以用于模拟降温条件下路面中逐步积累的应变，采用计算机数据采集系统自动采集试验过程中的荷载和变形。试验时梁的应力和应变以及蠕变柔量按照式（7-3-15）～式（7-3-17）计算：

$$\sigma_0 = \frac{3PL}{2bh^2} \qquad\qquad (7\text{-}3\text{-}15)$$

$$\varepsilon(t) = \frac{6h}{L^2}\delta(t) \qquad\qquad (7\text{-}3\text{-}16)$$

式中　$b$——小梁宽度（mm）；

　　　$h$——小梁高度（mm）；

　　　$L$——小梁跨距（mm）；

　　　$P$——施加恒定力；

　　$\delta(t)$——跨中点变形（mm）。

由应力 $\sigma_0$ 和应变 $\varepsilon(t)$ 可以计算出蠕变柔量：

$$J(t) = \frac{\varepsilon(t)}{\sigma_0} = \frac{4bh^3}{PL^3}\delta(t) \qquad\qquad (7\text{-}3\text{-}17)$$

式中　$J(t)$——蠕变柔量（1/Pa）；

　　　$\varepsilon(t)$——不同时刻的应变值（mm）；

　　　$\sigma_0$——蠕变试验施加的恒定应力（MPa）。

不同温度下的蠕变柔量试验结果见表 7-3-1（数据文件见附件"蠕变柔量.xls"）。

表 7-3-1　　　　　　　　　　　　蠕变柔量试验结果

| 0℃ | | 5℃ | | 10℃ | | 15℃ | |
|---|---|---|---|---|---|---|---|
| 时间（s） | 蠕变柔量 $J$（MPa$^{-1}$） | 时间（s） | 蠕变柔量 $J$（MPa$^{-1}$） | 时间（s） | 蠕变柔量 $J$（MPa$^{-1}$） | 时间（s） | 蠕变柔量 $J$（MPa$^{-1}$） |
| 3.00 | 1.84E-04 | 3.00 | 1.82E-04 | 3.00 | 3.20E-04 | 3.00 | 5.99E-04 |
| 6.01 | 1.98E-04 | 6.01 | 1.94E-04 | 6.01 | 3.63E-04 | 6.01 | 6.41E-04 |
| 9.01 | 2.07E-04 | 9.01 | 2.00E-04 | 9.01 | 3.83E-04 | 9.01 | 6.84E-04 |
| 12.01 | 2.12E-04 | 12.01 | 2.07E-04 | 12.01 | 3.97E-04 | 12.01 | 7.16E-04 |
| 15.01 | 2.16E-04 | 15.01 | 2.09E-04 | 15.01 | 4.12E-04 | 15.01 | 7.41E-04 |
| 18.01 | 2.26E-04 | 18.01 | 2.12E-04 | 18.01 | 4.22E-04 | 18.01 | 7.66E-04 |
| 21.01 | 2.35E-04 | 21.01 | 2.18E-04 | 21.01 | 4.36E-04 | 21.01 | 7.91E-04 |
| 24.01 | 2.44E-04 | 24.01 | 2.21E-04 | 24.01 | 4.46E-04 | 24.01 | 8.16E-04 |
| 27.02 | 2.49E-04 | 27.02 | 2.24E-04 | 27.02 | 4.60E-04 | 27.02 | 8.34E-04 |
| 30.01 | 2.53E-04 | 30.01 | 2.26E-04 | 30.01 | 4.65E-04 | 30.01 | 8.59E-04 |
| 33.01 | 2.62E-04 | 33.01 | 2.28E-04 | 33.01 | 4.75E-04 | 33.01 | 8.77E-04 |
| 以下数据省略 | | | | | | | |

### 7.3.5.2 蠕变柔量图形绘制

（1）数据导入

将 Excel 文件中不同温度下四组数据共 8 列选中复制；打开 Origin 软件，粘贴至 Book1 中 A（X）列、1 行对应的文本框中，并在 Comments 对应文本框中输入 0℃、5℃、10℃、15℃，如图 7-3-6 所示。

| | A(X) | B(Y) | C(Y) | D(Y) | E(Y) | F(Y) | G(Y) | H(Y) |
|---|---|---|---|---|---|---|---|---|
| Long Name | | | | | | | | |
| **Units** | | | | | | | | |
| Comments | | 0℃ | | 5℃ | | 10℃ | | 15℃ |
| 2 | 6.00606 | 1.97896E-4 | 6.00606 | 1.93546E-4 | 6.00606 | 3.63375E-4 | 6.00606 | 6.41423E-4 |
| 3 | 9.00596 | 2.07101E-4 | 9.00596 | 2.00398E-4 | 9.00596 | 3.82755E-4 | 9.00596 | 6.84185E-4 |
| 4 | 12.00605 | 2.11703E-4 | 12.00605 | 2.07249E-4 | 12.00605 | 3.9729E-4 | 12.00605 | 7.16256E-4 |
| 5 | 15.00583 | 2.16305E-4 | 15.00583 | 2.08962E-4 | 15.00583 | 4.11825E-4 | 15.00583 | 7.412E-4 |
| 6 | 18.01192 | 2.25509E-4 | 18.01192 | 2.12387E-4 | 18.01192 | 4.21515E-4 | 18.01192 | 7.66144E-4 |
| 7 | 21.01213 | 2.34714E-4 | 21.01213 | 2.17526E-4 | 21.01213 | 4.3605E-4 | 21.01213 | 7.91088E-4 |
| 8 | 24.01209 | 2.43918E-4 | 24.01209 | 2.20951E-4 | 24.01209 | 4.4574E-4 | 24.01209 | 8.16033E-4 |
| 9 | 27.0178 | 2.48521E-4 | 27.0178 | 2.24377E-4 | 27.0178 | 4.60275E-4 | 27.0178 | 8.3385E-4 |
| 10 | 30.00613 | 2.53123E-4 | 30.00613 | 2.2609E-4 | 30.00613 | 4.6512E-4 | 30.00613 | 8.58794E-4 |
| 11 | 33.00578 | 2.62327E-4 | 33.00578 | 2.27802E-4 | 33.00578 | 4.7481E-4 | 33.00578 | 8.76612E-4 |
| 12 | 35.99979 | 2.6693E-4 | 35.99979 | 2.31228E-4 | 35.99979 | 4.845E-4 | 35.99979 | 8.90865E-4 |
| 13 | 39.00587 | 2.71532E-4 | 39.00587 | 2.34654E-4 | 39.00587 | 4.9419E-4 | 39.00587 | 9.08683E-4 |

图 7-3-6　数据输入

（2）设定 X 轴

按住 shift 键，同时选中 C（Y）、E（Y）、G（Y）三列，单击右键选择 Set As→X，如图 7-3-7 所示，设置完成后效果如图 7-3-8 所示。

（3）绘制图形

选中 4 组共 8 列数据，单击下方绘图工具栏✔·按钮，绘制图形。修改坐标横纵轴标注、字体设置、文字修改及标尺方向设置。

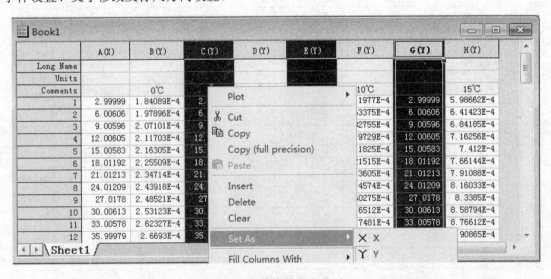

图 7-3-7　选中需设定的列

| | A (X1) | B (Y1) | C (X2) | D (Y2) | E (X3) | F (Y3) | G (X4) | H (Y4) |
|---|---|---|---|---|---|---|---|---|
| Long Name | | | | | | | | |
| Units | | | | | | | | |
| Comments | | 0℃ | | 5℃ | | 10℃ | | 15℃ |
| 1 | 2.99999 | 1.84089E-4 | 2.99999 | 1.81557E-4 | 2.99999 | 3.1977E-4 | 2.99999 | 5.98662E-4 |
| 2 | 6.00606 | 1.97896E-4 | 6.00606 | 1.93546E-4 | 6.00606 | 3.63375E-4 | 6.00606 | 6.41423E-4 |
| 3 | 9.00596 | 2.07101E-4 | 9.00596 | 2.00398E-4 | 9.00596 | 3.82755E-4 | 9.00596 | 6.84185E-4 |
| 4 | 12.00605 | 2.11703E-4 | 12.00605 | 2.07249E-4 | 12.00605 | 3.9729E-4 | 12.00605 | 7.16256E-4 |
| 5 | 15.00583 | 2.16305E-4 | 15.00583 | 2.08962E-4 | 15.00583 | 4.11825E-4 | 15.00583 | 7.412E-4 |
| 6 | 18.01192 | 2.25509E-4 | 18.01192 | 2.12387E-4 | 18.01192 | 4.21515E-4 | 18.01192 | 7.66144E-4 |
| 7 | 21.01213 | 2.34714E-4 | 21.01213 | 2.17526E-4 | 21.01213 | 4.3605E-4 | 21.01213 | 7.91088E-4 |
| 8 | 24.01209 | 2.43918E-4 | 24.01209 | 2.20951E-4 | 24.01209 | 4.4574E-4 | 24.01209 | 8.16033E-4 |
| 9 | 27.0178 | 2.48521E-4 | 27.0178 | 2.24377E-4 | 27.0178 | 4.60275E-4 | 27.0178 | 8.3385E-4 |
| 10 | 30.00613 | 2.53123E-4 | 30.00613 | 2.2609E-4 | 30.00613 | 4.6512E-4 | 30.00613 | 8.58794E-4 |
| 11 | 33.00578 | 2.62327E-4 | 33.00578 | 2.27802E-4 | 33.00578 | 4.7481E-4 | 33.00578 | 8.76612E-4 |
| 12 | 35.99979 | 2.6693E-4 | 35.99979 | 2.31228E-4 | 35.99979 | 4.845E-4 | 35.99979 | 8.90865E-4 |

图 7-3-8　X 轴设定

1）修改图例字体

双击图例，选中所有内容，修改字体为宋体，修改完成后如图 7-3-9 所示。

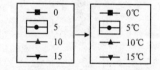

图 7-3-9　图例字体修改

2）修改坐标横轴单位

根据移位因子的概念，将坐标横轴转换为以 lg 为底的对数函数。双击坐标横轴，弹出 X Axis-Layer1 对话框，如图 7-3-10 所示，设置 From 为 2，To 为 200，Increment 为 1，Type 为 Log10，点击"确定"按钮，如图 7-3-11 所示。

图 7-3-10　X 轴对数底坐标设置对话框

3）修改曲线上数据点大小及形式

图 7-3-11 中数据点偏大，整个图形并不美观，调整数据点的大小，并将实心点设置为空心点。

双击图形中折线（任意折线），弹出 Plot Details 对话框，进入 Symbol 选项卡，修改 Size

为 5，Interi 设置为 Open，如图 7-3-12 所示，点击 OK 按钮，调整后图形如图 7-3-13 所示。

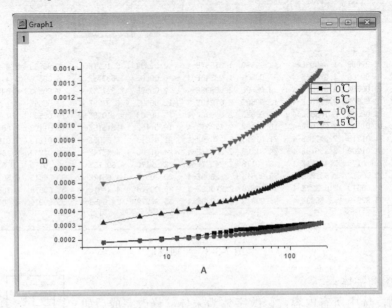

图 7-3-11　X轴对数底绘图

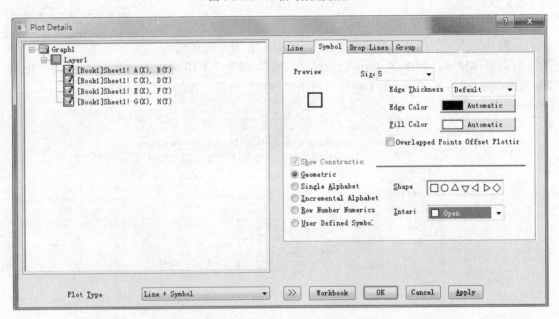

图 7-3-12　数据点大小设置

### 7.3.6　蠕变柔量主曲线计算

依据时温等效原理，移位因子利用 $\lg\alpha_{t1}-\lg\alpha_{t2}=\lg\alpha_T$ 进行计算，因此本节结合 Excel 和 Origin 实现各温度下的蠕变柔量移位到基准温度（0℃），从而确定出移位因子。

#### 7.3.6.1　Excel 数据处理

从表 7-3-1 中可以看出，横轴时间轴的单位为秒，依据移位因子概念将横轴坐标轴改为对数底，调整后的数据见表 7-3-2（数据详见"蠕变柔量对数底数据.xls"）。

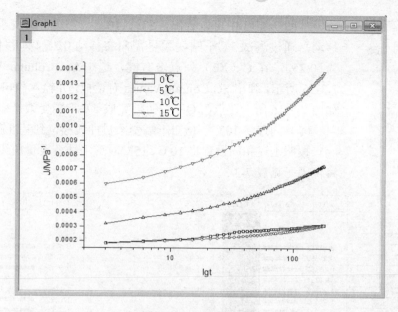

图 7-3-13　调整后效果

表 7-3-2　　　　　　　　　　　　　　　　横轴时间轴改对数底

| lg | 蠕变柔量 $J$（$MPa^{-1}$） | lg | 蠕变柔量 $J$（$MPa^{-1}$） | lg | 蠕变柔量 $J$（$MPa^{-1}$） | lg | 蠕变柔量 $J$（$MPa^{-1}$） |
|---|---|---|---|---|---|---|---|
| 0.477 | 1.84E-04 | 0.477 | 1.82E-04 | 0.477 | 3.20E-04 | 0.477 | 5.99E-04 |
| 0.779 | 1.98E-04 | 0.779 | 1.94E-04 | 0.779 | 3.63E-04 | 0.779 | 6.41E-04 |
| 0.955 | 2.07E-04 | 0.955 | 2.00E-04 | 0.955 | 3.83E-04 | 0.955 | 6.84E-04 |
| 1.079 | 2.12E-04 | 1.079 | 2.07E-04 | 1.079 | 3.97E-04 | 1.079 | 7.16E-04 |
| 1.176 | 2.16E-04 | 1.176 | 2.09E-04 | 1.176 | 4.12E-04 | 1.176 | 7.41E-04 |
| 1.256 | 2.26E-04 | 1.256 | 2.12E-04 | 1.256 | 4.22E-04 | 1.256 | 7.66E-04 |
| 1.322 | 2.35E-04 | 1.322 | 2.18E-04 | 1.322 | 4.36E-04 | 1.322 | 7.91E-04 |
| 1.380 | 2.44E-04 | 1.380 | 2.21E-04 | 1.380 | 4.46E-04 | 1.380 | 8.16E-04 |
| 1.432 | 2.49E-04 | 1.432 | 2.24E-04 | 1.432 | 4.60E-04 | 1.432 | 8.34E-04 |
| 1.477 | 2.53E-04 | 1.477 | 2.26E-04 | 1.477 | 4.65E-04 | 1.477 | 8.59E-04 |
| 1.519 | 2.62E-04 | 1.519 | 2.28E-04 | 1.519 | 4.75E-04 | 1.519 | 8.77E-04 |

以下数据省略

#### 7.3.6.2　Origin 数据处理

将表 7-3-2 中四组共 8 列数据复制，打开 Origin 软件，粘贴至 Book1 中，修改 C（Y）、E（Y）、G（Y）三列为 X 轴，按照上述操作，在 Comments 对应文本框中输入 0℃、5℃、10℃、15℃，再次选中 8 列数据，点击绘图工具栏 绘图；双击图例，选中所有内容，修改字体为宋体；修改横轴标注为 lg$t$，修改纵轴标注为 $J$（$MPa^{-1}$），并修改文字样式为宋体。

（1）将 5℃下蠕变柔量曲线移位到基准温度 0℃下

双击左侧项目管理器下 Book1 数据文件，切换到工作簿窗口下，如图 7-3-14 所示。

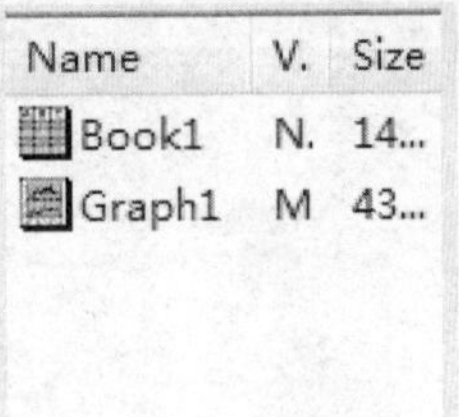

| Name | V. | Size |
|---|---|---|
| Book1 | N. | 14... |
| Graph1 | M | 43... |

图 7-3-14 工作簿窗口
切换（双击）

从图 7-3-13 中可以看出，5℃、10℃、15℃下蠕变柔量均需向右移动，通过测试 5℃下蠕变柔量需向右移动 0.25（即移位因子 $\lg\alpha_{5\,\mathbb{C}}$ 为 –0.25），在 C（X2）列点击右键，选中 Set Column Values，如图 7-3-15 所示，弹出 Set Column Values 对话框，并输入 "col（C）+0.25"，如图 7-3-16 所示，点击 OK 按钮，完成 5℃下蠕变柔量移位。

（2）同理将 10℃、15℃下蠕变柔量曲线移位到基准温度 0℃下

按照上述相同设置将 10℃、15℃对应下蠕变柔量曲线移动到 0℃，移位因子见表 7-3-3。

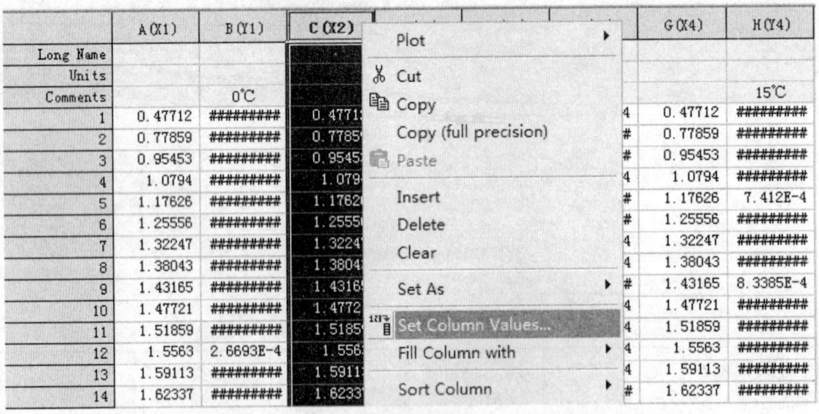

图 7-3-15 蠕变柔量曲线平移操作

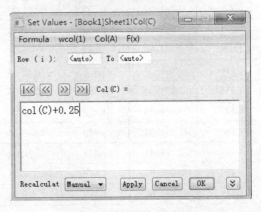

图 7-3-16 5℃下蠕变柔量平移到 0℃移位因子设置

表 7-3-3 温度改变量对应的温度移位因子

| 温度（℃） | 温度改变量Δt（℃） | 移位因子 $\lg\alpha_T$ | 温度（℃） | 温度改变量Δt（℃） | 移位因子 $\lg\alpha_T$ |
|---|---|---|---|---|---|
| 0 | 0 | 0 | 10 | 10 | –1.5 |
| 5 | 5 | –0.25 | 15 | 15 | –2.75 |

（3）移位后曲线调整

通过上述设置将 5℃、10℃、15℃下蠕变柔量曲线移动到 0℃下，如图 7-3-17 所示。调整横轴坐标范围为 0.3～6，让整个图形能在整个坐标系下完全显示。调整后的各温度

下蠕变柔量曲线如图 7-3-18 所示。

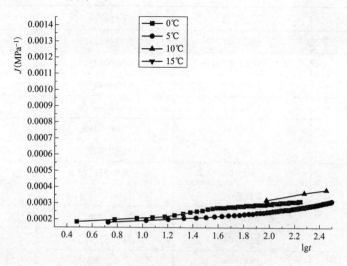

图 7-3-17　各温度下蠕变柔量曲线平移

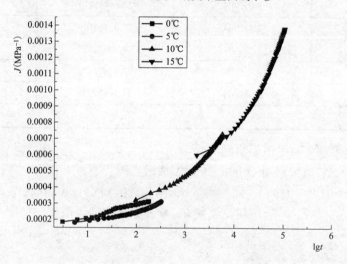

图 7-3-18　坐标调整后各温度下蠕变柔量曲线

（4）蠕变柔量主曲线数据处理

上述步骤操作均是将确定温度（如 5℃、10℃、15℃）下的蠕变柔量主曲线平移到一个基准温度（本算例为 0℃）即可得到基准温度下的蠕变柔量主曲线。

将 Book1 下数据复制到 Excel 表格中，见"0℃蠕变柔量主曲线处理" sheet1 选项卡，将所有数据均移动到 0℃下形成 XY 数据列，见 sheet2 选项卡，对 XY 数据按 X 列进行升序排列，将 X 轴单位 lg$t$ 调整为时间 $t$，即 $X=10$（^lg$t$），处理完成后的数据见 sheet3 选项卡、表 7-3-4 所示。

表 7-3-4　　　　　　　　　　　　　　　　　0℃蠕变柔量主曲线数据处理

| Lg$t$（0℃） | 蠕变柔量 | 时间 $t$（0℃） | 蠕变柔量 |
| --- | --- | --- | --- |
| 0.47712 | 1.84E-04 | 2.999991333 | 1.84E-04 |

续表

| Lg$t$（0℃） | 蠕变柔量 | 时间 $t$（0℃） | 蠕变柔量 |
| --- | --- | --- | --- |
| 0.72712 | 1.82E-04 | 5.334822817 | 1.82E-04 |
| 0.77859 | 1.98E-04 | 6.006064613 | 1.98E-04 |
| 0.95453 | 2.07E-04 | 9.005959716 | 2.07E-04 |
| 1.02859 | 1.94E-04 | 10.68046104 | 1.94E-04 |
| 1.0794 | 2.12E-04 | 12.00604592 | 2.12E-04 |
| 1.17626 | 2.16E-04 | 15.00582924 | 2.16E-04 |
| 1.20453 | 2.00E-04 | 16.01511273 | 2.00E-04 |
| 1.25556 | 2.26E-04 | 18.01191961 | 2.26E-04 |
| 1.32247 | 2.35E-04 | 21.01212617 | 2.35E-04 |
| 1.3294 | 2.07E-04 | 21.35010425 | 2.07E-04 |
| 1.38043 | 2.44E-04 | 24.01209207 | 2.44E-04 |
| 1.42626 | 2.09E-04 | 26.68455716 | 2.09E-04 |
| 1.43165 | 2.49E-04 | 27.01780109 | 2.49E-04 |
| 1.47721 | 2.53E-04 | 30.00613093 | 2.53E-04 |
| 1.50556 | 2.12E-04 | 32.03022578 | 2.12E-04 |
| 1.51859 | 2.62E-04 | 33.00577996 | 2.62E-04 |
| 以下数据省略 | | | |

（5）0℃蠕变柔量主曲线图形绘制

将表 7-3-4 中 XY 数据利用 Origin 8.0 绘制成散点图。

1）数据导入：复制（时间 $t$，蠕变柔量 $J$）两列数据到 Origin 8.0 软件 Book1 中，选中两列数据，点击下方工具栏中 ⁙ 按钮，绘制 0℃蠕变柔量主曲线图形。如图 7-3-19 所示。

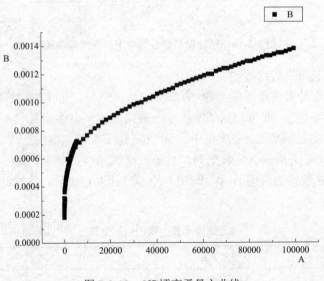

图 7-3-19  0℃蠕变柔量主曲线

2）图形处理：

对坐标轴位置、范围进行调整，对坐标轴标注进行调整，调整后如图 7-3-20 所示。

通过上述图形处理可以得到 0℃蠕变柔量主曲线图形，但是此图形为蠕变柔量散点图，需通过此试验数据进行非线性回归和曲线拟合，用以描述蠕变柔量和时间之间的关系。

当需要利用 lg10 为底的对数函数表达蠕变柔量主曲线时，需要调整 X 轴的坐标类型为 log10。具体设置为：双击图形 X 坐标轴，弹出 X-Axis 对话框，将 Type 设置为：log10，点击 确定 ，调整后的图形如图 7-3-21 所示。

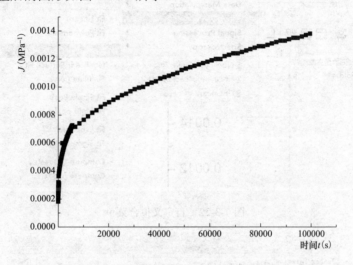

图 7-3-20　0℃蠕变柔量主曲线（调整标注）

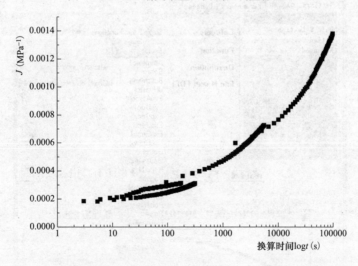

图 7-3-21　0℃蠕变柔量主曲线（对数坐标）

### 7.3.7　蠕变柔量主曲线非线性拟合

虽然 Origin 内置了大量的拟合函数，但有些情况下还是不能满足科研中建立数学模型的需要，此时就需要自己定义拟合函数，利用用户自定义函数设置，可以实现函数编辑、管理与设置。用户自定义函数扩展名为 fdf，存放在 Users\Administrator\Documents\Origin User Files\fitfunc 目录下。

本节利用 Burgers 模型拟合 0℃蠕变柔量主曲线。

**7.3.7.1** Burgers 模型自定义

（1）点击菜单栏 Analysis→Fitting→Nonlinear Curve Fit...弹出 NLFit 对话框，如图 7-3-22 和图 7-3-23 所示。

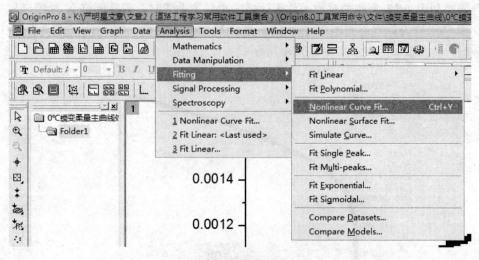

图 7-3-22　自定义拟合菜单

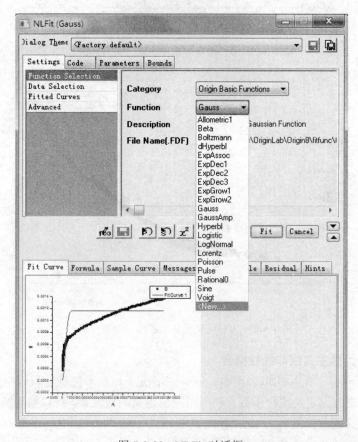

图 7-3-23　NLFit 对话框

（2）进入 NLFit 对话框 Settings 选项卡，选择 Function 右侧的下拉菜单，选择最下方 <New…>，弹出新建自定义函数对话框 Fitting Function Organizer。

（3）设置 Function Name（函数名称）为 Burgers。

Brief Description（函数描述）为 Burgers；

Independent Variables（自变量）为 $t$；

Dependent Variables（因变量）为 $J$；

Parameter Names（参数）为 $E_1$，$\eta_1$，$E_2$，$\eta_2$（半角输入）；

Function Form 为 Origin C；

Function 对话框中输入：J=1/E1+t/n1+(1−exp(−E2*t/n2))/E2。

上述设置如图 7-3-24 所示。

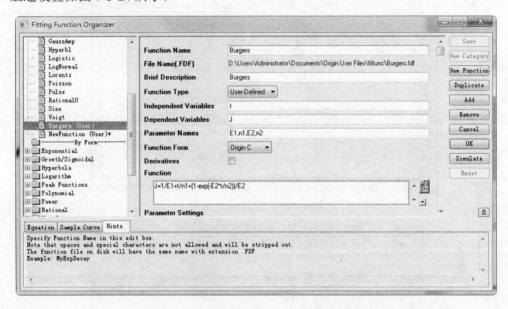

图 7-3-24　Burgers 模型自定义函数设置

点击 Function 右侧调试 **⊟** 按钮，弹出 Code Builder 对话框，点击 Compile 按钮，调试上述公式，若编辑调试无误，将在下方对话框窗口弹出：

Linking…

Done!

compiling…

_nlfBurgers.fit

Done!

表示调试通过。

（4）单击 eturn to Dialo （Return to Dialog）按钮，返回 Fitting Function Organizer 对话框，单击右侧 Save 按钮保存（详见附件 Burgers.fdf）。

返回 NLFit 对话框 Settings 选项卡，选择 Function 为 Burgers，如图 7-3-25 所示。

**7.3.7.2　Burgers 模型初值赋予**

进入 Paramenters 选项卡，设置 E1 的初始值为 1000，n1 的初始值为 1e5，E2 的初始值为 1000，

n2 的初始值为 1e5，若勾选前面 Fixed，代表在拟合过程中，此值为一定值，如图 7-3-26 所示。

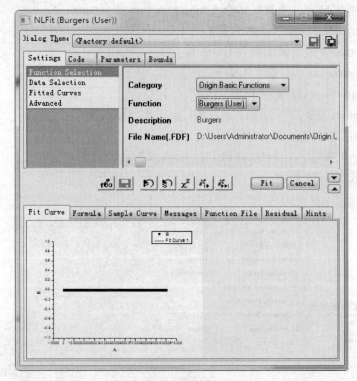

图 7-3-25　Settings 选项卡

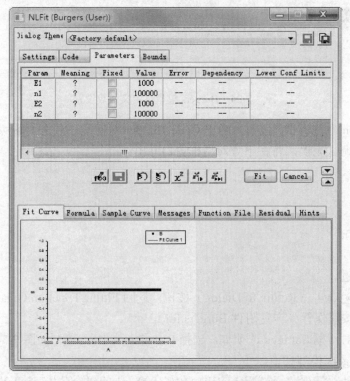

图 7-3-26　Burgers 模型初始值赋予

理论上初始值的赋予是与计算结果没有差别，但是任意的初始值将增加迭代的次数和时间，降低拟合效率，因此在非线性拟合时，可以根据经验寻找与整个表达式相符合的初始值（保证数量级相对正确即可）。

### 7.3.7.3 Burgers 模型非线性拟合

点击 📊（Fit till converged）按钮，完成非线性拟合。拟合完成如图 7-3-27 所示。点击 OK 按钮，输出拟合结果，弹出 Reminder Message 对话框，选中 Yes，点击 OK 按钮。

双击左侧 Graph1 选项卡，查看拟合结果，如图 7-3-28 所示，拟合值见表 7-3-5。

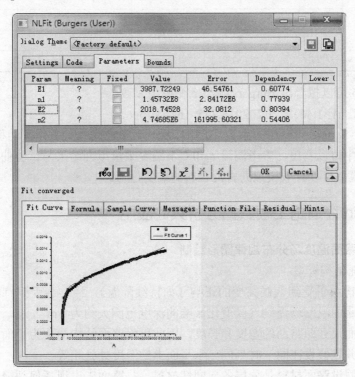

图 7-3-27　非线性拟合结果

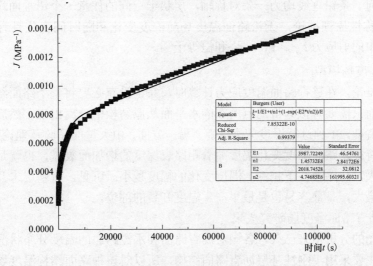

图 7-3-28　Burgers 模型非线性拟合结果

**表 7-3-5** 拟 合 结 果

| Model | Burgers（User） | | |
|---|---|---|---|
| Equation | J=1/E1+t/n1+(1−exp（−E2*t/n2))/E2 | | |
| Reduced Chi-Sqr | 7.85E-10 | | |
| Adj．R-Square | 0.99379 | | |
| | | Value | Standard Error |
| B | E1 | 3987.7225 | 46.54761 |
| | n1 | 1.46E+08 | 2.84E+06 |
| | E2 | 2018.7453 | 32.0812 |
| | n2 | 4.75E+06 | 161995.6032 |

通过表 7-3-5 可以拟合出 Burgers 模型蠕变模型参数：

E1=3987.72，n1=1.46e8，E2=2018.745，n2=4.75e6。

表中 Adj．R-Square 代表相关系数，是用以反映变量之间相关关系密切程度的统计指标。

从图 7.3.28 中可以看出，参考温度 $t_0$=0℃下蠕变柔量拟合结果与试验曲线吻合较好，可以证明 Burgers 模型可以有效模拟沥青混合料的蠕变行为。

## 7.4 Origin 在道路工程数据分析其他应用

### 7.4.1 沥青路面温度场分布规律图形绘制

#### 7.4.1.1 路面结构模型

实际路面结构由于受到气候突变的影响（如持续降温），经常会受到持续大幅降温的作用。分析表明，路面温度场受到气候变化影响的深度范围大约为 1m 左右。这一影响范围远远小于路面的平面尺寸即路面的宽度和长度，因此可将路面结构简化为平面尺寸无限大的半空间层状结构，并且假设在同一时刻同一水平面上的温度处处相等。

另一方面，假设路面材料是分层各向同性材料，且路面未出现任何裂缝和损伤，因此层状半空间的任何一条铅垂线均为一条对称轴，层状半空间的任意一个铅垂面均为一对称面，右侧可根据对称性原理推论，无论路面温度场随深度变化和随时间变化具有何种复杂的形式，路面结构中的剪应力 $\tau_{xz}$、$\tau_{yz}$、$\tau_{xy}$ 和恒等于零。

#### 7.4.1.2 温度场模型

根据上述推论，在进行路面温度应力计算时，完全没有必要将整个路面结构作为一个整体进行分析，而只需要将拟分析的点所在的水平面从原结构中分离出来，然后根据该平面位置的温度变化特征，单独进行温度应力计算。另一方面，由大量的试验及理论研究成果得知，路面温度变化特征，路面温度变化幅度随着距路表深度的增加而衰减，也就是说，路表的温度变化幅度最大，从路表往下越深，温度变化的幅度越小。可见，对基层未开裂的情况，路表的温度应力最大，是最容易也是最早产生温度开裂的部位。

#### 7.4.1.3 沥青路面温度场研究成果

路面温度场的分析由来已久，各国对沥青路面和水泥路面的温度分布状况进行了大量试验研究，我国主要采用半刚性基层沥青路面结构，所以对该种路面结构温度场分布及其引起的温度应力进而导致路面开裂的研究较多。

大气的温度在一年内和每天发生周期性的变化，而路面直接处于大气环境中，其在一年内和每天相应的发生变化。据调查分析沥青路面路表温度与大气气温之间还存在一个差值，这个差值最高可达 23℃，路表温度与大气温度的差值受风速影响较大。在降温幅度较大时，若风速较大，则路表温度与大气温度差值则较大。由于路面与大气温度之间时刻进行着热能量交换，而要准确描述路面结构体的温度分布规律及温度随时间的变化是很困难的。由于受沥青路面各结构层体的温度分布规律及温度随时间的变化是很困难的。由于受沥青路面个结构层体的传热系数的影响，故向路面深度处传递时需要一定时间，且在能量的传递过程中由于能量耗散，随着路面结构不同深度处的温度是各不相同的，与路表有一定的温差。为了分析温度场变化对路面结构产生的应力作用，需对温度场进行适当的简化。在大幅度急剧降温的过程中，沥青路面表面会产生较大的温度收缩应力，一旦表面产生的温度收缩应力超过沥青混凝土的极限抗拉强度，沥青路面表面就会产生温度收缩裂缝。所以研究在温度场的作用下路面结构的受力状况显得尤为必要，但同时确定沥青路面结构温度场的变化就是解决问题的关键。

（1）已有研究成果

严作人对层状路面体在周期热力作用下传热问题进行了分析，利用传热学原理，推导出了在气候条件下路面温度场的解析解，为路表温度计算特别是不用基层对路面温度的影响提供了理论依据。

吴赣昌基于大量的实测资料进行了理论分析，并提出了当路表发生变温时，变温温度沿路面结构深度变化的指数衰减函数，该公式简洁，参数易于确定。该公式显示了路表发生变温时，变温沿不同深度方向的衰减规律

$$\Delta T(y)=P_i\exp(-b_i(y-h_i)),\ i=1\cdots4 \tag{7-4-1}$$

式中　$P_i$——路面结构第 $i$ 层表面的变温；

　　　$h_i$——第 $i$ 层表面的 $y$ 坐标值；

　　　$b_i$——控制温度差随深度变化速度的因子，一般取 $b$=5，其他 $b_i$+1=$b_i$-1。且有

$$P_{i+1}=P_i\exp(-b_ig_i) \tag{7-4-2}$$

　　　$g_i$——第 $i$ 层的厚度。

温度场的确定及变温沿深度方向指数衰减函数的应用可参见《含反射裂缝沥青路面的疲劳变温损伤分析》一文。

郑健龙、周志刚通过室内试验测得了沥青混合料热黏弹性本构模型的参数，并利用三维空间热黏弹性理论得到了沥青路面温度应力的计算公式，并计算了沥青路面低温状态下的温度应力；分析认为降温速率对沥青路面的温度应力有一定的影响，虽然沥青路面初始温度对路面温度应力有一定影响，但是影响很小可以忽略。

黄晓明等引入了面结构实际温度场，编写 ABAQUS 用户子程序模拟沥青面结构在外界周期性温度变化下的温度场，并进行了变温蠕变分析。

孙丽娟等基于半刚性基层考虑基面层之间的黏结本构关系，利用 ABAQUS 模拟分析沥青路面结构在外界性温度变化下的温度场及温度应力，考虑大气温度、风速、日最高气温及最低气温、面层及基层的传热系数、接触热阻等影响。

（2）ABAQUS 有限元模型建立

依据路面结构模型理论，在进行路面温度应力计算时，完全没有必要将整个路面结构作为

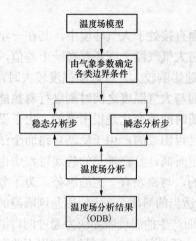

图 7-4-1 连续变温沥青路面温度场分析

一个整体进行分析，而只需要将拟分析的点所在的水平面从原结构中分离出来，然后根据该平面位置的温度变化特征，单独进行温度应力计算。因此，利用 ABAQUS 有限元软件模拟沥青路面温度场分析可建立二维平面应变模型。连续变温下路面结构温度场模型建立如图 7-4-1 所示。

沥青路面温度场模拟时要重点考虑太阳辐射、气温和对流热交换、路面有效辐射的影响。相关内容详见《沥青路面抗裂设计理论与方法》、《ABAQUS 有限元软件在道路工程中的应用》、《ABAQUS 在路面结构分析中的应用》等书籍。

#### 7.4.1.4 沥青路面温度随深度分布规律图形绘制

（1）基础数据

表 7-4-1 为沥青路面不同深度处温度分布表，距离路表深度为 0m 处（即路表）温度为 57.2℃，距离路表深度为 0.03m 处温度为 51.7℃，以此类推。

表 7-4-1 沥青路面不同深度处温度分布表

| 深度（m） | 温度（℃） | 深度（m） | 温度（℃） | 深度（m） | 温度（℃） | 深度（m） | 温度（℃） |
|---|---|---|---|---|---|---|---|
| 0.00 | 57.2 | 0.42 | 34.4 | 1.11 | 28.0 | 2.42 | 25.1 |
| 0.03 | 51.7 | 0.50 | 33.7 | 1.23 | 27.4 | 2.65 | 25.0 |
| 0.06 | 47.2 | 0.57 | 32.9 | 1.36 | 26.8 | 2.91 | 25.0 |
| 0.09 | 43.8 | 0.65 | 32.1 | 1.50 | 26.3 | 3.19 | 25.0 |
| 0.12 | 41.2 | 0.72 | 31.3 | 1.65 | 25.8 | 3.49 | 25.0 |
| 0.20 | 36.9 | 0.81 | 30.5 | 1.82 | 25.5 | 3.82 | 25.0 |
| 0.27 | 35.7 | 0.90 | 29.6 | 2.00 | 25.3 | 4.20 | 25.0 |
| 0.35 | 35.0 | 1.00 | 28.8 | 2.20 | 25.2 | 4.50 | 25.0 |

（2）绘制 Origin 图形

将表 7-4-1 中基础数据导入 Origin 8.0 中，如图 7-4-2 所示。

（3）交换 XY 坐标

根据基础数据分析，X 轴代表深度，Y 轴代表温度。为了使整个图形更形象易懂，将 Y 轴调整为深度。

点击菜单栏 Graph，选中 Exchange X-Y Axes，此时图形中横坐标数据及标注变为 B，纵坐标数据及标注变为 A，表示交换 XY 坐标数据。

（4）调整图形为第四象限图形显示

在图形中选中 X 坐标轴，按住鼠标不放，向上移动到刻度 5 处，然后选中刻度及标注，利用键盘"↑"移动至顶部，调整后的图形如图 7-4-3 所示。

（5）调整纵坐标标尺参数

双击图形纵坐标，弹出 X-Axis 对话框，进入 Scale 选项卡，调整刻度范围：From 为 5，To 为 0，Increment 为 –0.5。参数调整如图 7-4-4 所示，调整后图形如图 7-4-5 所示。

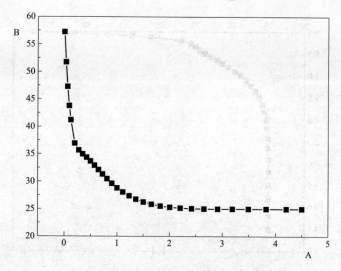

图 7-4-2　数据导入图形绘制

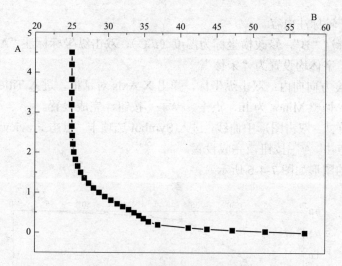

图 7-4-3　图形调整到第四象限

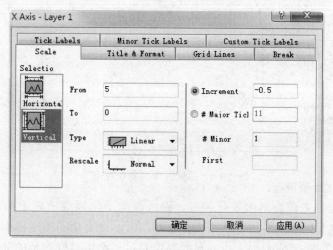

图 7-4-4　纵坐标标尺参数调整

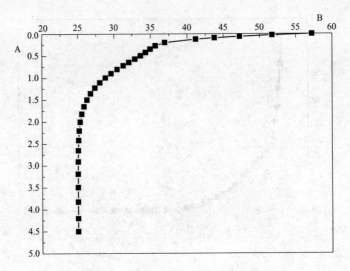

图 7-4-5　坐标轴标尺参数调整后图形

（6）调整 XY 轴标注内容

双击横坐标标注"B"，修改横坐标为温度（$t$/℃），双击纵坐标标注"A"，修改纵坐标为深度（Depth/m），字体均设置为"宋体"。

调整 Y 轴刻度方向向内：双击纵坐标，弹出 X-Axis 对话框，进入 Title&Format 选项卡，调整 Major 为 In，调整 Minor 为 In，点击 确定 按钮，完成设置。

调整数据点样式：双击图形中曲线，进入 Symbol 选项卡，点击 Preview 右侧▽，选中□，设置 Size 为 5，点击 OK 按钮，完成设置。

设置完成后的图形如图 7-4-6 所示。

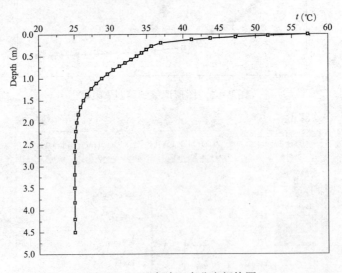

图 7-4-6　温度随深度分布规律图

从图中可以看出去路面温度变化特征，路面温度变化幅度随着距路表深度的增加而衰减，即路表的温度变化幅度最大，从路表往下约深，温度变化的幅度越小。可见，对基层未开裂的情况，路表的温度应力最大，是最容易也是最早产生温度开裂的部位。

### 7.4.2　Origin 在道路工程数据分析中常用功能介绍

#### 7.4.2.1　Origin 数据导入导出

（1）Origin 图形导入

Origin 软件编辑好的图形导入 Word 常用方式共两种：

①保存 Origin 图形并选中图形文件，利用"Ctrl+C"复制文件，打开 Word 文档，利用"Ctrl+V"粘贴即可；

②打开 Origin 图形，直接利用"Ctrl+C"复制图形，打开 Word 文档，利用"Ctrl+V"粘贴即可。

当一台电脑中同时装有 Origin 和 Word 软件，可将 Origin 图形导入 Word 文档，同时可以将 Word 中的图形还原为 Origin 文件（包括图形和数据）；当电脑中仅安装 Word 软件，打开带有 Origin 文件的文档，文档中 Origin 图形可见，但无法编辑及返回 Origin 文件。

（2）Origin 数据（图形）导出

当 Word 中存在 Origin 图形，可将 Word 中的图形还原为 Origin 文件（包括图形和数据）。

打开带有 Origin 图形的 Word 文档，双击 Origin 图形，弹出 Origin 文件：

1）数据处理及编辑：可直接对图形数据进行处理及编辑。

2）图形导出：点击菜单栏"File"→"Save Project"，可保存此图形为*.opj 文件。

3）数据导出：双击图中数据曲线，弹出 Plot Details 对话框，点击右下角 `Workbook` 按钮，切换到 Book1 选项卡，图中显示的就是此图形的数据文件，即可导出数据。

#### 7.4.2.2　绘制双 Y 坐标轴图形

（1）基础数据

基础数据见表 7-4-2。

表 7-4-2　　　　　　　　　　　　基　础　数　据

| 时间（h） | 温度（℃） | 应变（$10^{-6}$） |
|---|---|---|
| 1 | 8 | 18 |
| 2 | 11 | 16 |
| 3 | 14 | 14 |
| 4 | 17 | 12 |
| 5 | 20 | 10 |
| 6 | 23 | 8 |
| 7 | 26 | 6 |
| 8 | 29 | 4 |
| 9 | 32 | 2 |
| 10 | 35 | 0 |

（2）数据导入

新建 Origin 文档，复制基础数据到 Book1（不必新增一列），选中三列数据，点击工具栏 ✎ 按钮，绘制图形。如图 7-4-7 所示，从图中可以看出纵坐标仅显示了温度标尺，未显示应变标尺，需对数据进行处理。

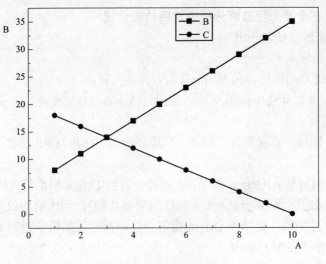

图 7-4-7　原始图形输出

（3）增加应变标尺

希望将应变标尺增加在图形的右侧，点击菜单栏 Graph→New Layer（Axes）→（Linked）Right Y，即增加了应变标尺，如图 7-4-8 所示。

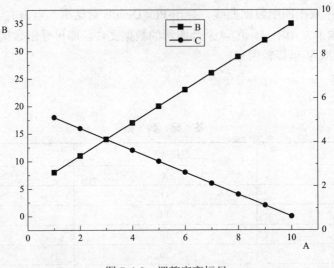

图 7-4-8　调整应变标尺

（4）完善图形信息

增加右侧纵坐标标注内容：

点击左侧工具栏 **T** 按钮，点击图中空白位置，输入"应变/10–6"，选中编写内容，点击 Default 右侧向下箭头，选中"宋体"调整文字类型；选中"–6"文字，点击上方工具栏 $\mathbf{x^2}$ 按钮，调整–6 为上角标；选中"应变/10$^{-6}$"文字，右键选中 Properties...，弹出 Object Properties 对话框，设置 Rotate 为 90，点击 OK 按钮，拖动文本框到合适位置，即完成右侧坐标轴标注设置。

增加横坐标、左侧纵坐标标注内容，文字类型；修改图例；调整标尺刻度朝向后如

图 7-4-9 所示。

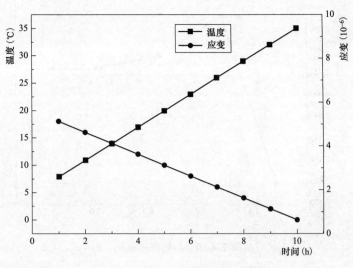

图 7-4-9　双 Y 轴图形绘制实例

### 7.4.2.3　绘制圆滑曲线图形

（1）基础数据

基础数据见表 7-4-3。

表 7-4-3　　　　　　　　　　　　　　　**基 础 数 据**

| 油石比（%） | 毛体积相对密度（g/cm³） |
| --- | --- |
| 5.3 | 2.425 |
| 5.8 | 2.463 |
| 6.4 | 2.454 |
| 7 | 2.451 |
| 7.4 | 2.451 |

（2）数据导入

新建 Origin 文档，复制基础数据到 Book1，选中二列数据，点击工具栏 ↗ 按钮，绘制图形。如图 7-4-10 所示。

（3）完善图形信息

设置横坐标标尺范围、增量，设置纵坐标标尺范围、增量，如图 7-4-11 所示。

调整标尺刻度线朝内，完善横坐标、左侧纵坐标标注内容，文字类型，如图 7-4-12 所示。

（4）圆滑曲线

双击图形中数据曲线，弹出 Plot Details 对话框，进入 Line 选项卡，设置 Connect 为 Spline，点击 OK 按钮，设置完成如图 7-4-13 所示。

### 7.4.2.4　增加数据表中列及修改列类型

（1）新增数据列

新建 Origin 文件，进入 Book1，选中 B（Y）列右键，选中 Insert，即可新建 C1（Y）列。

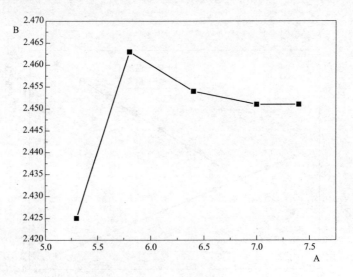

图 7-4-10　原始图形输出

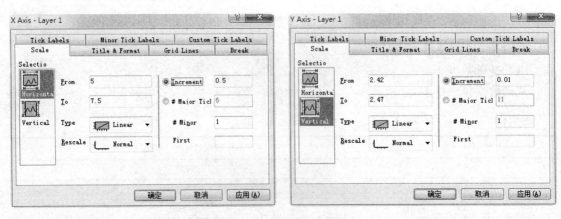

图 7-4-11　X、Y 坐标轴标尺设置

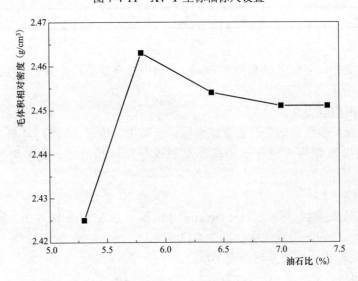

图 7-4-12　完善信息图形

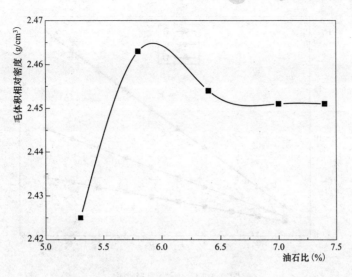

图 7-4-13　圆滑曲线图形

（2）修改数据列的坐标轴类别

选中 C1（Y）右键，选中 Set As→X，即可修改 C1（Y）为 C1（X）。

**7.4.2.5**　修改图形数据点的样式

（1）基础数据

基础数据见表 7-4-4。

表 7-4-4　　　　　　　　　　　　　基　础　数　据

| X | Y1 | Y2 | Y3 |
|---|----|----|----|
| 1 | 1.5 | 2 | 3 |
| 2 | 2 | 3 | 5 |
| 3 | 2.5 | 4 | 7 |
| 4 | 3 | 5 | 9 |
| 5 | 3.5 | 6 | 11 |
| 6 | 4 | 7 | 13 |
| 7 | 4.5 | 8 | 15 |
| 8 | 5 | 9 | 17 |
| 9 | 5.5 | 10 | 19 |
| 10 | 6 | 11 | 21 |

（2）绘制图形

将表 7-4-4 中数据导入到 Origin 文件 Book1 中，得到曲线，如图 7-4-14 所示。

（3）修改数据点样式

双击图形，弹出 Plot Details 对话框，点击 Symbol Type 右侧 Details 下┛，弹出 Increment Editor 对话框，如图 7-4-15 所示，即可调整每条曲线样式。

**7.4.2.6**　修改图形线条宽度

以上图为例，双击图形中曲线，弹出 Plot Details 对话框。

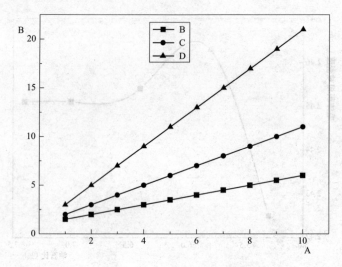

图 7-4-14　原始图形输出

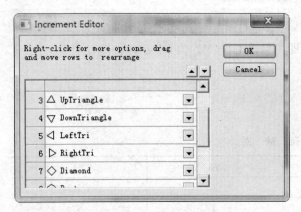

图 7-4-15　Increment Editor 对话框

（1）进入 Group 选项卡

修改 Edit Mode 为 Independent（其中选中 dependent，对图形编辑是针对图形中多条曲线，即修改线宽则所有曲线线宽均变化；选中 Independent，对图形编辑是针对某一条曲线，即选中某曲线修改线宽，仅此曲线线宽变化。）左侧 Layer1 选择"Book1_A（X），Book1_B（Y）"。

（2）进入 Line 选项卡

修改 Width 为 1.5，点击 [ OK ] 完成 B（Y）列数据线宽调整，调整后的图形如图7-4-16 所示。

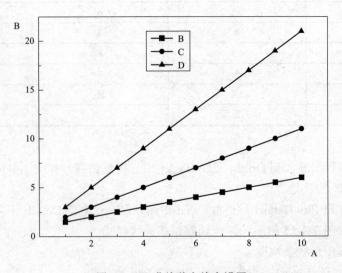

图 7-4-16　曲线独立线宽设置

#### 7.4.2.7 修改图形线条颜色

以上图为例，双击图形中曲线，弹出 Plot Details 对话框：

Edit Mode 为 Dependent 时图形颜色修改。

进入 Group 选项卡，设置 Edit Mode 为 Dependent，点击 Line Color 右侧 Details 下方□按钮，弹出 Increment Editor 对话框，如图 7-4-17 所示，即可对图形曲线颜色进行调整。

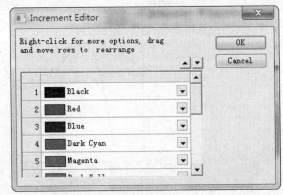

#### 7.4.2.8 修改数据点显示个数

当利用 Origin 导入大量试验数据，当采用线点图✎绘制图形时由于点存在一定宽度，导致整个图形看起来很乱，如图 7-4-18 所示。

图 7-4-17  Increment Editor 对话框

在数据较多的情况下，如何保证绘制的图形美观，Origin 提供了 Skip Point（跳跃点）设置功能。双击图形中曲线，弹出 Plot Details 对话框：

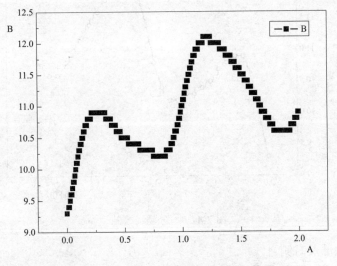

图 7-4-18  面层底温度随时间分布规律图

1）进入 Drop Lines 选项卡，勾选 Skip Point，设置数目为 10；

2）进入 Symbol 选项卡，修改 Preview 为 ○，Size 为 5；

3）进入 Line 选项卡，取消勾选 Gap to Symbol。

点击 OK 按钮完成设置，如图 7-4-19 所示。

#### 7.4.2.9 绘制图形分隔线

图形中分隔线可以用于数据定位，对比分析。具体操作：

双击图形中 X 坐标轴，弹出 X-Axis 对话框，进入 GridLines 对话框，SelectIO 选择 Vertical，勾选 Major Grid 及 Minor Grid；然后在 SelectIO 中选择 Horizontal，再次勾选 Major Grid 及 Minor Grid，点击 确定 ，即完成设置，如图 7-4-20 所示。

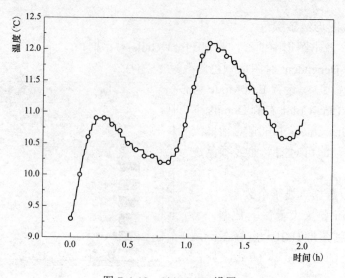

图 7-4-19　Skip Point 设置

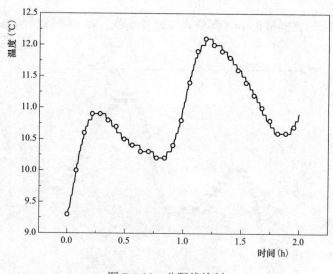

图 7-4-20　分隔线绘制

为图形增加顶部及右侧直线：

点击菜单栏 Graph→New Layer（Axes）→（Linked）Top X+Right Y；删除顶部及右侧数据；双击顶部标尺，进入 X Axis 对话框下 Title&Format 选项卡，设置 Major 为 None，设置 Minor 为 None；双击右侧标尺，进入 Y Axis 对话框下 Title&Format 选项卡，设置 Major 为 None，设置 Minor 为 None；点击 确定 按钮完成设置，如图 7-4-21 所示。

**7.4.2.10　坐标轴数据科学计数法设置**

设置 X 轴数据表示方式：

双击 X 轴，弹出 X Axis 选项卡，进入 Tick Labels 选项卡，Display 下提供了 4 种数据表示方式：

（1）Decimal：1000

（2）Scientific：1E3

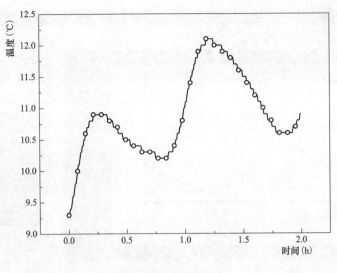

图 7-4-21　图像优化

（3）Engineering：1k

（4）Decimal：1，000

用户可根据需要合理选择科学计数方式。

### 7.4.3　曲线图转数据工具软件应用

在撰写科技论文时，经常需要引用已有文献中的数据曲线，并与自己研究数据进行对比分析，并将它们绘制在同一张图中，曲线图转数据工具软件可以解决这个问题。

方安平《Origin 8.0 实用指南》一书中对数字化插件"Digitize"的使用进行了详细介绍。实际上科研数据分析中曲线图转数据工具软件较多，如 Digitize、Engauge_Digitizer、Get data 等，本节以实例对 Get data 软件数字化进行详细介绍，为科研分析数据提取提供一种新的方法和思路。

Get data 软件主要是将图形类文件数字化，通过像素的排列从而得到四级图形上的实际点坐标，并可以输出成需要的格式。

（1）Get data 软件安装

打开 Get data 安装包，双击 Setup.exe 文件，出现 Get data 安装环境，安装过程与其他形式的应用软件相同，根据安装提示，用户可选择相关安装信息。

（2）图像的生成与导入

将需要提取数据的曲线图形"动态模量主曲线.jpg"保存为图形文件，Get data 软件支持的图像格式为 tif、jpeg、pcx、bmp。

运行 Get data 软件，点击菜单栏 File→Open Image，打开刚刚保存的图形，如图 7-4-22 所示。

（3）基准点与取值范围确定

点击工具栏 ⚹（Set the scale）按钮，提示"Set Xmin"，点击 X、Y 轴左下角点，弹出 Set Xmin 对话框，根据图形对应点数据输入 0.0001，点击 OK 按钮；提示"Set Xmax"，点击 X 轴右侧端点，弹出 Set Xmax 对话框，根据图形对应点输入 1000，点击 OK 按钮；提示"Set Ymin"，点击 X、Y 轴左下角点（与第一次相同点），弹出 Set Ymin 对话框，根据图形对应点

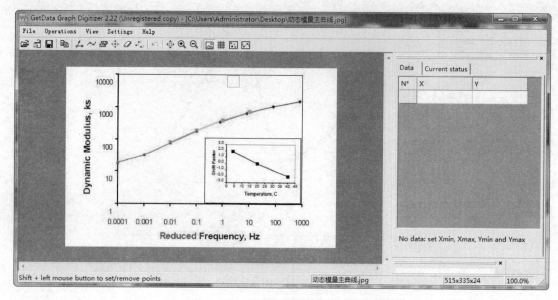

图 7-4-22 "动态模量主曲线"图片数据导入

数据输入 1，点击 OK 按钮；提示"Set Ymax"，点击 Y 轴上端点，弹出 Set Ymax 对话框，根据图形对应点输入 10000，点击 OK 按钮，弹出 Adjust scale 对话框，核对刚刚定义点数据是否正确，同时勾选 Log scale along X axis 和 Log scale along Y axis，点击 OK 按钮，完成坐标系基准点的确定，如图 7-4-23 所示。

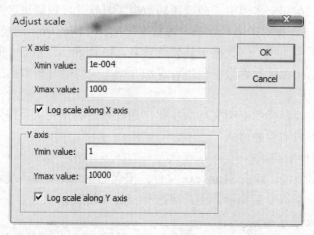

图 7-4-23 Adjust scale 对话框

注意：动态模量主曲线图为对数坐标系，因此必须勾选 Log scale along X axis 和 Log scale along Y axis，当数字化图形为普通坐标系时，不需要勾选上述两个选项；从操作界面右下角可以看出光标周边范围放大图，提高数字化精度。

（4）提取坐标点

Get data 软件获取数据的三种方法：

1）Point capture mode 适用于点折线

2）Auto trace lines 适用于连续函数图像

3）Digitizer area 适用于提取部分函数图像

下面以 Point capture mode 为例：

点击工具栏 ⊕（Point capture mode），然后在图片中沿曲线逐点单击鼠标，确定数字化的绘图点，在右侧 Date 选项卡将显示刚刚确定的绘图点数据。

当绘图完毕后，选中右侧 Date 选项卡所有数据，复制到粘贴板，然后导出到 Excel 或其他数据处理软件，方便数据处理。

（5）数据编辑工具

点击工具栏 ✐（Eraser），可删除已录入的点；使用鼠标滑轮可放大缩小图片，方便数据提取。

# 参 考 文 献

[1] 住房和城乡建设部. CJJ 169—2012 城镇道路路面设计规范 [S]. 北京：中国建筑工业出版社，2012.

[2] 张宏超. 路面分析与结构设计 [M]. 上海：同济大学出版社，2013.

[3] 交通运输部. JTG D50—2017 公路沥青路面设计规范 [S]. 北京：人民交通出版社，2017.

[4] 邓学钧. 路基路面工程 [M]. 2 版. 北京：人民交通出版社，2005.

[5] 陈拴发，杨斌，马庆雷，等. 水泥混凝土路面沥青加铺层设计与施工 [M]. 北京：人民交通出版社，2011.

[6] 赵队家，刘少文，等. 重载交通水泥混凝土路面结构设计 [M]. 北京：人民交通出版社，2012.

[7] 温学钧，郑晓光. 城镇道路路面设计手册 [M]. 北京：中国建筑工业出版社，2014.

[8] 刘朝辉，黄优，李盛. 层间结合状态对刚柔复合式路面剪应力的影响分析 [J]. 公路，2015，（1）：1-6.

[9] 延西利，艾涛，等. 白加黑路面结构的黏结与防裂力学分析计算 [J]. 中外公路，2015（12）：57-60.

[10] 高建华，王兆伦. 基于 BISAR 软件的半柔性复合路面层间黏结力分析 [J]. 公路工程，2013（4）：17-20，49.

[11] 宋学艺，朱金鹏，等. 沥青路面基层层间接触状态对路面力学响应的影响分析 [J]. 公路工程，2014（5）：131-135.

[12] 杨博，张争齐，等. 面层层间接触对沥青路面设计参数的影响 [J]. 武汉理工大学学报，2011（11）：37-40.

[13] Bitumen Business Group. BISAR 3.0 User Mannal [R]. 1998.

[14] 交通运输部. JTG D40—2011 公路水泥混凝土路面设计规范 [S]. 北京：人民交通出版社，2011.

[15] 黄仰贤. 路面分析与设计 [M]. 余定选，齐诚，译. 北京：人民交通出版社，1998.

[16] 陈德华. 超载作用下沥青路面的受力特性分析 [J]. 中国水运，2007（11）158-160.

[17] 曾诚. 非均布垂直轮载作用下柔性基层沥青路面结构力学行为研究 [D]. 成都：西南交通大学，2015.

[18] William G. Davids, Ph. D., P. E. EverStressFE1.0 Software for 3D Finite-Element Analysis of Flexible Pavement Structures [R]: The Washington State Department of Transportation, 2009.

[19] 康亚林. 高速公路适应飞机起降的参数研究 [D]. 成都：西南交通大学，2009.

[20] 高伟. 季冻区水泥路面缩缝传荷体系与结构性损坏关系研究 [D]. 哈尔滨：东北林业大学，2011.

[21] 胡伟. 水泥混凝土路面三维数值分析及轴载换算 [D]. 成都：西南交通大学，2005.

[22] 李晶晶. 温度作用下水泥混凝土路面接缝变化研究 [D]. 西安：长安大学，2010.

[23] 沈光辉. 温度和轴载作用下水泥混凝土路面板应力分析 [D]. 长沙：湖南大学，2015.

[24] 交通运输部. JTG/T F20—2015 公路路面基层施工技术细则 [S]. 北京：人民交通出版社，2015.

[25] 交通运输部. JTG E60 公路路基路面现场测试规程 [S]. 北京：人民交通出版社，2008.

[26] 住房和城乡建设部. CJJ 36—2016 城镇道路养护技术规范 [S]. 北京：中国建筑工业出版社，2016.

[27] 王凯，毛世怀. 城镇道路路面设计程序系统（URPDS2012）使用说明 [R]. 2012.

[28] 石亦平，周玉蓉. ABAQUS 有限元分析实例详解 [M]. 北京：机械工业出版社，2006.

[29] 廖公云，黄晓明. ABAQUS 有限元软件在道路工程中的应用 [M]. 南京：东南大学出版社，2008.

[30] 张肖宁. 沥青与沥青混合料的粘弹力学原理及应用 [M]. 北京：人民交通出版社，2006.

［31］严作人. 层状路面温度场分析［D］. 上海：同济大学，1982.

［32］严作人. 层状路面体系的温度场分析［J］. 同济大学学报（自然科学版），1984（3）：76-84.

［33］姜杉. 玄武岩纤维筋在水泥混凝土路面中的应用研究［D］. 大连：大连海事大学，2013.

［34］严明星. ABAQUS 有限元软件在路面结构分析中的应用［M］. 杭州：浙江大学出版社，2016.

［35］肖信. Origin 8.0 实用教程——科技作图与数据分析［M］. 北京：中国电力出版社，2009.

［36］方安平. Origin 8.0 实用指南［M］. 北京：机械工业出版社，2009.